从金丝雀到黑天鹅：

伦敦金融笔记 2012—2016

包明友　著

中国金融出版社

责任编辑：何　为　王慧荣
责任校对：刘　明
责任印制：裴　刚

图书在版编目（CIP）数据

从金丝雀到黑天鹅：伦敦金融笔记：2012—2016/包明友著 . —北京：中国金融出版社，2020.12
ISBN 978 - 7 - 5220 - 0849 - 3

Ⅰ . ①从…　Ⅱ . ①包…　Ⅲ . ①金融—国际合作—研究—中国、英国—2012 - 2016　Ⅳ . ①F832.6②F835.616

中国版本图书馆 CIP 数据核字（2020）第 199536 号

从金丝雀到黑天鹅：伦敦金融笔记 2012—2016
CONG JINSIQUE DAO HEI TIAN'E：LUNDUN JINRONG BIJI 2012—2016

出版
发行　**中国金融出版社**

社址　北京市丰台区益泽路 2 号
市场开发部　（010）66024766，63805472，63439533（传真）
网 上 书 店　http://www.chinafph.com
　　　　　　（010）66024766，63372837（传真）
读者服务部　（010）66070833，62568380
邮编　100071
经销　新华书店
印刷　保利达印务有限公司
尺寸　169 毫米×239 毫米
印张　15.75
字数　230 千
版次　2020 年 12 月第 1 版
印次　2020 年 12 月第 1 次印刷
定价　45.00 元
ISBN 978 - 7 - 5220 - 0849 - 3
如出现印装错误本社负责调换　联系电话（010）63263947

自　序

　　2012 年 7 月 23 日，伦敦奥运会开幕前一个星期，我正式抵达英国，开始了在中国人民银行驻欧洲代表处三年多的工作。欧洲代表处是中国人民银行最早设立的驻外机构，1992 年 7 月时任国务委员兼中国人民银行行长李贵鲜在访英期间为欧洲代表处揭幕，至 2012年正好二十周年。1992 年我刚参加工作不久，还去机场帮助办理李贵鲜行长一行访问英国的手续，绝对没想到二十年后我会担任驻欧洲代表处的首席代表。

　　1995—1996 年，受英格兰银行奖学金资助，我曾经到伦敦政治经济学院（简称伦敦经济学院或伦敦政经）进修一年，导师是长期担任英格兰银行货币政策委员会委员的著名货币经济学家查尔斯·古德哈特（Charles Goodhart）教授。说来有趣，在我去伦敦经济学院学习进修之前，英格兰银行时任行长埃迪·乔治（Eddie George）曾经到访中国，我有幸作为翻译陪同代表团先后到访广州、桂林和上海等地。记得在漓江的游船上，乔治行长问我在人民银行做什么工作，我说在外事部做接待和翻译工作。他说，对刚参加工作的年轻人来说，这是一份不错的工作，会学到很多东西。他进一步解释说，他年轻的时候也做过翻译，因为会讲俄语，曾经陪同他们的行长访问苏联。印象中乔治行长风趣幽默，但他抽烟厉害，可以说是烟不离手，以至于说话声音比较嘶哑。乔治行长访华后不久，我得到了在伦敦经济学院进修学习的机会。这是英格兰银行向人民银行提供的培训项目，在我之前已经有好几位人民银行的同事在伦敦政经学习。学习项目结束后，我还得到在英国的一家保险经纪公司（约翰逊·希金斯公司）实习三个月的机会，每天跟着公司的各部门经理到劳合社见证国际保险市场的运作，对伦敦作为国际金融中心的地位有了一些直观的了解。在伦敦的一年，除了学习和工作，我每天最开心的事就是坐在伦敦的红色双层巴士上层的第一排，免费游览伦敦的大街小巷，看泰晤士河水的潮起潮落，看落日背景下的"大本钟"发出悦耳的报时声，看霏霏细雨下金融城下班人潮的匆忙脚步。我对伦敦的印象如此美好，以至于回国后对领导说，如果将来有外派工作的机会，除了英国哪都不去！

这当然是玩笑话。实际上，我第一次外派是到位于美国华盛顿的国际货币基金组织工作，第二次外派去了纽约。第三次终于时光轮转地回到了伦敦，而伦敦与二十年前相比，变化的何止是时间。从直观上，伦敦的天际线早已经发生了令人惊艳的变化，新的标志性建筑比比皆是，从漂亮的伦敦眼到欧洲最高建筑碎片大厦，伦敦在保留自己高贵古典气质的同时，悄然增加了一些时尚清新的元素。政治上，从当时的保守党梅杰政府，到后来长达十多年的工党布莱尔政府和布朗政府，再到保守党和自由民主党的卡梅伦联合政府，英国的政治生态也发生了巨大变化，从精英治国到政治多元的转轨迹象明显。经济上，英国的综合国际影响力不断上升，经济增长在发达国家复苏进程中处于领先地位，金融监管制度改革设计一度引领世界潮流。此外，英国在金融科技、文化产业创新，以及生物制药和先进制造业方面继续展现蓬勃活力，伦敦的国际金融中心地位也得到进一步巩固。

同二十年前相比，中国的国际地位和影响力也不可同日而语。中国的综合国力显著提升，经济规模跨入 10 万亿美元大关，成为世界第二大经济体和全球经济增长的主要贡献者。中国金融机构资产规模跃居全球前列，在国际金融市场广泛布局，参与全球竞争并为中国企业在国际市场拓展业务提供支持。中国作为二十国集团的重要成员，积极参与全球经济金融规则的制定，国际地位和话语权大幅提升。人民币开始走出国门，在国际贸易和金融交易中被广泛使用，这是中国国际影响力显著提高的重要标志。人民币国际化的进程始于 2009 年，主要是顺应市场经济主体在经历国际金融危机后为对冲汇率风险的需要，便利国际贸易的发展而产生的。人民币的跨境使用首先在周边国家和地区（中国港澳台地区和东盟），得到迅猛发展，不但被用于跨境贸易结算，也逐渐被用于投资。但人民币要真正实现国际化，不能仅在周边地区使用，更需要在发达国家的全球金融中心被广泛使用，这样才能逐渐从贸易结算货币逐渐发展成为全球性的投资和储备货币。伦敦作为国际金融中心，特别是作为全球最大的外汇交易中心，如果人民币能够在此占有一席之地，对人民币国际地位的实质性提升无疑具有重要的意义。

2012 年 7 月我刚到伦敦任职时，无论是英国的政府部门，还是私人部门，对发展人民币业务的热情都非常有限。得益于之后三年中英双边关系的发展以及中国人民银行领导和各部门的大力支持，2016 年 2 月我离任时，伦敦已经发展成为人民币重要的离岸中心之一。英镑和人民币实现了直接兑换，英格兰银行成为西方七国集团中第一家同中国人民银行签订双边货币互换协议的中央银行，中国建设银行成为伦敦人民币业务清算行，英国财政部首次发行人民币国债，中国人民银行在伦敦发行央行票据，以及多家中资金融机构突破政策限制成功在伦敦设立分行等，可以说中英双边的金融合作，特别是在发展人民币业务方面的合作，已成为中英两国密切双边关系的重要基础。在这期间，我作为见证人，亲身参与了中英两国双边金融合作的进程并作出了自己力所能及的贡献，对此深感欣慰，书中对这些主要事件都有记述。

从职责来说，中国人民银行驻欧洲代表处除了促进中英两国的金融合作外，还有更广泛的金融工作事务，涉及的国家和地区除了英国还包括从俄罗斯到中东欧以及欧盟除欧元区国家以外的所有国家。因此，了解俄罗斯、中亚以及中东欧国家的经济金融形势，促进这些国家和地区发展与中国的经济金融关系，也是我日常工作的重要内容。特别是"一带一路"倡议提出之后，中国与上述地区的经济金融合作明显升温，这些国家了解并发展人民币业务的需求也日益增多，因此在书中不可避免地也涉及这些内容。除此之外，伦敦作为一个世界性的都市，其历史和文化生活也非常丰富。在伦敦生活的三年多，我有很深的体会，希望把在英国生活的一些点滴趣事跟大家分享，使大家能够管窥这个欧洲历史文化之都的独特魅力。本书的写作基本按时间顺序进行，记录的是 2012—2016 年我在伦敦的工作和生活感悟。时间虽然过去，记忆犹如眼前，这一段时间也是英国社会、政治、经济发生深刻变化的四年，更是中英双边关系由冷转热，甚至开启"黄金十年"的转折时期，我能够身处其中，实为幸事。

就在本书初稿行将完成之时，英国公投"脱欧"的消息传遍世界。说实在话，这个消息出乎大多数人的预料，而投票结果也给英国、欧盟以及世界带来了太多的不确定性。伦敦东部的泰晤士河畔发展了一片新的金融区，集中了汇丰银行、巴克莱银行和花旗银行以及英国金融行为监管局等主要金融机构，这个新的金融区英文名称直译为"金丝雀码头"，代表欣欣向荣、蓬勃发展之意，而现在投票"脱欧"的决定，对英国乃至对全世界来说无疑都是一只罕见的"黑天鹅"。希望英国的这个选择不是从经济全球化退却，不是简单回归到过去的"光荣孤立"。事实证明，"脱欧"公投就像离婚，看起来好说好散，但涉及具体的"财产分配""子女抚养"等问题，其复杂性往往超出当事人想象。英国人确实行使了自己的民主权利，也希望能重新获得在一些重大问题上的自主决策权，但真正实现起来颇有难度。面对这样一种公投结果，原来自信满满的卡梅伦深陷各种指责，不得不辞职以谢天下。只不过他的辞职还连带牺牲了财政大臣奥斯本的美好政治前途，而奥斯本一直是中英关系开启"黄金十年"的重要推动人，因此可以说英国的脱欧公投不仅给本国的社会经济各方面带来巨大不确定性，也给中英经贸关系的发展带来隐忧。果不其然，卡梅伦辞职后，经过党内多轮倾轧，另一素有"铁娘子"之称的特里沙·梅接任首相，处理"脱欧"的各种复杂具体问题。梅首相在两年内试过各种手段，依然无法在议会通过与欧盟经过艰苦谈判达成的"脱欧"协议，也只好"撂挑子"走人。直到做事不拘一格的伦敦前市长鲍里斯·约翰逊通过提前大选入主唐宁街 10 号，并在议会获得绝大多数席位，才艰难通过了"脱欧"协议，而这一时刻离 2016 年"脱欧"公投已经过去将近 4 年，"黑天鹅"还在飞！

写于 2016 年 7 月

香港中环国际金融中心二期

改于 2020 年 5 月

北京朝阳区双井街道

目　　录

人民币国际化与中国的国际责任

2012 年 9 月 3 日，我陪同时任人民银行金融研究所所长金中夏博士在伦敦出席了一场关于人民币国际化的研讨会。在会上，金博士介绍了人民币在国际上使用的一些背景情况并展望了未来的发展趋势。在回答问题阶段，有人问将来人民币成为国际储备货币之后，是否将完全取代美元的地位。金博士回答说，根据美国经济学家杰弗里·弗兰科（Jeffrey Frankel）的研究，大约在 1870 年，美国国内生产总值已超越英国成为世界头号经济大国，但美元却一直不能取代英镑的头号储备货币地位，直到大约 70 年之后，也就是在欧洲经历两次世界大战的巨大创伤之后，美元才开始取代英镑成为世界第一储备货币。如果历史能够提供有意义的参照，那么即使人民币将来能够超越美元成为头号储备货币，也会是一个十分漫长的过程。假设中国和美国均保持目前的经济增长速度，其他条件不变，国际公认的观点是中国需要大约 30 年的时间才能在总量上达到并超过美国的经济规模，而且届时也必须借助某种外在的力量（如之前欧洲的两次世界大战），人民币再过 70 年才可能取代美元成为头号储备货币。总体来说，人民币即使在非常幸运的条件下，也需要大约 100 年的时间取代美元的地位。因此，担忧美元的国际储备地位完全是不必要的。

人民币国际化问题近年来成为中国经济研究的一个热点，特别是国家大力推进香港的人民币离岸市场建设并取得世人瞩目的成绩。继香港之后，新加坡、台北、东京以及伦敦的人民币业务也得到很大的发展。伦敦更是宣称将建设成为"人民币国际化进程的西部中心"，伦敦金融城为此成立了六个工作小组来推进这一工作。从我在2012年8月初到伦敦后接触的官方和市场人士来看，大家对发展伦敦的人民币业务有很高的热情和很大的信心，但官方的看法基本上还是人民币业务主要靠市场推动，政府能做的就是给市场参与者提供服务和基础设施。而市场人士则认为，伦敦的人民币业务发展需要政府的强力主导和推动，特别是政府在金融政策和监管层面的支持。从发展人民币的跨境使用来说，中国的相关部门非常积极主动，否则就没有中国香港离岸市场的巨大发展及其对其他金融中心的辐射作用。但我们在推动人民币跨境使用方面，也确实引起一些国家的警觉甚至不安。它们认为，推动人民币跨境使用，除经济因素外，还有巨大的国家战略企图。实际上，人民币跨境业务的迅速发展是国际金融危机爆发后为顺应实体经济的流动性需要而逐步形成的，包括人民银行在内的金融管理部门所出台的各种政策，仅仅是为这种实体经济的需要提供各种便利，可以说是响应市场的需求，因此根本谈不上有什么不可告人的目的。当然，我们尽可以说，中国作为世界第二大经济体，在全球经济和贸易中占比较大，人民币应该在国际货币体系中占有一席之地。

不管怎么说，为了避免这种外界的无端怀疑和不安，我们当时在各种场合尽量不提人民币国际化这样的字眼，取而代之的是人民币的跨境使用这样更为中性的用词。虽然人民币跨境业务发展不会受到流言蜚语甚至指责的干扰，但我们有必要对人民币跨境使用的前景及其给国际金融、贸易体系带来的潜在巨大影响进行一些更深入的思考。特别是，假如有一天人民币真的成为与美元并驾齐驱的世界储备货币，我们届时实施的货币政策可能更需要具有全球视野。在现今讨论各种国际规则的制定和遵守情况时，我们常常成为别人指责的对象，认为我们不按国际规则办事，而我们的回答在多数情况下是，我们是全球化的受益者，也是全球经济金融深度融合的积极参与者和贡献者，但我们本质上还是一个发展中国家，难以承担超出自己能力的责任。即使将来若干年后我们的经济总量超过美国，按人均计算，我们的世界经济排名恐怕仍然会比较靠后，如果我们的经济总量是全球第一，货币也开始与美元平起平坐，中国对全球经济金融的影响力跟现在比肯定不可同日而语。届时，我们的经济金融政策就必须具有更广阔的国际视野和责任担当。我们经常说权责对等，不能履行责任肯定很难争取权利，权利和地位意味着责任。在人民币国际化不断发展的过程中，特别是面对百年未有之大变局，仔细想好各种可能出现的情景并制定好应对之策，顺势而为，实在是非常必要的。

落寞的港督

前日①受汇丰银行邀请，我出席了中英贸易协会秋季午餐会。午餐会在靠近特拉法加广场的国家自由俱乐部（National Liberal Club）举行，主讲人是中国人应该都不会陌生的前香港总督，现任牛津大学校长彭定康。

彭定康看起来比过去苍老得多，讲话的声音也非常低，虽然现场不大，且有麦克风，但我想坐在稍远角落的听众应该很难听清他的讲话。

彭定康担任过英国保守党主席、欧盟外交事务专员，又曾任香港总督，可算是英国资深的政治家。他出席这场活动看似没有作专门的准备，但谈话的内容显然考虑到了听众的身份和场合。他讲话的核心内容是东西方力量的动态变化。他先讲了一个笑话，说一次英国首相梅杰邀请俄罗斯总统叶利钦吃饭，在饭桌上，梅杰问叶利钦，俄罗斯的经济情况如何？叶利钦回答说"好"（good）。梅杰接着问，能否说得详细一些，好在哪里。叶利钦回答说"不好"（not good）。彭定康想用这个例子说明，现在要回答到底哪一方力量能够赢得下个世纪确实是非常难以回答的问题。现在比较流行的观点是中国和印度等新兴大国的崛起，会对旧有的国际秩序带来很大挑战，这些新兴大国会在同传统大国的竞争较量中不断取胜，而包括美国在内的传统大国会逐渐衰败，拱手让出统治地位。对此，彭定康认

---

① 本文最初写于 2012 年 9 月 24 日。2014 年底有修改。

为，印度确实取得了很大进步，中产阶级不断壮大，培育了很多跨国公司，而且是世界最大的民主政体。但印度的问题是基础设施十分落后，贫富差距仍然很大，腐败问题也非常严重。如果不解决这些制度性的问题，印度就无法成为真正意义上的大国。再来看中国，彭定康说在1979年他第一次去中国时，中国一年的出口量仅相当于现在一天的货物出口量，全年的制造业产出只有现在两个星期的产量，可见中国的经济规模自改革开放以来发生了多大变化。但中国巨大的经济规模仍然不能掩盖其结构性问题，如过于依赖出口，环境和人口压力也非常大，周边和国际环境存在不利因素等。中国自身面临的问题和挑战非常大，很难说中国的经济影响一定会带来政治、军事和外交上的力量大幅提升，甚至能够挑战现有国际秩序。

再来看传统大国——美国和欧洲各国。美国在1965年的产出占世界总量的38%，现在这一比例下降到23%，从绝对数量上看美国的经济实力下降了，但它仍然是世界第一大经济体。另外，美国的军事力量无论是在陆地、海上还是空中都占有绝对优势，科技水平世界一流，美国的大学每年吸引全世界最聪明的学子前往。因此，很难说美国的实力有很大下降。欧洲的情况确实比较复杂，关键是目前困扰欧洲的金融危机何时能够终结。欧洲问题的核心是竞争力问题，也就是说希腊人和德国人的竞争力根本不在一个水平上，可这些国家必须要用统一的货币。在欧洲，正确的逻辑应该是，如果要货币联盟，必须先有财政联盟，而有财政联盟，又必须有转移支付作为保证，但要有转移支付机制，就必须有政治联盟。因此，欧洲的国家还是应该把更多的精力放在加强政治团结和统一上，否则问题很难解决。当然，加强政治联盟需要时间，这要看希腊人什么时候能变成德国人。

总之，彭定康对现有国际秩序还是有很大信心，虽然他没有直接说出以中国和印度为代表的新兴大国很难撼动传统大国的现有地位，但他明显对中国和印度的崛起之路抱有很大疑虑。不过，他也指出在现有国际政治和经济格局发生动态变化的背景下，未来很难想象世界会有一个国家或集团像过去那样占有绝对优势地位。

两年之后，2014 年 11 月北京举行 APEC 会议前夕，香港发生了学生和市民为反对中央政府宣布的政改"普选"方案而"占领"香港主要商业区道路的事件。因为这件事本质上是中国政府的内部事务，在英国，卡梅伦政府对香港发生事件的表态也相对温和。当然这种态度是英国在承认基本事实的前提下的自然反应。基本事实是，关于香港的政治安排是在香港基本法中规定的，而中英两国签署的联合声明只涉及主权的移交，因此英国也就没有进行干涉的法律基础。然而，香港一些对"旧宗主"抱有幻想的所谓反对派人士如李柱铭和陈方安生还是亲自前往英国和美国，寻求国际援助。卡梅伦政府还算知趣，只派了没有实权的副首相克莱格会见。但美国表现得比较活跃，在国会专门就香港民主形势进行听证，还特地邀请年迈的彭定康前往华盛顿作证。彭定康也确实卖力，表现出了关于香港政治的"老江湖"地位，在作证中更是提出国际社会虽然没有"法律上的责任"，但有"道义上的责任"对香港的"占中"活动提供支持。正是在彭定康发明的"道义责任"的幌子下，英国议会外交委员会的部分议员曾经试图前往香港亲临占中现场"调查"。这当然是中国所不允许的，中国驻英国使馆拒绝给这些议员发放入境签证，又引起双边关系的波澜。因此，这位落寞的前香港总督只要有合适的条件，还是可以"风生水起"的。

欧洲的一体化进程

2012 年 10 月，波兰国民银行①在华沙分别主办了题为"重整欧洲——中东欧国家的视角"的国际研讨会和第二十八次中亚、黑海及巴尔干地区中央银行行长俱乐部会议。我应邀出席了上述会议。

波兰国民银行自 2011 年起每年举办一次关于欧洲经济未来的国际研讨会。2012 年是该系列国际研讨会的第二次会议，题目是"重整欧洲——中东欧国家的视角"（A Reconfiguration of Europe—the CEE Perspective），会议邀请了来自国际货币基金组织、世界银行、主要中东欧国家和部分新兴市场国家中央银行的代表以及来自哈佛大学、加州大学和伦敦政治经济学院等的专家学者共 80 多人，会议主要就中东欧国家在面对当时欧债危机不断深化的情况下，如何评估欧洲一体化进程的未来以及如何审视自己在其中扮演的角色进行了研讨。时任波兰总统科莫罗夫斯基（Bronislaw Komorowski）为会议的召开发来贺信，总理图斯克（Donald Tusk）② 亲自与会致开幕词。

面对欧债危机不断加剧的局面，参会者开始对欧洲一体化进程有各种不同的疑虑。研讨会的第一个议程就是欧洲国家需要如何在政治层面进行整合以重启欧洲一体化进程。哈佛大学教授丹尼·罗德里克（Dani Rodrik）提出，在政治学中也存在一个类似经济学中

---

① 波兰中央银行。

② 图斯克卸任波兰总理后曾担任一届欧盟委员会主席。

的"不可能三角"，即在高度全球化（Hype Globalization）、国家主权（National Sovereignty）和民主政治（Democratic Politics）这三者之间，只能任选其二。从欧洲的角度看，只能有两种选择：要么在政治上更加联合，要么在经济上更加分化。欧洲一体化进程未来受到的阻力主要来自核心区的两大国家，即法国和德国。虽然法国一直是欧洲一体化进程的积极倡导者，但未来它是否愿意把自身的影响力部分让渡给统一的政治和经济机构是一个疑问。德国面临的挑战是其领导人（无论是默克尔还是未来的领导人）是否有能力团结国内选民去同竞争力比较差的国家（如西班牙和葡萄牙）进行政治和经济上的联合。至于欧元的未来，罗德里克认为，不能想当然地认为欧元区会保持目前的状态，不能排除有些国家最终选择离开，恢复本国货币，除非有关国家切实进行必要的政治和经济改革并改善沟通战略。罗德里克同时认为，欧洲的情况与美国没有可比性。如果美国的加利福尼亚州或佛罗里达州财政破产，这些州的银行机构会由联邦层面的监管机构接管，且联邦政府也通过转移支付机制帮助这些州的受困居民；此外，这些州在国会也有议员代表为它们争取有利于经济复苏的政策，而目前欧洲不具备这样的机制。

波兰国民银行行长马瑞克·贝尔卡[①]（Marek Belka）认为，欧元区目前面临三种选择：解体、维持现状或重新整合。欧元本身不是问题，但欧元放大了经济高度全球化容易带来的问题并损害了欧洲经济。欧元进程无法逆转，因为市场不清楚这样做带来的后果，而我们恰恰害怕这种不确定性。波兰是欧盟的新成员，不是目前问题的根源。波兰的诸项经济指标虽然已达到加入欧元区的标准，而且波兰把自己看成是未来欧元区大家庭中的一员，但波兰不会急于加入欧元区，因为波兰不能加入一个现在还无法百分之百能够确定

---

① 曾任波兰共和国财政部长、副总理和总理。也曾担任国际货币基金组织欧洲部主任。

生存下去的货币区。虽然如此，波兰也不能因此把自己孤立起来，而是要抓住目前的机遇进一步提升自身的竞争力，把加入欧元区的准备工作做得更好。

在讨论中东欧国家应当如何参与欧洲一体化进程时，世界银行欧洲和中亚局首席经济学家英德米特·基尔（Indermit Gill）认为，包括波兰和捷克在内已经加入欧盟的 8 个中东欧国家从经济结构上要优于南部欧元区的 4 个国家（葡萄牙、西班牙、意大利、希腊），主要表现在这些国家的对外贸易占 GDP 的比重稳步上升，增长幅度大于原有欧盟 15 国[①]（特别是南部欧盟成员国）的水平，并且劳动生产率的增长也高于这些国家。此外，广义政府支出（社会保障、教育、医疗及其他非社会性支出）占 GDP 的比重和财政调整占 GDP 的比重低于欧盟 15 国的水平。对中东欧国家来说，应该继续实施改革并推进与欧盟其他成员国的经济趋同来支持欧洲一体化进程。

国际货币基金组织欧洲部副主任阿西姆·侯赛因（Aasim Husain）认为，中东欧国家和欧盟之间应该是互利互惠的伙伴关系。对中东欧国家来说，加入欧盟为这些国家的改革提供了坚实基础，进行的结构性改革也取得了很好的成果。另外，加入欧盟也为中东欧地区带来了外资流入和不断扩大的出口市场，帮助这些国家快速提升收入水平。同时，东西欧经济联系的加强也有利于传统欧盟国家。2005 年，奥地利银行超过 1/3 的利润来自中东欧国家，而现在几乎百分之百来自这些国家。和中东欧国家的供应链关系也增强了西欧国家的竞争力并加强了彼此之间的贸易融合，目前西欧国家 13% 的对外直接投资的目的地是中东欧国家。

针对中东欧国家在加入欧元问题上是否应该采取等等看的态度，瑞典中央银行副行长卡罗丽娜·艾克霍姆（Karolina Ekholm）称，

---

① 指 2004 年 5 月 1 日欧盟扩大之前的 15 个国家，包括奥地利、比利时、丹麦、芬兰、法国、德国、希腊、爱尔兰、意大利、卢森堡、荷兰、葡萄牙、西班牙、瑞典和英国。

瑞典在形势很好的时候都没有加入欧元区，因此很难在当前情况下给中东欧国家提出好的建议。瑞典不加入欧元区的主要原因是公众的支持率低。2003 年瑞典就是否加入欧元区举行公投时，有 55% 的民众投了反对票；现在随着欧元区国家债务危机的加深，这一比例急剧上升到 80%。即使没有加入欧元区，瑞典的经济表现也相对良好。国际金融危机爆发后，瑞典经济曾经一度大幅放缓，但复苏的速度也很快，原因之一可能是没有加入欧元区。国际金融危机爆发后，瑞典克朗出现贬值，帮助经济复苏，现在随着公共财政和经济增长的转强，瑞典克朗又出现升值。虽然不是欧元区成员国，但瑞典经济与欧元区的联系非常紧密，瑞典 38% 的出口流向欧元区，8% 的出口流向英国，6% 的出口流向美国。

斯洛伐克国民银行前副行长、商业银行 VUB 现任副首席执行官艾琳娜·科瑚迪科娃（Elena Kohutikova）介绍了斯洛伐克的经验。斯洛伐克在 2009 年加入欧元区，准备加入欧元区的过程给斯洛伐克的经济增长和改革进程提供了强大的推动力。1995 年，斯洛伐克的人均国内生产总值只有欧盟平均水平的 20%，而现在这一数字提高到 77%。加入欧元区也成为斯洛伐克经济稳定的助推器，国内通货膨胀出现下降并稳定在较低水平。此外，加入欧元区后，斯洛伐克的评级水平也提高了。科瑚迪科娃认为，是否加入欧元区主要取决于相关国家的需求结构。斯洛伐克 80% 的出口流向欧洲国家（主要是德国），而波兰主要依赖自己强大的国内市场。

捷克中央银行行长米罗斯拉夫·辛格（Miroslav Singer）介绍说，捷克从 2005 年起就由中央银行牵头评估加入欧元区的可行性，但在 2011 年评估小组得出结论，认为目前不宜加入欧元区。主要原因包括现在捷克多数国民反对加入；现在欧盟层面创立的包括 EFSF、ESM 等在内的众多机构提高了加入成本；欧元区主要成员国缺乏财政约束，未来将造成极大风险；以及欧元区未来几年将面临极大的不确定性。因此，捷克现在的态度是要继续等待和观察，特别是要更加确切地了解加入欧元区带来的成本和收益。

美国加州大学经济学教授乔叔华·艾泽曼（Joshua Aizenman）认为，欧元区目前面临的困难局面何时结束主要取决于两个因素：欧元区核心国家的政策协调速度和效率，以及市场带来的压力程度。欧元区的危机也并非很多人认为的福利危机，因为欧元区北部的一些国家，例如荷兰和芬兰就表现得很好。中东欧国家作为新兴市场经济体，如果能够与欧盟建立密切的经济关系，将从中获得巨大利益，但这种密切关系并不意味着需要马上加入欧元区，而是应该等到经济趋同达到一定水平时再考虑加入。

研讨会结束之后，第二天举行了第二十八次中亚、黑海及巴尔干地区中央银行行长俱乐部会议。俱乐部成员约30名央行代表出席本次会议，会议还邀请了丹尼·罗德里克就汇率体制选择和经济增长的关系作了学术演讲，与会央行代表就各自的汇率体制和宏观经济情况进行了介绍和讨论。

俄罗斯中央银行行长谢尔盖·依格纳提耶夫（Sergey Ignatiev）介绍了俄罗斯宏观经济情况和卢布汇率的变动趋势。2012年上半年，俄罗斯经济增长率为4.4%，与政府的预期目标一致。2011年俄罗斯通货膨胀率为6.1%，2012年初有所下降，但近期又出现上升，达到6.6%，主要是粮食生产量下降了20%，导致食品价格上升。此外，银行贷款在过去12个月增长了27%，且俄罗斯的失业率控制在5.5%的较低水平。综合考虑上述因素，俄罗斯央行在9月将基准利率上调0.25个百分点，但此举受到财政部和经济部的一定压力，认为这将抑制经济增长。在汇率方面，俄罗斯卢布汇率水平受石油价格的影响很大。从2001年开始，随着石油价格的上升，卢布的实际有效汇率已升值70%，平均每年升值4%~5%。但2012年5~6月，随着石油价格下跌20%，卢布兑美元又贬值14%。未来卢布仍然有升值压力，因为通货膨胀依然比较高。目前俄罗斯实施的有管理的区间浮动汇率机制运作良好，货币篮子主要是美元和欧元，汇率浮动区间是 ±10%。俄罗斯的汇率机制非常透明，央行对外汇市场的干预方式和汇率的浮动区间均对外公布，虽然俄罗斯的金融市场没有欧洲发达，但实体经济对汇率波动的吸收能力比较好。政府的目标是未来 3~4 年实施卢布汇率的完全自由浮动，但也考虑过这样的速度是否过快，特别是在外部环境不稳定的情况下。

黑山中央银行行长拉多耶·祖基奇（Radoje Zugic）介绍了黑山汇率体制的变革情况。1993 年，黑山采取固定汇率制，但由于恶性通货膨胀，政府开始用德国马克支付工资，很多经济交易也用马克结算，当时黑山同时流通本币第纳尔和德国马克。2001 年 1 月，黑山宣布采用欧元作为国内唯一流动货币，全面实施"欧元化"。这样做的理由是，黑山是一个小型开放经济体，国内经济主体对本币没有信心，且铸币税也很低。实施"欧元化"给黑山的经济带来很大好处，主要表现在：（1）消除了国内恶性通货膨胀，并把两位数的财政赤字降低到可持续的水平；（2）因为宏观经济稳定，风险因素下降，外资流入增加。过去 6 年，流入黑山的外商直接投资额占GDP 的 17%。但这样做也有成本，主要是经济政策调整受限，汇率不能作为货币政策工具，而且央行不能发挥最后贷款人的作用，也没有退出战略。因此，对一些经常账户逆差较小、国内铸币税少且货币政策可信度低的小型开放经济体来说，实施"欧元化"比较可行，但这一战略并不一定适用于其他经济体。

其他成员央行的代表也各自就本国的宏观经济和汇率体制的运行情况进行了介绍。我主要介绍了中国汇率体制改革和中国宏观经济运行情况。会议也决定 2013 年的两次俱乐部会议将分别于 4 月和10 月在捷克首都布拉格和亚美尼亚首都埃里温举行。

会议结束后，作为东道主，波兰国民银行组织大家前往被联合国教科文组织认证为世界文化遗产的古城克拉科夫参观。因为人数比较多，波兰国民银行专门在前往克拉科夫的火车上订了一节车厢，而且因为基本都是各国中央银行行长，火车上还有专门的保安人员。火车车速不快，车厢很干净敞亮，车厢中央临时放了一条长桌，上面有水果和茶饮。火车发车是在早上，火车开出波兰的车站不久，就能看到周边的大片农地和远处若隐若现的房屋，深秋的大地笼罩着一层薄雾。随着如纱的薄雾慢慢散去，可以沿途看到波兰的基础设施建设，包括公路和桥梁还有铁路两旁的房屋还是不错的，问过身旁波兰国民银行的工作人员，得知主要是因为 2012 年波兰与乌克兰联合举办欧洲杯足球赛，波兰从欧盟获得很多资金赞助，用于基础设施建设。抵达克拉科夫之后，东道主带领大家在市中心的主要城市广场周围参观，我记得好像还有一家咖啡店，据说列宁曾经在此驻足。克拉科夫的建筑风貌跟德国的城市很像，历史古迹保存得很好，如果考虑到第二次世界大战期间波兰的很多城市损毁严重，这座 1569 年之前曾经是波兰首都的古城得以保存下来完全是个奇迹。据导游说，克拉科夫在第二次世界大战中曾经作为德国占领军的波兰指挥部，因此得以免被轰炸。不过，在苏联红军最终攻入克拉科夫之前，最后留守的德军指挥官把古皇宫中的珍宝席卷一空，这些珍宝从此下落不明。

英国的铁路交通

英国是世界上最早拥有铁路的国家①，这是因为工业革命发生在英国，英国纽卡斯尔地区丰富的煤炭资源能为蒸汽机车提供充足动力。

伦敦最早的地铁修建于 1863 年，至今已有 150 年。在伦敦旅行，最好的交通工具就是地铁，无论你居住在伦敦的哪个区，一般出门步行 10 分钟之内，一定会有地铁站；即使这个最近的地铁站和你的目的地不在同一条线上，但伦敦地下铁路网有 12 条路线，彼此之间的换乘非常方便，因此也能便捷地把你送到目的地。我 1995 年初来伦敦时就强烈地感受到了伦敦地铁的方便，那时在伦敦政治经济学院学习，租住在伦敦靠北的 Kilburn 地区，每天乘坐 Jubilee（灰线）地铁到靠近 Holborn 的伦敦政治经济学院上学。而当时北京的地铁只有贯穿长安街的 1 号线和基本依照二环路运行的 2 号线，出门乘坐地铁谈不上方便，两相对比，感受非常强烈。

新兴国际化大城市，包括北京，地下铁路系统都有了显著发展，在出行便利性上与伦敦的趋同也大大增加，但在特大城市以外地区的铁路便利性方面，我认为英国仍然是世界的翘楚。这次到英国任职，错过了孩子申请学校的最佳时期②，最后好不容易联系到一所学

---

① 英国第一条铁路开通于 1825 年，用于英格兰中部偏北的斯托克顿与达林顿之间的煤炭运输。真正用于旅客运输的第一条铁路则是 1830 年开通的从英国东南部坎特伯雷至海边城市维特史泰堡的火车专线。

② 英国中学的入学申请一般需要提前一年寄出。

校愿意接收，但这所学校的位置已经不在伦敦市内，而是在伦敦环城高速 M25 之外①的萨里郡（Surrey）。选择这所学校意味着我需要每天开车或乘坐公共交通到城里上班。伦敦的地下交通非常发达方便，但地面上就是另一番景象了。伦敦是一座特大型城市，也是新加坡之后世界上第二个对进入城内的车辆征收拥堵费的城市②，收费的目的就是限制市内交通，减少拥堵。可见伦敦市内的地面交通是非常拥挤的，因此开车进城上下班并不可行，乘坐公共交通是唯一的选择。幸运的是，英国的铁路交通系统非常发达，铁路线几乎延伸到每一个乡村小镇。

我居住的小镇名为雷德希尔（Redhill），位于伦敦的正南方，处在从伦敦去往海边城市布莱顿的路上。雷德希尔火车站就在小镇的中心位置，车站旁边有停车场，专为在此换乘火车去周边城市（包括伦敦）上班的人士准备。在我看来，类似雷德希尔这样的小镇在火车交通系统中就应该算是一个小的枢纽了，因为途经这里或在此地换乘的火车线路较多。一般来说，在早上上班或晚上下班的高峰期，每间隔 10 分钟左右就有火车经过。从这里乘坐火车，大约 40 分钟就可以抵达伦敦市中心的伦敦桥站（London Bridge）或维多利亚站（London Victoria），然后直接换乘市内地铁前往办公室，非常便捷。实际上，很多在伦敦上班的人士每天都是这样乘坐火车上下班的。听汇丰银行的一位朋友讲，他的老板每天单程坐火车上班的时间是两个半小时。

英国火车交通的便捷性还表现在票价和时间的灵活性上。大家都说伦敦的火车票贵，但这要看如何比较。如果与伦敦市内的地铁票比，火车票实际上不贵。因为伦敦市内的地铁票是按不同区域计价的，住在市内中心区（通常所说的一区、二区）的月票

---

① 环绕伦敦的唯一高速公路，伦敦的各区基本在该环城路之内。
② 伦敦 2003 年开始对进入市内车辆征收拥堵费，每天收费 8 英镑。

通常要 90 多英镑；如果是住在较远的五区、六区，地铁月票要 190 英镑。另外，通往郊区的火车票通常没有规定车次和座位，随时都可以选择自己方便的旅行车次和路线。在这样的远途车上很少有人查票。管理人员选择不频繁查票的原因可能是在上下班的时间车内人多，比较拥挤，查票不太方便；另外可能是在每个车站的进出站口，都是旅客自行刷票进出，很难做到无票上下车，因此也就省去了查票的麻烦；另外，这里的人很少有人故意逃票，实在是没有查票的必要。

前面提到雷德希尔途经的车次较多，在时间选择上很方便。实际上我每天上班乘坐的火车主要还是在雷德希尔小镇的一个村庄小站，叫厄斯伍德（Earlswood），只不过途经这里的车次要少一些，但好处是我可以从家里步行到车站；如果选择去雷德希尔乘车，需要乘坐公共汽车，总还是有些不便。厄斯伍德的火车站虽然小，但也配有专人售票，也有电子显示屏提示去往各个方向的车次和时间。英国由不同公司运营的火车交通不仅延伸到各个小城镇，而且延伸到各个乡村，实在是便利"到家"了①。这是中国短时间内很难达到的，尽管近几年中国高铁快速发展，铁路连接的主要还是一些大中型城市，遑论乡镇和自然村。不过，这也从另一个侧面说明中国的经济发展还有很大潜力，还有很多内需没有得到充分释放，也就是说林毅夫提出的"新结构经济学"② 在中国应该有很好的应用前景。

---

① 英国的国有铁路系统是在 1993 年梅杰的保守党政府时实行私有化的，改由不同私人公司经营。当时进行改革的目的就是引入竞争，提高铁路部门的效率。但也有人批评这次私有化改革实际并不彻底，原因是改革之后铁路系统出现了几次大的事故，且损失最终由政府承担。

② 林毅夫教授在 2012 年卸任世界银行首席经济学家之后，回到北京大学任教，并把他在过去几年发表的讲话和文章结集出版，名为《新结构经济学》，核心思想是政府应该在帮助私人部门进行产业升级和提供基础设施方面持续发挥作用。

英国的铁路交通网点密集，虽然可以说便利，但同日新月异的高铁技术发展相比，又显得有些落伍了。英国城际之间铁路现在最快时速 200 公里左右，比中国的高铁速度慢很多。不但速度较慢，铁路设备也老化严重。特别是天气不好时，如雨雪天，如果你在英国乘坐火车，十有八九火车会晚点，甚至班次被取消。列车员通报的晚点或取消的原因几乎千篇一律：列车信号系统出了问题！2008 年国际金融危机后，英国政府为了促进经济复苏，也非常重视基础设施建设，其中一项重大动议就是修建两条高速铁路，一条是伦敦到伯明翰，另一条是曼彻斯特到利兹。根据计划，这两条高速铁路将分别在 2026 年和 2033 年通车，中国相关公司也正在积极投标，希望能够参与建设。只不过英国要想建设大的基础设施项目也不容易，因为它的法律制度太过复杂，建设高铁需要征用的土地和拆迁的房屋都涉及大量法律诉讼，因此项目推进缓慢。话说回来，英国因为国土面积狭小，倒不一定需要很庞大的高速铁路网，它更需要的是对现有铁路设备的更新和维护。高铁建设仅仅是经济发展迟缓之下的一剂"强心针"，用量过大也会有很大的负面作用，特别是对于英国这样一个人口和面积只相当于中国的一个省的国家来说。

世界呼唤有决断力的政治家①

当时写下这个题目，似有些"大不敬"。其时世界各主要国家都刚刚或即将经历政府选举，一大批领导人已经或即将上任，发挥领导作用。如美国在 2012 年 11 月 6 日举行大选，奥巴马成功击败共和党对手罗姆尼，连任世界头号大国总统；中国共产党在 2012 年 11 月 8 日召开的第十八次全国代表大会上选举出新的中央领导集体；在作为世界第三大经济体的日本，首相野田佳彦在 11 月 16 日宣布解散国会，并在 1 个月后举行国会选举，届时也将产生新的政府和领导人。社会上永远有那么一些有志于公共服务的人士，热情投身政界，积极寻求在各个领域发挥领导作用。这个世界不缺领导人，真正缺乏的是有决断力的政治家。

首先说美国。美国作为世界头号强国，其国家政策无论在政治、经济或是军事领域，在全球均具有重大影响力。作为世界头号强国的领导人，奥巴马当具有很强的决断力才能引领国家走上正确的发展轨道，同时也能对世界的福祉作出积极的贡献。然而，奥巴马过去四年的白宫经历表明，也许是政治基础缺乏②，他无法成为一个众人敬仰、可以在历史留名的有决断力的政治家。众所周知，奥巴马四年前入主白宫时，美国刚刚遭遇百年一遇的金融和经济危机。为此，民主党政府在危机发生后，大幅偏离原来美国极度信奉的自由市场原则，大量动用公共资金来修补经济和金融体系，并随后提出

---

① 本文写于 2012 年 11 月 19 日，改于 2020 年 5 月 11 日。
② 奥巴马在 39 岁成为伊利诺伊州参议员之前，只从事过社区服务工作。

激烈的金融改革法案，试图修正经济体系中存在的弱点。但四年过去了，美国经济增速仍然大大低于潜在水平，财政赤字居高不下，失业率仍然接近于8%。问题的关键在于，以奥巴马为代表的政府没有果断的政治决心应对经济中的实质性问题，即美国政府的巨大财政赤字。解决这个问题的最有效手段就是削减政府支出，同时增加税收。削减支出，无疑会影响政府的福利支出，特别是对低收入和失业家庭的补助，这在政治上无异于"自杀"，因此奥巴马很明智地选择了避让。既然不能削减支出，只能增加税收，或取消小布什政府实施的对高收入群体的减税政策。可是他面对的是一个分裂的政府，作出这样的税收调整必须取得国会的同意，而众议院由共和党控制，参议院虽然民主党占多数，但控制席位少于60席，因此增加税收的路也走不通。既然两条路都走不通，作为政治家就需要跟各方妥协和调和，但奥巴马没有选择妥协，而是"一条道走到黑"，不断延长甚至增加对低收入群体的各种补助，使失业率和财政赤字居高不下，甚至把美国逼到坠入"财政悬崖"的险境。

即便如此，奥巴马的表现同他四年后的继任者的表现比起来还是小巫见大巫。2016年11月，唐纳德·特朗普代表共和党击败民主党候选人希拉里·克林顿，成为新一届美国总统。这位地产大亨和电视主持人出身的政治素人入主白宫被人比喻为"一头公牛闯进了瓷器店"。无论是对内还是对外，特朗普把国家治理当成可以"任意打扮的小姑娘"。在国内，他彻底否定奥巴马时期的全民医疗计划，大幅松绑金融监管；对外方面，他撕毁《伊朗核问题协议》，退出《巴黎气候协定》，与中国大打"贸易战"。特朗普我行我素，完全置国家和世界福祉于不顾，一门心思只想要"使美国重新伟大"，他认为现在美国已然衰落，不是他心目中的伟大国家，所以只有他能够使用非常手段来恢复美国的伟大地位。因为到处树敌，特朗普成为美国历史上第三位被弹劾的在职总统，在国际上被人视为美国狭隘自私的杰出代表。特别是 2020 年初席卷全世界的新冠肺炎疫情暴发后，美国因为应对措施不力，成为全世界感染和死亡人数最多的国家。面对这种情况，特朗普不是检讨美国政府的应对策略，更谦虚地听取疾控专家意见，而是选择对外疯狂"甩锅"中国，对内怪罪奥巴马时期的民主党政策。本来作为卸任总统，奥巴马一直对特朗普政府的抗疫政策保持沉默，终于在 2020 年 5 月 8 日同从前的工作同事电话交流时说出，特朗普对新冠肺炎疫情的应对是"彻底的混乱和灾难"，并且认为美国即将在年底举行的大选，不是关于某一个人和某一个党派的选择，而是美国需要展现强大的领导力的时候，并且对这种"自私、狭隘、把一切看成自己敌人的行为"进行斗争。

再看日本。日本曾经长期占据世界第二大经济体的位置，也曾长期引领世界电子技术革命的浪潮。但近十几年来，日本在国际政治经济舞台上的地位日益下降，表面原因是日本的首相变更过于频繁，核心问题还是日本缺乏能够拥有广泛民意支持的政党和有决断力的政治家。日本首相野田佳彦从前首相菅直人那继任首相的，菅直人则因为应对大地震后的核电站泄漏问题不力而下台。野田佳彦担任首相后，又在处理政府财政预算和与中、韩两国的领土纠纷中民意不断降低，不得不宣布提前解散国会，举行大选。导致野田佳彦下台的根源可能是民主党长期在野，执政经验和各种资源不足，但更重要的还是日本缺乏有决断力、能够真正解决问题的政治家。面对挑起中日关系紧张的罪魁祸首东京都知事石原慎太郎，野田佳彦及其领导的民主党政府一筹莫展，匆忙提出钓鱼岛"国有化"方案，致使中日关系雪上加霜。一名有决断力的政治家，应当机立断，采取强力措施，一方面制止东京都方面的挑衅行动，尽力维持钓鱼岛目前现状；另一方面加强与中国的沟通与协商，管控事件的发展，争取以时间换取解决问题的空间。但可惜的是，也许是长期以来在政治、经济和外交方面唯美国马首是瞻，日本有决断力的政治家恐怕是寥寥无几了。安倍晋三上台以后，因为钓鱼岛和靖国神社问题，中日关系比民主党执政时期更加恶化，一直到安倍晋三连任以后，中日关系才开始回暖。值得一提的是，在新冠肺炎疫情暴发初期，日本是首批对中国提供医疗物资援助的国家之一，两国民间的友好感情因此得到提升，这为中日双边关系的持续改善提供了良好基础。

最后看看英国。因为曾在英国工作和生活的缘故，我对英国政府和领导人的执政理念和风格较过去有了更多的感受和了解。2012年英国面临经济增长乏力，失业率较高，基础设施老化等发达国家的通病。政治上，英国不再是过去保守党和工党轮流执政的局面，因为两党的政治感召力和民意支持都出现下降，已经不具备单独完成组阁的实力。当时的英国政府就是由保守党和自由民主党联合执政，两党党首分别担任首相和副首相，这是英国自第二次世界大战以来首次出现这种联合执政安排。政府政治协商成本无疑会增加，决策效率也会下降，这已经影响到英国的很多内政外交。例如，在涉及财政紧缩、福利支出以及社会医疗改革等诸多方面，保守党和自由民主党的分歧不断加大；在外交方面，自由民主党和保守党对待欧盟的态度也大不一样。保守党更偏向"欧洲怀疑"，而自由民主党则倾向同欧盟保持合作，因此，卡梅伦政府在2011年否决欧盟财政公约后被联合执政的自由民主党指责为"进一步自我孤立于欧洲"。事实上，因为缺乏果断的政治决断力，时任英国首相卡梅伦一味迎合保守党右翼的"欧洲怀疑派"和国内民意，从而不断削弱英国在欧盟内部事务上的影响力，与英国紧随美国不断寻求增加自身在世界上的影响力背道而驰。而一味迎合"欧洲怀疑派"也终于酿成苦果。2015年保守党再次赢得大选之后，为了兑现竞选承诺，卡梅伦轻易同意举行"脱欧"公投，想当然地认为有保守党大选获胜为基础，加上不久前挫败苏格兰独立公投，因此对"脱欧"公投的结果信心十足。但公投结果很出人意料，略多于半数的英国人同意脱离欧盟。这样的结果给了卡梅伦"当头一棒"，面对"脱欧"给英国政治、经济、文化、外交等各方面带来的巨大不确定性，卡梅伦反而选择在这个关键时候撂挑子走人，保守党内经过一系列混乱内斗之后，由特里莎·梅接任首相。结果，由于"脱欧"这个问题确实太过复杂，"铁娘子"也玩不转，两年之后只能黯然辞职。直到不按常理出牌的伦敦前市长鲍里斯·约翰逊接手唐宁街 10 号后，英国才艰难地与欧盟达成了"脱欧"协议，但具体的过渡性安排如关税、边界、预算分担等棘手问题还在讨价还价之中。可以说，正是因为一些政治家的轻率决断，导致英国在过去几年经历了社会撕裂、经济动荡等一系列问题，而且给国际关系带来巨大的不确定性。

世界其他地区和国家的领导人也大同小异，从欧元区国家应对欧债危机展现出的一盘散沙到巴以冲突的不断扩大，我们生活的这个世界确实呼唤有决断力、有巨大道义和责任担当的政治家。只有这样的政治家大量出现，我们的世界才能更加和平、稳定和繁荣。

英国的古玩市场

英国的乡村生活一直被工业化时代的人们所向往。很多伦敦的上班族在乡下购置独立的住房，用作周末及节假日与家人和朋友的聚会之所；更多的人干脆在乡村安家，每天搭乘便捷的火车交通到市内上班。我刚来英国不久，曾受邀去紧邻英格兰银行的怡和公司，与董事长亨利·凯瑟克爵士（Henry Keswick）[①] 共进午餐，聊天中得知他也在伦敦东南部的肯特郡拥有别墅，闲暇时可以悠闲惬意地回归自然。

英国乡村生活的美丽与多姿多彩从 2012 年伦敦夏季奥运会的开幕式就有所体现。英国人对其乡村田园生活非常自豪和自信，因此将其列入伦敦奥运会开幕式的表演，呈现给全世界[②]。因为女儿就学，我也成为英国乡村生活的体验者，除了对英国乡村葱茏的草坪、参天的大树、星罗棋布的牧场、蜿蜒曲折的乡间小道、古老神秘的古堡和教堂以及清澈见底的小溪和湖泊印象深刻外，最吸引我的还是在每个乡村小镇都能找到的古玩店。

英国的古玩市场非常发达，在伦敦市内就有著名的诺丁山古玩街，每天吸引全世界的旅游者前往参观，但更多的古玩市场和店家仍然散布在英国风景优美的乡村小镇。离我居住的地方不远，有个

[①] 怡和公司 19 世纪 30 年代成立于中国广州，在远东是与汇丰银行齐名的老牌英资洋行。现在在中国也有很多投资，包括北京的东方广场和遍布中国主要城市的东方文华酒店等。

[②] 伦敦奥运会开幕式的第一幕表演就是英国的乡村生活，其后才是工业革命以及英国引以为豪的全民医疗等。由英国电影导演丹尼·博伊尔执导的伦敦奥运会开幕式，因其"炫目、清新、壮观、亲民和幽默"赢得了媒体和民众的称赞。

名叫多克恩（Dorking）的小镇，小镇上有条街，称为西街（West Street），街上集中了很多在全英国也非常有名的古玩店铺，我经常在周末或节假日去逛逛，希望发现自己喜爱的一些东西。在中国，我对古玩的认识曾经固定在那些古代流传下来的具有很高艺术价值的物品上，如过去王公贵族或乡绅富户使用过的瓷器、字画和家具等。但在英国，我发现古玩的概念要宽泛得多，不但有很高历史和艺术价值的物品，也有日常平民百姓家庭使用的普通物件。据我观察，具有很高历史和艺术价值的古玩，在英国通常是由佳士得这样的大型拍卖行交易①。而在遍布街头巷尾的古玩店，交易的物品一般是寻常百姓家使用过的旧物件，当然价格也就比较便宜。英国乡镇的古玩店，一般也有比较严格的分类，有些店专营旧家具，有些店则专营旧钟表，还有些店则经营陶瓷、乐器、银器和日常家居用品等。走进任何一家古玩店，你基本会看到在每件物品上都贴有说明，标示这件藏品的基本信息，包括价格、厂家和历史年代等。一般来说，乡镇古玩店的物品都是可以讨价还价的，店家给的折扣通常在10%左右，标价高的物品折扣相对更多一些。这些古玩店收藏的物品，有些是店主直接从各地的家庭住户中收来的，对藏品的来历比较清楚，出售的时候在价格上的灵活性也大一些。但有些古玩店，只是把店中的一些展示柜台出租给更小的商家，这样遇到顾客更详细地询问藏品的价格和历史等细节问题，店家通常要给这些租用柜台的小商家打电话，转达顾客的诉求，交易起来相对麻烦一些。还有一个有趣的现象是，这些古玩店的售货员通常都是年纪很大的老人，店家这样安排的原因可能是增加这些古玩店藏品的历史沧桑感吧，只不过这些老人有些看起来确实已经弱不禁风，很怕就像一些旧瓷器，虽然老，但未必弥坚，真正是易碎品。

---

① 除了佳士得这样的大型拍卖行外，英国的乡村也有一些小型拍卖公司（Auction House），不定期拍卖一些古玩物品，只不过标的价值通常不高。

　　闲逛英国乡村小镇的古玩店，或多或少都能发现一些产地标明为中国的藏品，其间以明清时期的瓷器居多。因为历史的原因，中国确实有大量艺术品流落西方国家，这也是为什么现在在大英博物馆及维多利亚和阿尔伯特博物馆能够看到很多精美中国古代艺术品的原因。但这些小古玩店的中国藏品不能与博物馆的藏品相提并论。据说大约二十年前，这些小店的明清瓷器大部分都是真的，只是近年来有很多国内的仿冒品大量流入，使这些古玩店的中国藏品已经真假难辨。中国原本是不缺这些优美的藏品的，鉴于中国五千年的历史和文化起源及发展的多样性，中国的历史传承应该是世界上最为丰富和多彩的。实际上，西方世界各大博物馆中的中国藏品也佐证了我们在文化上曾经的富有。可惜的是，我们虽然是一个文化大国、历史古国，但好像并不善于守拙，反而容易走向另一个极端，甚至不断地从消灭自身的历史和文化传统中获得成就和快感；当我们因为大肆破坏而最终迷失身份和方向，转而向历史投去求援的目光时，我们看到的只能是各种扭曲、支离破碎或假冒伪劣。

　　逛古玩店已经成为英国文化生活的一部分，而且这种文化生活能够通过不同的传媒渠道被发扬光大。英国国家广播公司（BBC）有几种不同的节目与这种文化生活相关。其中最有趣的一个节目叫作"古玩路演"（Antiques Road Show），几乎每天固定在一个频道的下午 6 点半播出，时长 1 个小时。内容通常是请两个古玩行业的经纪人在同一个地区的不同乡村集镇淘宝，然后把淘来的古玩在沿途一个拍卖行进行拍卖，看谁淘的宝物更值钱，拍卖得到的钱最后都捐给慈善组织。另外，也有节目专作古玩鉴定，请普通老百姓在固定的古玩市场淘宝，然后请专家进行点评和鉴定。

　　我在英国时间长了，可以看出英国的古玩市场也分几个等级。据我的观察，除了遍布城乡的小古玩店以外，英国每个地区或郡县都有自己的古玩协会，这些协会平时每季度或每月也组织古玩集会

（Antique Fair），把本地区一些小的古董店集中起来，通常在某个周末举行一次大的集会，集中为游客或古玩爱好者服务。这类集会通常会收取门票，如果参加的古玩店档次较低，收费相对便宜；如果参加的古董商档次较高，那么门票相对要贵一些。古玩集会的规模可大可小，小型的集会通常在诸如村公所（Village Hall）这样的地方举行，而大型的集会参展的古玩商可能超过千家，通常需要在赛马场这样的地方举行①。各种古玩集会之外，更高级的组织形式就是每年在诸如伦敦这样的大城市举办的古董艺术展（Antiques and Fine Art Show）。这种级别的展览针对的是固定的客户群，要么是一定规模的古董商，要么是专门受邀请来的客人。这些展览中出售的古董和其他形式的艺术品往往价值不菲，基本都有专业机构出具的鉴定证书。伦敦每年春冬两季都在靠近骑士桥的奥林匹亚大厦举办这种高级古董艺术展，我曾经有幸被邀请前往观摩，发现参展的古董商和画廊除了英国之外，还有的来自大陆欧洲国家，甚至美国和中国的。这就有点类似每年世界上几个主要的时装展一样，参加的都是顶级设计师提供的大牌时装，看秀的人往往也是时尚娱乐圈的名人。但是这个行业最高级的展览是大家耳熟能详的各种拍卖会和最顶级古董店的私人收藏活动。在伦敦，大的拍卖行有佳士得、苏富比和邦翰斯，它们每年春秋两季的拍卖活动往往吸引全世界的目光，一件古董最后成交的价格通常也是天文数字。这种级别的拍卖会不是普通人能够参加的，拍卖行提供的服务也是全方位的，包括成交后拍品的包装、保险、运输和储存等。另外，在伦敦的梅费尔和骑士桥等高档社区，还有很多专门从事古董生意的私人收藏店（Private

---

① 在我居住的英格兰南部，附近最有名的大型古玩集市叫 Ardingly Antique Fair，每两个月举行一次，参展的古玩商家除了来自英国，还有的来自欧洲大陆国家如法国、比利时等。

Collection)①，这些古董店隐蔽在不起眼的各种深巷里弄，但它们服务的对象往往是世界上的巨富显贵，很多交易都是在极其私密的环境中完成的。

　　闲暇时逛逛古玩市场已成为英国人生活中不可或缺的一部分，虽然我不是英国人，但也喜欢从各种或精巧或朴拙的历史藏品中仔细体味并寻找过去生活的影子。各种级别古玩市场的存在本身也体现了英国人一直尊崇的生活方式——人们都热衷保存并交易各自独特的生活传统，使历史和文化得以不断延续。这些散发历史气息的物品，无论是富有价值的精美字画、加工精细的古典家具还是细小的普通家居用品，都被一代代保存下来，供后来的人观赏或使用，成为传统生活方式的直接继承者，其间暗含的文化传承除了不断加深英国人对国家和民族的身份认同外，也时常掀起这个国家自工业革命之后依靠海外贸易的图强历史记忆，小小的古玩店实在是包含着历史的大乾坤！

---

　　① 2013 年临近春节时，在英中资企业协会曾经组织大家参观几家私人古董店，包括以深耕亚洲艺术而闻名的 Eskenazi 和 Marchant。

重访莫斯科

2012 年 12 月 5 日，中俄总理定期会晤机制第十七次会议在俄罗斯首都莫斯科举行①。人民银行欧洲代表处成立于 1992 年，过去负责人民银行与整个欧洲的金融合作事务。自 2002 年 1 月欧元正式流通，人民银行成立法兰克福代表处负责与欧元区的金融合作以来，欧洲代表处的职责范围便限定在欧元区以外的欧洲国家，包括欧盟的非欧元区成员国以及俄罗斯和苏联的所有加盟共和国。因此，这次中俄总理定期会晤机制牵涉的金融合作事务自然也是欧洲代表处的职责范畴，我也有幸参加会议，得以重访莫斯科。

1991 年 7 月，我第一次出国，应邀到莫斯科参加一个学术讨论会，同行共 5 人，来自不同的单位。当时苏联还没有解体，但卢布已经开始贬值。记得我们 5 个人到莫斯科总统饭店②吃饭，总共花费了 27 卢布，才合 1 美元多一点。当时中国的经济刚处在改革开放初期，跟现在相比物质远算不上丰富，但已经比苏联要好。我记得从红场旁边的谷姆商场买回了一架苏联产的望远镜，一件呢子大衣，几块苏联产的表盘很大的机械手表以及很多带有苏联

---

① 1996 年 4 月，时任俄罗斯总统叶利钦访问中国，与时任中国国家主席江泽民就中俄举行定期会晤达成原则一致，双方认为保持各个级别、各种渠道的经常对话，特别是两国领导人之间的高级、最高级接触和协商具有重要意义。同年 12 月 26 日至 28 日，时任国务院总理李鹏对俄罗斯进行工作访问，双方决定建立中俄总理定期会晤机制。定期会晤机制确立后，中俄两国总理每年举行一次会晤。

② 莫斯科总统饭店是苏联以及后来的俄罗斯专门用于接待官方代表团的酒店。参加这次中俄总理定期会晤的中方代表团也下榻这家饭店。

特色的印有红场图案的真皮钱夹。具体的价格记不清了，但肯定是非常便宜，不然以我当时大约月收入 200 元人民币的工资水平是断然不能买很多价格昂贵的洋货的。因为我是第一次出国，感觉新鲜，对苏联的很多建筑和人文景观也印象深刻，会议的东道主还组织大家参观了克里姆林宫、莫斯科大学以及一座有特色的东正教教堂。尤其在参观红场时，正值列宁墓的换岗仪式，苏联士兵昂首挺胸，军靴锃亮，两人一组对调换岗，周围有很多像我们一样肃穆的旁观者。还有一件印象比较深的事，有一次我们乘坐莫斯科地铁，出站后走在大街上，不远处有几个俄罗斯老人，看见我们走过来，其中一个人突然对着我们喊"斯大林，毛泽东"。走近看，好像不是恶作剧，我们代表团中有一位懂俄语的同志，过去与他攀谈，知道他们了解中苏友好的历史，这样喊是对我们的友好之意。

1991 年的莫斯科之旅之后，苏联经历了急剧的历史变化，先是整个苏维埃共和国解体，后来俄罗斯又同曾经的苏联加盟共和国结成独立国家联合体，加强彼此之间的联系。但就像美丽的瓷器一样，一旦破碎，彼此之间的罅隙再难弥合，因此就有现在俄罗斯与乌克兰在能源价格上的纠葛，有俄罗斯与格鲁吉亚的领土纠纷，也有俄罗斯与车臣之间连绵的民族冲突。1991 年莫斯科之行是在美丽的夏季，莫斯科街道宽阔，房屋整洁，人民友好，空气中弥漫着夏日花草的芳香。但 2012 年到莫斯科是在万物肃杀的冬季，早上 9 点多天才亮，下午 4 点天就黑。我们在莫斯科四天时间里，只有一天看到太阳。利用会议的间隙，我们去了一趟列宁山，莫斯科大学依然挺拔的主楼在冬日太阳的照射下，反射出来的是清凉的冷光。因此，虽然红场和克里姆林宫壮观依旧，但阴沉的天空和到处覆盖着的皑皑白雪给人的感觉却是一片沉重和压抑，街上的行人自然都是行色匆匆，少有灿烂的笑容。苏联解体后，不同于中国的渐进式改革，俄罗斯实施的是"休克疗法"，巨额国有资产被侵吞或贱卖，社会上产生了特殊的富裕群体，贫富差距急剧扩大，有组织犯罪问题也非常突出。普京上台后，得益于国际能源价格的上涨，俄罗斯综合经济实力开始稳步回升，在国际舞台的地位有所恢复，对国内有组织犯罪的打击也非常坚决。据莫斯科的华人司机讲，大约十年前，在莫斯科的街头，警察常常毫无缘由地要求你出示身份证件，并找借口制造各种麻烦，目的就是要钱。现在情况要好很多，俄罗斯专门出台了规定，禁止警察随意查验行人身份证件。总体来说，俄罗斯的经济情况肯定比苏联解体后好很多，现在人均国内生产总值已经达到 1.9 万美元，是"金砖四国"中最高的，而且普京在 2011 年 5 月还宣布俄罗斯计划在十年内将实现人均国内生产总值翻倍①。当然，收入的提高和财富的增加必然伴随着高物价，莫斯科的高物价水平世界有名。过去 5 个人花 1 美元吃饭的事早已成为尘封的记忆，就连阿尔巴特大街和总统饭店后面的油画一条街上卖画的商贩，虽然寒冷的冬日游客稀少，但喊价也高得吓人。红场边上著名的谷姆商场也早已成为世界顶尖名牌的集散地，再也不见昔日价格低廉但不失浓悠传统特色的俄罗斯产品。得益于丰富自然资源的经济快速发展还表现在莫斯科拔地而起的很多高楼大厦和路上拥堵的各种高级轿车上。联邦大厦也是俄罗斯外贸银行的办公楼，听驻当地国内机构的同志讲，外贸银行的董事长年薪达到 2000 万美元。紧邻联邦大厦的是一座正在建设中的大楼，据说高度超过伦敦的"碎片大厦"，将成为欧洲最高建筑。俄罗斯的经济虽然快速发展，但需要改善之处仍然很多，特别是城市交通和高速公路。与莫斯科高物价齐名的就是它的道路拥堵。从电视上知悉，2012

---

① 普京：俄罗斯人均国内生产总值十年内应会增加近一倍。《华尔街日报》中文版，2011 年 5 月 27 日。

年俄罗斯遭遇五十年不遇的大雪，导致从首都到第二大城市圣彼得堡的全国唯一一条快速公路拥堵路段一度达到 200 公里。

这就是莫斯科，一个感觉曾经清晰，但又很遥远的城市，一座古老且有英雄气质的都城，也是一个焕发了青春的传说。

捷克国民银行成立二十周年

2013 年 2 月 7 日至 9 日，捷克国民银行①在布拉格分别主办了纪念捷克国民银行成立二十周年的国际研讨会和第二十九次中亚、黑海及巴尔干地区中央银行行长俱乐部会议。我代表中国人民银行出席了上述会议。

捷克国民银行作为捷克共和国的中央银行，是 1993 年捷克斯洛伐克分离为两个独立国家后成立的，2013 年正好成立二十周年。为此，捷克国民银行借举办第二十九届中亚、黑海及巴尔干地区中央银行行长俱乐部会议之际，邀请国内外包括中央银行和货币当局的代表出席专为纪念这一活动而举行的研讨会。共有 50 多位代表参加了会议，除参加中亚、黑海及巴尔干地区中央银行行长俱乐部的成员外，主要是捷克国内政府、大学和研究机构的代表。以色列中央银行行长斯坦利·费希尔（Stanley Fischer）也受邀参加了会议。

捷克总统克劳斯（Vaclav Klaus）出席开幕式并发表演讲。1993 年克劳斯担任捷克斯洛伐克国家金融委员会主席，亲自主导参与了捷克与斯洛伐克两国货币和金融体系的分离过程。克劳斯称，1993 年捷克的经济增长率只有 0.1%，但货币和金融体系从原来国家分离出来的过程还是相对顺利的，主要是因为政治层面的谈判进展迅速。货币和金融体系分离之后，捷克和斯洛伐克的经济发展都比较好，斯洛伐克在与捷克分离 16 年后，正式加入欧元区；捷克保留了独立

---

① 捷克中央银行。

货币克朗，为稳定通货膨胀预期，采取盯住汇率机制，为经济的平稳发展奠定了基础。从两国货币分离的经验来看，货币分离并不一定是灾难，这一过程可以被控制在一定的成本之下。例如，目前希腊经济规模只有欧元区总量的约1/50，而1993年斯洛伐克的经济规模约占捷克斯洛伐克经济总量的1/3，斯洛伐克与捷克成为两个独立的国家之后，并没有出现经济崩溃。因此，如果是有序且负责任地分开，货币解体的成本不会偏高，通过适当的贸易、关税安排以及货币和财政等手段可以保持宏观稳定。

斯洛伐克国民银行副行长杨·托斯（Jan Toth）则从斯洛伐克的角度谈了自己的经验。他说，斯洛伐克与捷克分离时，经济规模约占捷克斯洛伐克规模的1/3，物价水平与捷克差不多，但收入水平比捷克地区低1/3，外汇储备只够支付1~2周的进口。但后来斯洛伐克的经济转型比较成功，通过采取通胀目标制和加强银行监管，稳定了经济发展。斯洛伐克陆续加入北大西洋公约组织、经济合作与发展组织以及欧元区，经济得到进一步发展。目前斯洛伐克吸引的外商直接投资是欧洲最多的国家之一，人民的生活水平也超过匈牙利。1995年，斯洛伐克按购买力平价计算的人均GDP只有捷克的60%，但到2011年这一比例已经上升到90%。加入欧元区总体上对斯洛伐克利好，但也有成本，包括失业率上升，而且欧洲金融稳定机制也有出资要求等。总而言之，斯洛伐克和捷克自1993年分离以来，两国关系一直友好，且互为紧随德国之后的彼此第二大贸易伙伴。

布拉格经济学院金融系主任潘塔·德沃拉克（Petr Dvorak）从学术角度评估了捷克国民银行成立二十年来的表现。他认为，捷克国民银行无论是在公众眼中还是在专业人士眼里，都是一家信誉度很高的机构，这与捷克国民银行成立二十年来不断提升自己的专业素质和改善沟通策略有关。1993年后，由于采取通胀目标制，捷克的货币发展一直保持相对稳定，同时加强了银行监管，金融保持稳定。现在捷克国民银行还是一家重要的研究机构，虽然捷克的一些大学也有比较强的研究力量，但这些研究通常只关注数字，并不关心数字后面的真正问题。捷克国民银行虽然取得了很大的成绩，但也要保持警惕，不能过高估计自身的能力。虽然目前克朗币值保持稳定，经济发展相对其他欧洲国家来说不错，但不能认为这是捷克经济的常态，不能忽略捷克留在欧元区之外给国家经济带来的潜在负面影响。

以色列中央银行行长斯坦利·费希尔祝贺捷克国民银行在过去二十年取得的成绩。他称，中央银行的理论从来都是发展的，不能一成不变。过去大家都相信通胀目标制完美无缺，但现在形势变了，美联储开始不但关心物价，也关心失业率。英格兰银行也采取更多宽松的货币政策促进经济发展。另外，在变化的形势下，中央银行和政府其他部门的关系也发展改变，这些改变会影响到中央银行的政策。

这次会议是在捷克国民银行的会议中心主办的，这栋大楼和捷克国民银行的办公楼连在一起，但早先是捷克的商品期货交易所①，整体建筑比较气派，里面全部是高级大理石装饰。捷克国民银行行长米洛斯拉夫·辛格（Miroslav Singer）生得高大魁梧。据他夫人讲②，辛格是犹太人，当过大学教授，也曾在私人部门工作过。他曾经在美国匹兹堡大学学习并获得过博士学位。今年是捷克共和国成立二十周年，克劳斯总统在开幕式上说，捷克国民银行是第一个举办相关纪念活动的，也从一个侧面说明了捷克国民银行的先进意识。

---

① 应该是在第二次世界大战之前。
② 在第一天的欢迎晚宴上，他夫人与我同桌，称自己在 IBM 公司工作，看起来是一个非常爽快的人。

出席中黑巴中央银行行长俱乐部会议

结束纪念捷克国民银行成立二十周年的国际研讨会后，紧接着在 2013 年 2 月 8 日（当天已是中国除夕），我参加了第二十九次中亚、黑海及巴尔干地区中央银行行长俱乐部会议。

本次会议原本应在 4 月召开，因为捷克国民银行希望把本次会议和纪念该行成立二十周年的活动结合在一起，因此提前至 2 月举行。中央银行行长俱乐部的 20 个成员代表参加了会议，会议日程仅为一天，分别在上下午安排捷克国民银行金融稳定局局长杨·弗莱特（Jan Frait）和俄罗斯联邦中央银行行长谢尔盖·伊格纳提耶夫（Sergey Ignatiev）就小型开放经济体的货币政策与金融稳定机制以及俄罗斯的宏观经济形势作主旨发言。此外，会议还邀请奥地利国民银行副行长沃夫冈·达切泽克（Wolfgang Duchatczek）向与会代表介绍了欧元区促进金融稳定机制安排。

捷克国民银行金融稳定局局长弗莱特在发言中提到，危机爆发以来，业界对货币政策和金融稳定政策框架的认识发生了一系列重大转变，但是主流观点还是受到美联储等发达国家央行的经验，以及美国学界灵活的通货膨胀目标制理论框架的影响，而部分中小及新兴市场经济体的政策经验则没有得到足够重视。在危机发生之前，主流的货币政策框架是以新古典综合为理论基础，政策方面逐步向弹性的通货膨胀目标制发展。对于资产价格这一关键问题，主流的政策倾向是采取"善意忽视"原则，即货币政策工具仅针对宏观经济目标，而监管和最后贷款人权力则用于维护金融稳定（代表性的央行是美联储）。仅有以国际清算银行为代表机构的少数经济学家坚持认为货币政策应该关注金融市场稳定。一些中小新兴经济体的央行也采用这种观点。事实上，这些国家确实经历过通货膨胀压力不大，但资产市场价格猛涨的两难局面。很有意思的是，一些中小开放经济体在弹性通货膨胀目标制的框架下，通过对汇率变动作出适当反应获得了不错的政策效果，捷克就是其中成功的例子。捷克的经验是对于汇率升值与经济增长需求的双重压力，选择忍受升值给经济增长带来的负面影响，这样一方面可以保持较低的政策利率水平和通货膨胀水平，另一方面升值的货币还有利于减少金融系统的风险承担，有利于金融稳定。弗莱特表示，在金融危机之后，关于货币政策框架新的共识正在形成。对于货币政策、资产价格和金融稳定，新的理论思考是将金融系统纳入宏观经济模型。中央银行将金融稳定作为一个单独的目标，在短期内可能会影响其行为（对价格水平的承诺），但长期来看并不一定会改变价格稳定的承诺。现在，在主要发达国家央行大规模实施非常规宽松货币政策的背景下，中小经济体央行实现经济增长、价格稳定并且汇率适当的最佳政策选项同样不复存在。

俄罗斯联邦中央银行行长伊格纳提耶夫在发言中介绍了俄罗斯近期的宏观经济形势。俄罗斯 2012 年经济增长率为 3.4%，比 2011 年低 0.9 个百分点。全国失业率为 5.3%，为近年来比较低的水平，但全国各地有很大差异。莫斯科地区的失业率为 6%，圣彼得堡地区的失业率仅为 1%，而北高加索等经济落后地区的失业率则高达 20%。俄罗斯的联邦预算在很大程度上依赖石油收入。石油、天然气收入占联邦预算收入的 50% 以上。如果石油价格从 110 美元一桶下降到 80 美元一桶，将使联邦预算收入从占 GDP 的 21% 下降到 18%。在国际收支方面，俄罗斯的情况不同于中国、巴西和南非，这些国家面临比较大的资本流入，而俄罗斯面临的问题是资本流出，其中除了气候原因外，还因为俄罗斯增加了对土耳其等国的资产投资，另外俄罗斯商人对外移民增多，也导致资本外流。俄罗斯过去有1300多家银行，经过清理整顿，现在有960家左右，机构数量减少了25%。目前俄罗斯央行只负责监管银行机构，但到年底俄罗斯就会合并金融监管职能，届时中央银行不但要监管银行，还要负责保险行业和养老金行业的管理。俄罗斯经济目前也面临一种"荷兰病"的问题，卢布自2006年以来一直处于升值状态，每年升值幅度达4%。为此，工业部门指责中央银行实行"强卢布"政策，但只要俄罗斯的通货膨胀率上升，这一趋势还将继续，卢布的实际汇率还会走强。俄罗斯的通货膨胀一直没有得到有效控制，2011年通货膨胀率为6.1%，2012年小幅上升为6.6%，其中食品价格上涨对物价水平的影响较大，但核心消费物价水平有走低的趋势。伊格纳提耶夫称，最近俄罗斯中央银行受到工业部门、经济部门以及其他一些政府机构的批评，但俄罗斯央行不接受这种批评，因为虽然经济有所放缓，但俄罗斯失业率仅为5.3%，属于历史低点。俄罗斯经济面临的问题还有基础设施落后，投资不足。另外，通货膨胀2013年1月进一步上升到7.1%，物价上涨的压力仍然很大。

在国别讨论和发言中，土耳其、塔吉克斯坦以及塞尔维亚央行行长各自介绍了国内的经济金融形势和面临的挑战，我考虑到参会的代表主要为东欧及独联体国家，过去和现在与中国经济的联系较为紧密（其中土耳其、哈萨克斯坦和乌克兰已经与中国签订货币互换协议，奥地利国民银行也投资我国国内银行间债券市场），可能对人民币的跨境使用问题感兴趣，因此除了介绍中国近期宏观经济形势外，还重点介绍了人民币跨境使用的发展情况。不出所料，这一话题引起与会者的极大兴趣。我在发言中主要介绍了人民币跨境使用的由来、人民银行出台的一些主要政策措施、国外金融机构（包括国际组织、央行和货币当局）参与货币互换和银行间债券市场的投资以及中国香港、新加坡、中国台湾和伦敦的人民币离岸中心的建设情况等。在回答问题阶段，俄罗斯央行行长主要问了一些国家的中央银行和货币当局与人民银行签订货币互换的问题，以及签订这些互换协议有哪些好处；奥地利国民银行副行长达切泽克问了人民银行对人民币国际化进程所持的政策立场等，对这些问题，我也一一作了回复。在休会期间，阿尔巴尼亚央行行长弗拉尼（Ardian Fullani）私下称，该国央行准备投资人民币资产。波黑中央银行行长科萨利奇（Kemal Kozaric）和保加利亚央行理事会成员克拉图纳娃（Penka Kratunava）等纷纷索要关于人民币跨境使用的相关发言材料。可以预见，人民币在东欧国家的受欢迎程度会不断提高，并且随着中国和这一地区的经济联系日益紧密，人民币的跨境使用需要从东南亚、非洲和南美地区扩展，进一步重点辐射至东欧和巴尔干地区，为人民币更广泛地进入欧洲发达国家市场创造条件。

这次会议也通过口头表决方式决定，下一次行长俱乐部会议将于 2013 年 9 月 12～15 日或 25～26 日在亚美尼亚首都埃里温举行。另外，在参加会议的过程中，不止一次有人问起中国何时举办一次行长俱乐部会议，我只能回复将把有关提议报回国内研究。实际上，鉴于人民银行已加入行长俱乐部将近两年，且在俱乐部中受到各成员的普遍重视，适当时候举办一次行长俱乐部会议尤为妥当，一方面履行我作为俱乐部成员的义务，另一方面也可借机加深与东欧和巴尔干地区的经济联系，为人民币的跨境使用创造更多契机。

2 月 9 日是周六，捷克国民银行安排与会人员赴捷克的一个旅游小城库吐纳霍拉参观。这个小城过去是捷克的银都，以丰富的白银矿储藏和开采出名，因此历史上较为富有。后来随着南美廉价白银的大量输入，小城逐渐衰败，不过保存下来的教堂和宏伟的建筑还是给人很深的印象。这里也被联合国教科文组织列为人类历史文化遗产，特别是有一座教堂里面用很多人骨做各种装饰，是世界上唯一有此特点的建筑。

没有缴税，就没有投票权

2013 年 2 月 26 日，汇丰银行在伦敦历史悠久的五星级酒店克莱瑞琦（Claridge's）宴会厅举办一年一度的中国农历新年午餐会。汇丰银行集团主席范智廉（Douglas Flint）携该行全球银行部一众高管出席，英国财政部、议会以及英格兰银行等官方部门人员也受邀参加。参加午餐会的中方客人包括驻英大使刘晓明和中资金融机构的伦敦负责人以及驻英使馆教育、经济商务等部门的负责人。

午餐会开始前，汇丰银行全球银行部联席主席利子深（Spencer Lake）介绍了汇丰银行在发展伦敦人民币业务方面的进展。他说预计人民币在未来 2～3 年将成为全球可交易货币，未来 5 年内可能实现完全自由兑换。汇丰银行还邀请了一支舞狮队进行助兴表演，这些舞者的动作娴熟，我原以为是从伦敦的中国城里请来的，后来他们摘下面具，才看清他们居然全是外国人。

汇丰银行安排我坐在范智廉主席的左侧，他右侧坐的是刘晓明大使。这使我们在用餐的同时有攀谈的机会。范智廉原来最早在毕马威会计公司做审计，后来加入汇丰银行，在担任集团主席之前是汇丰的首席财务官。他是一位谨言慎行的企业高管，但看起来非常面善，坐在我右侧的利子深先生也证明了我的猜测。我们谈到中国政府即将换届，自然也谈到刚刚落幕的意大利大选。意大利大选的结果陷入胶着状态，中左翼党派在众议院可能赢得多数，但贝卢斯科尼（Silvio Berlusconi）领导的中右翼党派自由人民党在参议院赢得多数，而受国际社会尊敬的前总理蒙蒂（Mario Monti）领导的中间党派排名第四位，甚至落后于由喜剧演员格里罗（Beppe Grillo）领导的反政治的"五星运动"派别。意大利选举的初步结果表明蒙蒂政府实施的紧缩财政政策被选民抛弃，这给刚刚稳定下来的欧元区经济带来新的不确定性，当日美国和欧洲的股市全部大幅下跌。范智廉对意大利出现这样的形势，显得颇为无奈。他直言不讳地称，意大利已经变得不可救药（ungovernable）。当年英国在美国的殖民统治时期，发源于波士顿地区的北美独立运动喊出的口号是"没有代表权，就没有收税权"（No Representation，No Taxation），意思是当时的殖民地并没有在英国议会有代表权，因此殖民地没有对英国缴税的义务。现在，情况好像应该反过来，越来越多的人主张"没有缴税，就没有投票权"。现在很多欧元区危机国家，政府为了应对危机，不得不实施紧缩的财政政策，削减福利，招致很多人上街抗议，如果这些国家进行大选，必然导致实行紧缩政策的政府下台，而上台的往往都是那些承诺进一步减税的党派。可是这样的政治承诺在现实中带给国家的往往是更大的经济灾难，使危机恶化。意大利的境况就是很好的证明，给意大利带来严重经济困难的前总理贝卢斯科尼代表的中右翼党派竟然大幅领先带领意大利蒙蒂领导的中间党派。因此，越来越多的人开始谈论这样的民主安排是否存在弊端，是否应该把国家的命运交给那些不纳税但享有投票权的人身上。

这当然是一个非常敏感的话题，在西方社会，"人生而平等"的概念深入人心。2012 年，美国大选阶段，共和党总统候选人罗姆尼（Willard Mitt Romney）私下曾经猛烈批评美国 47% 的低收入者，认为这些人因为收入水平低，不缴所得税，但却认为政府给他们提供失业补助、住房、医疗保障等各种福利是理所当然的。他认为，因为民主党倡导大政府，主张对经济实行强有力干预，因此这部分人无论如何都会在大选中投票支持奥巴马。罗姆尼说的可能是实话，但这段私下谈话被人披露后，罗姆尼阵营招致美国朝野猛烈批评，他本人也被迫道歉，最后的结果当然也不出意外：罗姆尼输掉选举，奥巴马连任美国总统，而美国的财政僵局依然如故。

举办此次活动的克莱瑞琦酒店位于戴维斯大街和布鲁克大街的交叉路口，是伦敦历史最为悠久的酒店之一，差不多有两百年历史，因为同皇室的关系紧密，被称为"白金汉宫的厢房"。这家酒店的英式下午茶非常有名，英国广播公司（BBC）曾经专门制作过节目进行介绍。这里也是各国王公贵族、商贾巨富和时尚名流来到伦敦的主要住所。特别值得一提的是，1945年7月17日，英国政府曾经把该酒店的212房间作为特别领地划归流亡在此的南斯拉夫国王彼得二世，以使他的儿子亚历山大王子能够出生在南斯拉夫领土上。

撒切尔夫人去世

2013年4月8日，英国前首相撒切尔夫人因中风去世，享年87岁。英国议会大厦降半旗，时任首相卡梅伦中断对西班牙、法国和德国的访问，回到伦敦，对其逝世表示哀悼。卡梅伦发表电视讲话，称撒切尔夫人是一位伟大的政治家，一位忠贞不渝的爱国者，也是一位令人尊敬的妻子和母亲，她给英国现代政治留下了宝贵的遗产。

英国国家广播公司BBC也在8日晚播放纪录片，回顾撒切尔的一生，特别是她1979年开始，带领保守党连续三届赢得大选，担任英国历史上第一位女首相的经历。撒切尔夫人上台伊始，英国经济百废待兴，她与当时势力强大的工会进行坚决斗争，对低效臃肿的国有企业实施大范围私有化改革，并带领英国赢得马岛战争的胜利，大大提升了英国在国际上的声望。此外，她因为同美国前总统里根、苏联共产党前总书记戈尔巴乔夫有着良好的工作关系，被认为对改变苏联和东欧地区的政治生态作出了贡献。

当然，她去世后人们的普遍情绪是哀悼和悲伤，不过也有人对她的过世感到高兴。在BBC采访的街头人士中，就有一位男士表示因为撒切尔夫人执政时采取的政策给他带来损失，他对撒切尔夫人去世感到高兴。甚至还有人上街游行，庆祝撒切尔夫人的过世。这些不满主要来自她执政期间大力推行的自由化政策，包括削减社会福利、关闭或私有化国有企业，导致大量工人下岗，失业率上升。实际上，在8日晚上BBC播出的纪录片中，包括前港督彭定康和其他一些撒切尔夫人当政时的内阁成员，也对她担任首相时的一些做法，特别是第三任期在实施人头税和处理同欧盟的关系上的独断专行有很多看法。也正是因为这些同僚之间的矛盾发展到难以调和的程度，加上各地此起彼伏的抗议浪潮，迫使撒切尔夫人在 1990 年 11 月辞去首相职务，正式从英国政治生活中隐退。英传媒对撒切尔夫人的评价呈现两极化，右派报章赞她是国家救星，左派报章却指责她是贪婪的建筑师。右倾的《每日电讯报》以"工人、国家及世界自由战士"来歌颂她；中间偏右的《泰晤士报》称她是"杰出政治人物，迄今为止，是她那个时代最伟大的人物"。最畅销的《每日邮报》在头版以"拯救英国的女性"为标题，《金融时报》则赞她是"伟大改革家"。但《卫报》及《每日镜报》等左倾报章则对她嗤之以鼻，直斥她是分裂英国的罪人，《卫报》的社论更指她遗留给英国的是"公众分歧、自私自利和崇拜贪婪"。

撒切尔夫人本名玛格丽特·希尔达·罗伯茨（Margaret Hilda Roberts），1925 年 10 月生于英格兰南部的林肯郡，在牛津大学接受教育。1951 年和富商丹尼斯·撒切尔（Denis Thatcher）结婚，1954 年考取律师执照。她的政治生涯始于 1959 年成功当选代表伦敦北部芬奇利地区的保守党议员，1970 年希斯成为英国首相后，撒切尔夫人被任命为教育大臣，首次成为政府内阁成员。后来她在保守党内的人气和威望逐渐提升，直至她带领保守党在 1979 年连续赢得三届大选，成为英国历史上首位女首相。

撒切尔夫人去世后，各主要媒体均在第一时间进行报道。但即使像美国有线网（CNN）这样的大台，也只是挂出标题，而中国的网络媒体（因为在国外，我看不到中国电视媒体的实况），竟然头四五条的新闻都是有关撒切尔夫人逝世的。我想，中国人特别关注撒切尔夫人，可能还是与她 1982 年 9 月访华，与邓小平就香港的回归问题进行谈判有关。特别是她和邓小平会面之后，在步出人民大会堂的台阶上，不小心摔了一跤，更成为中国媒体和受众津津乐道的话题，人们之所以这样乐于回忆"铁娘子"的摔跤，可能更多的还是从中寻找到现代中国越发强大，而曾经的大英帝国越发衰落的心理暗示吧。根据英国剑桥大学公开的档案记录，撒切尔夫人 1982 年访问中国时，除了重视与中国政府就香港回归问题进行谈判外，还为很多看似细小的枝节问题纠结，例如，她曾经直接参与在北京人民大会堂回请中国领导人的菜单选择。这也从一个侧面说明她为何在执政后期与内阁的冲突越来越多，因为 1987 年第三次赢得大选后，她已经在首相位置上干了差不多十年，而内阁中的一些新人对很多具体问题的看法可能不比她熟悉，导致她经常在内阁会议上对一些大臣和部长发表的意见冷嘲热讽，让人觉得无法与她合作，而她在内政外交上的这种强势作风也最终牺牲了她去职时仍然留恋的政治生涯。根据媒体的报道，她的强势不仅体现在政治生活中，她与家庭成员的关系，也并不融洽。退休后，她的儿子马克和女儿卡洛尔很少和她在一起，以至于生命的最后几个月是在伦敦的丽兹（Ritz）酒店度过的。她去世时，儿女和至亲都不在身边，陪伴她的只有医生和看护，两个儿女各自在国外，他们对媒体表示要求各界尊重他们的隐私。

"老妇人"迎来了新当家

2013 年 7 月 1 日，有三百多年历史的英格兰银行迎来了新的掌门人——加拿大人马克·卡尼（Mark Carney）。英格兰银行是世界上最古老的中央银行①，也是目前世界上最有影响力的中央银行之一，其制定实施的基于通货膨胀目标制的货币政策框架被许多国家采用。但就是这样一家拥有世界影响力的中央银行，作为一向自视清高的大英帝国的经济枢纽机构，为何聘用一位加拿大人担任行长呢？

其中最为根本的原因可能还是金融危机。英国是受本轮金融危机冲击最为严重的国家之一，幸好当时英国还没有加入欧元区，没有被后来更为严重的欧元区主权债务危机波及，否则英国的日子更不好过。2008 年金融危机全面爆发后，英国步美国的后尘用纳税人的钱对受冲击的本国金融机构进行了强力救援，至今政府仍然持有苏格兰皇家银行 82% 和劳埃德银行约 40% 的股权。政府之所以仍然持有这些银行的股份，是因为当时干预时的出价太高，虽然欧美股市（特别是金融股）后来普遍触底上涨，但至今仍然没有达到解套的水平，更别说盈利了。如果政府选择退出，纳税人就要承受很大损失，因此舆论的压力还是很大的。随着各国实施史无前例的量化宽松政策，金融危机开始慢慢缓解，但实体经济却难有起色。虽然美国经济已经复苏，但力道却是历次衰退后经济复苏中最弱的。英

---

① 英格兰银行成立于 1694 年，即将年满 320 岁，被称为"老妇人"。1797 年，有份报纸漫画把英格兰银行描绘成针线街的"老妇人"，受到时任英国首相威廉·皮特的追求，因而得名。

国的情况更为糟糕，2012年初经济呈现连续负增长，只是第三季度"托"了召开夏季奥运会的"福"，经济转为正增长，但增长率也只是区区0.9%，但第四季度又萎缩为0.3%。进入2013年，经济增长低迷的势头仍然持续，而通货膨胀却有加速上涨的势头，很长时间均超过英格兰银行2%的通胀目标，同时政府债务占GDP的比重在发达经济体中也仅次于日本，高于西班牙和意大利这些受债务危机困扰的国家。

在这样的情况下，英格兰银行的掌门人默文·金（Meryvin King）爵士的任期到2013年6月30日结束，英国政府面临为这家世界最古老的中央银行挑选一位接班者的难题。英格兰银行在1997年之前独立性较弱，其货币政策的制定受制于英国财政部。1997年工党政府上台后，对英国金融体制进行了重大改革，赋予英格兰银行在制定和实施货币政策上的独立性，但同时又剥夺英格兰银行对金融机构的监管权，另设金融监管服务局（FSA）行使金融监管职责。这一模式后来也被很多国家效仿。金融危机爆发后，人们对这一安排又有很多诟病，认为中央银行作为最后贷款人，如果没有对具体金融机构的了解，在处置金融危机时会陷入被动。因此，最近的风潮是各国又把金融监管重新置于中央银行之下，英国取消了金融监管服务局，把金融监管权重新划归英格兰银行。默文·金是1991年加入英格兰银行的，此前一直在伦敦经济学院教书。起初只是作为类似于国内停薪留职的方式，在英格兰银行进行两年的访问研究。1993年埃迪·乔治接任李·彭波顿担任行长后，继续挽留默文·金担任英格兰银行首席经济学家。后来，默文·金逐渐成为乔治的重要助手，在1998年升任英格兰银行副行长，并最终在2003年6月担任英格兰银行行长。因为具有深厚的学术背景，且与伦敦金融城政商两界沟通良好，默文·金在担任英格兰银行行长十年时期内的大部分时间里，深受业内人士敬重。只是在金融危机爆发后的最初一段时间，因为对形势的发展出现误判，有人批评英格兰银行对金融危机的反应不力。再后来英国经济持续低迷，也有人开始怀疑英格兰银行的货币和信贷政策是否适当，但这些批评和怀疑总体上并不影响默文·金本人在国内外金融界的良好声誉[①]。

英格兰银行的行长职位需要财政部提名，由女王任命，但不需要经过议会批准。英国政府在选择默文·金的接班人时，面临着几个选择。一是可以遵循传统做法，从英格兰银行内部产生。实际上，英格兰银行排名第一位的副行长保罗·塔克一直呼声很高，他在英格兰银行工作近30年，具有丰富的中央银行工作经验。但英国财政部认为，保罗·塔克虽然本人资质没有问题，可是作为英格兰银行最高管理层之一，他也应该对英国经济始终没有多少起色负责，因为他参与了货币政策的制定。政府的第二个选择是从金融城的有分量的金融家中挑选，但英国的金融机构除了在金融危机中损失惨重外，还不断爆出各种丑闻，包括巴克莱银行涉嫌操纵伦敦同业市场利率，汇丰银行因为涉嫌洗钱被英美两国监管当局罚款，苏格兰皇家银行和劳埃德银行仍然没有脱离政府救助。因此，金融城可供选择的具有良好声誉的人选也寥寥无几。最后，因为进行改革，金融监管服务局被撤销，其最后一任主席阿达尔·特纳虽然有心竞争英格兰银行行长一职，但政府担心其过去亲近欧元的立场会引起政府内欧洲怀疑派的反对，因此也就不在考虑之列。

在这种情况下，英国财政大臣乔治·奥斯本把目光投向了国际市场。他与卡尼有很好的私人关系，且卡尼在担任加拿大银行行长期间，加拿大经济和金融表现不错，金融机构审慎经营，基本未受到金融危机的冲击，经济增长也强于其他发达经济体。更重要的是，卡尼在国际上也有一定影响，当时担任金融稳定理事会主席，在全

---

① 默文·金离任之前，于2013年3月访问了中国人民银行，并于6月22日与中国人民银行行长周小川签订中英两国货币互换协议，以促进伦敦人民币离岸金融中心的发展。

球金融监管标准和规则的制定上具有很大的主导权。这些经验对伦敦金融城的发展和重新掌握金融监管权的英格兰银行来说都至关重要。据说，奥斯本一直努力游说卡尼接受他的邀请，担任英格兰银行行长一职。卡尼有他自己的顾虑，一直没有答应，但也不完全拒绝。卡尼的顾虑可能是英国的政治文化不便其施展抱负；但英格兰银行在世界上的影响力大大高于加拿大银行，在这个职位上更有可能实现更大的抱负，因此这个职位又有很大的吸引力。外界无法掌握其中具体的谈判细节，但英国女王在 2012 年 11 月 26 日的正式声明消除了一切不确定性：英国决定聘任卡尼担任英格兰银行行长。消息公布之后，英国市场的反应还是积极的，其中英国人感觉能接受的一点是，虽然卡尼是加拿大人，但他有在英国学习和工作的经历①，且夫人和孩子有英国国籍，也算是半个英国人。

---

① 卡尼曾经在牛津大学学习，获得经济学博士学位，并在高盛英国公司工作过。

波罗的海明珠——圣彼得堡

2013 年 9 月 5~6 日二十国集团领导人峰会在俄罗斯圣彼得堡召开，我作为工作人员得以一窥这座有着波罗的海明珠之称的美丽城市。

飞机从伦敦希思罗机场起飞之后大约半个小时就进入英吉利海峡上空。当天是英国难得的晴天，透过云层隐约可以看到英国人在海峡边缘树立的 36 根巨大的风力发电机组，这些清洁能源为英国的工农业生产和人民生活提供源源不断的动力。当飞机飞过欧洲大陆北端，进入波罗的海上空时，云层开始变厚，在飞机上看不到地面上的风景，这样的状况一直持续到飞机飞临俄罗斯边界，天空突然变得晴朗，地面的河流、森林又变得清晰起来。从天空上看，英国南部地区的农村，人类生活的痕迹明显，土地很整洁地分成一块块牧场或种植了庄稼的田地，黄绿相间，非常漂亮；在俄罗斯的土地上，人类的活动稀少，到处都是未开垦的大片土地和森林，就是公路和铁路这样很容易从空中分辨的人类活动的痕迹也很少，使人真正体会到俄罗斯的地大物博。

经过大约 3 个半小时的飞行，飞机缓缓降落在圣彼得堡国际机场。说是国际机场，其实就是一个机场的 2 号航站楼，面积极小，机场的设施和规模与中国一个二级城市的机场相当，与这座有着国际声誉的城市有些不匹配。这也是俄罗斯政府在二十国集团首脑会议召开期间，停飞到这座城市的其他商业航班原因之一。过边检和海关却非常容易，不像想象的那样复杂，不用填写入境卡，但边检人员会在护照上签注的同时，给一张小纸片，这张小纸片用于出境时核对入境记录。从机场到市中心入住酒店，大约四十分钟的路程，交通还算便利，堵车现象较俄罗斯其他城市，特别是莫斯科要好很多。我注意到从机场到圣彼得堡的市中心，道路非常宽阔，双向车道，中间还有很宽的绿化隔离带。道路两边的建筑也不高，视野很好，颜色非黄即红，典型的俄罗斯和北欧国家的风格。

俄罗斯作为本届二十国集团峰会的东道主，从会议主题的设立到其他各项准备工作，花了很多心思。正因为俄罗斯投入的精力比较多，以至于很多国家，特别是美国和英国等对俄罗斯不太"感冒"的西方国家，认为俄罗斯是想借此提升国家形象，因此在很多议题上表现出不太配合。这次峰会的召开，又恰恰赶上俄罗斯反对美国对叙利亚动武，并准许美国情报人员斯诺登在俄罗斯政治避难，使俄罗斯和以美国为首的西方国家的关系更加尴尬。虽然二十国集团峰会关注的主要是国际经济议题，但因为叙利亚问题的爆发，这次圣彼得堡会议期间大家的注意力在很大程度上转向了国际政治。国际媒体更关注美国总统奥巴马如何游说世界其他主要国家支持其武力打击阿萨德政权，而对世界经济复苏、国际金融体系改革以及金砖国家的财经合作这些传统主题关注度下降。可能由于关注度下降，会议进行得也更为顺利，在公报磋商和其他更高层次的问题讨论上，主要国家没有表现出前几次会议上的针锋相对。会议进行得波澜不惊，除了上述原因之外，全世界可能也越来越意识到经济发展阶段和政经体制不同的二十国领导人在一起讨论具体的财经问题效果有限，突出的一个例证就是领导人早在 2009 年的匹兹堡会议上就改革国际货币体系达成一致，但因为美国国会至今未予批准，相关改革措施难以推进。

中国驻俄罗斯大使馆和驻圣彼得堡总领事馆为中国代表团的参会做了大量细致的前期准备工作。使馆的同志介绍，为做好会议准备工作，他们很早就向俄方预订了中国代表团下榻的酒店——涅瓦宫。涅瓦宫酒店是一家位于市中心的五星级酒店，虽然号称五星级，但实际上房间里设施非常一般，而且俄罗斯方面声称由于会议期间酒店房间紧张，大幅度提高了房价。但就是这样，如果不早预订，也订不到房，主要原因还是房间紧俏，需求量太大，看来还真是市场定价机制。

中国代表团下榻在涅瓦宫，但领导人的主会场却在车程约为45分钟的康斯坦丁宫，前往康斯坦丁宫的人员有非常严格的限制。会议之后，普京邀请其他各国与会领导人前往著名的夏宫参加晚宴，并观看喷泉表演。习近平主席这次参会，是他担任国家领导人以来首次参加二十国集团领导人峰会，日程安排非常紧凑，除了参加大会的各项议程外，还见缝插针地会见了多国领导人。

9月6日峰会结束之后，因为回程航班是当天晚上的，我们有小半天的时间在美丽的圣彼得堡参观，真切感受这座美丽而英雄的城市的魅力。圣彼得堡前后有过很多名字，最初是在1703年彼得大帝为防御北方的瑞典人而在涅瓦河口的兔子岛建立的彼得要塞基础上逐步发展起来的，第二次世界大战期间曾被命名为列宁格勒，是著名的列宁格勒保卫战的发生地。据说希特勒也惊讶于圣彼得堡的宏伟壮观，不舍得派飞机对城市进行毁灭性的轰炸，只是派重兵围困这座英雄的城市，希望守城的官兵和平民能够在弹尽粮绝之下投降，但英雄的苏联人民不屈不挠，依靠一条冬日结冰的秘密补给线，在城市被困900多天后终于等来了最后的胜利，这也是圣彼得堡大部分建筑能够保存下来的原因。除了雄伟的彼得要塞之外，圣彼得堡著名的景点还有壮观的圣伊萨基耶夫大教堂，这座教堂与伦敦的圣保罗大教堂、梵蒂冈的圣彼得大教堂，以及佛罗伦萨圣母大教堂并称世界四大教堂，非常壮观，登上教堂顶层，圣彼得堡市容一览无余。圣彼得堡除了是一座宗教之城和英雄之城外，还是一座文化之城。除了遍布城市各个角落的皇家宫殿之外，还有一些享誉世界的博物馆和剧院。例如，美丽的冬宫博物馆，据说如果游人在每件藏品前驻足参观一分钟，可能需要 8 年时间才能看完全部藏品，其藏品之丰富，建筑之雄伟，足可媲美纽约大都会博物馆、伦敦大英博物馆和巴黎卢浮宫。此外，还有俄罗斯博物馆，里面收藏了包括列宾在内的俄罗斯本土艺术家的优秀作品，在此我有幸看到了列宾著名的油画《伏尔加河上的纤夫》和艾瓦佐夫斯基的《九级浪》。站立在这些大师名作之前，我仿佛看到英雄的俄罗斯人民战胜命运和惊涛骇浪的无畏勇气和决心，给人以无尽的遐想和意志启迪。

圣彼得堡的历史不仅体现在美丽壮观的皇家宫殿、星罗棋布的水巷阡陌，对于中国人来说，圣彼得堡尤其拥有特殊的历史内涵。停泊在涅瓦河上的阿芙乐尔巡洋舰是每一个到圣彼得堡旅游的中国人必到的朝圣之地。1917 年著名的苏联十月革命即发端于此，我们每个人都熟悉的一句话"十月革命一声炮响，给我们送来了马克思列宁主义"，就来自这艘不大的军舰。如果没有这艘军舰，"中国革命不知还要在黑暗中摸索多少年"！如同这艘军舰一样，圣彼得堡承受了俄罗斯过去的诸多荣光和今日的别样峥嵘，据说普京复兴俄罗斯的宏大计划的一部分就是迁都圣彼得堡，至今已经有包括建设部和教育部在内的一些政府机构从莫斯科迁到这座光荣的城市。承载俄罗斯历史荣光和未来希望的圣彼得堡如同一颗明珠，必将在波罗的海沿岸发出更加璀璨的光芒！

人民币国际化列车驶入土耳其

应英国汇丰银行邀请，2013年5月8日至10日，我有机会赴土耳其伊斯坦布尔参加该行人民币业务推介会。自2011年中英财经对话决定把伦敦建设成为离岸人民币业务中心之后，无论是英国政府还是伦敦本地金融机构，在发展人民币业务上，均显示出很高的积极性。先是中国建设银行伦敦子行在2012年上半年率先发行10亿元人民币债券，受到市场热烈追捧。紧接着在3月，汇丰银行在伦敦金融城首次发起人民币业务宣传推介会，邀请欧洲地区的金融机构和客户参加，我也受邀在会上介绍了人民币跨境业务发展的历史背景和相关的政策支持。6月，我又专门去英国议会跨党派小组介绍相关情况，效果非常好，因为伦敦人民币业务的发展除了需要金融市场参与者的支持外，监管机构和立法部门的积极态度也是必不可少的。

8日上午，飞机从伦敦盖特威克机场起飞，三个半小时即飞抵土耳其最大城市伊斯坦布尔。从机场到下榻的酒店，交通还算顺利。酒店是一座老房子改建的，紧邻博斯普鲁斯海峡，外表气势雄伟。酒店的后门有船坞，远远可以看见连接欧亚大陆的博斯普鲁斯大桥，也可以直接登上定时开通的海峡游船。虽然这次会议由伦敦汇丰总部发起，但具体承办的是汇丰银行伊斯坦布尔分行。这次会议规模不算小，除了邀请土耳其相关的金融机构和企业部门100多人参加之外，当地的学术机构也有代表参加。因为5月12日土耳其作为东道主还将在伊斯坦布尔召开欧洲复兴开发银行年会，因此很多政府部门的领导人提前从首都安卡拉抵达，参加一些预备会议，其中包括土耳其财政部长穆罕默德·希姆塞克（Mehmet Simsek）。抵达酒店之后，天已经擦黑，因为对周边的环境并不熟悉，我只能在酒店后门靠近博斯普鲁斯海峡的一面简单地散散步，就回去休息，准备第二天一早的会议。

第二天的会议日程安排很满，上午安排了两位主旨发言人，第一位就是财长希姆塞克，我是第二个。从当地的会议主办方获悉，希姆塞克过去在美国的一家投资银行工作过，与汇丰银行全球银行部联席主席利子深（Spencer Lake）曾经是同事，而这次会议又是利子深大力操办的，因此能够邀请希姆塞克参会。希姆塞克的发言主要介绍土耳其的经济情况，特别是从金融危机中的恢复情况，另外也简略提到土耳其和欧盟的关系以及土耳其和中国的经济联系。总体看来，作为新兴市场经济体的代表，土耳其经济曾经在国际金融危机爆发，发达国家陷入深度衰退后表现抢眼，经济增长率一度达到 8.1%，但近期由于外需严重下滑和自身的结构问题，包括一直以来的高通胀率和失业率，经济开始呈现颓势。不过，作为一个人口超过 7 000 万、横跨欧亚两个大陆的地区大国，土耳其的经济实力仍然不容小觑。希姆塞克认为未来支撑土耳其经济增长的重点是能源、新材料和加大对基础设施的投资，在这方面加强同东亚地区，特别是同中国的经济联系至关重要。我在发言部分重点介绍了国际金融危机爆发后人民币跨境业务发展的历史背景以及政策趋向。特别是澄清所谓的人民币国际化不是中国政府的单向主观推动，而是国际贸易和投资的客观发展需要，中国政府，特别是中国人民银行在其中发挥的作用就是顺应这种需要，搭建好相应的平台以便利国际贸易和投资的发展。我还重点介绍了人民币主要通过经常账户的出境渠道和资本账户的进口渠道（包括 RQFII 和投资银行间债券市场等）。发言引起了与会者的极大兴趣，中间会议休息时，土耳其中央银行市场司司长专门向我仔细询问了其他和中国签订货币互换协议的中央银行如何投资中国的银行间债券市场。汇丰银行对召开这次人民币业务推介会高度重视，不仅从伦敦总部邀请各主要业务部门参与，还从中国香港和中国内地派出多人现场解答土耳其客户的相关咨询，总体上感觉无论是土耳其的政府还是私人部门，对发展人民币的跨境业务还是非常有兴趣的。

下午的会议结束后，还有大约 3 个小时的时间可以自由活动。因时间有限，我选择前往著名的土耳其王宫参观，希望能亲眼目睹在此珍藏的中国元代青花瓷器。因为我是第一次来土耳其，不会讲当地语言，又不熟悉路，因此汇丰银行分行安排了一位会讲英文的职员带我过去。这位年轻的汇丰银行职员名叫萨乌达，外表不像土耳其当地人。一问才知道，她母亲是希腊人，父亲是土耳其人，从小在法国长大，以前一直在法国上学，后来才全家搬回土耳其生活。相比一般的土耳其人，萨乌达阅历还算是丰富，她在国外上学，又在外国银行谋得不错的工作。她全家爱好旅游，上一年她和妈妈还去过中国，她还特地打电话问她妈妈在北京住过的酒店名称向我求证。我给萨乌达讲了土耳其王宫的元代青花瓷器历史①，她说她完全不知道王宫的这些藏品，但很愿意带我去参观。非常遗憾的是，等我们到达王宫，才了解元代青花瓷器所在的王宫部分仍然在装修，不对公众开放，一问说还有半年就可以对外展览了，但旁边有人打趣说，三年前他们就说装修只要六个月！近在咫尺，但最终也无缘得见。没有亲眼目睹精美绝伦的元代青花瓷器，但我们还是走马观花地参观了蓝色清真寺和富有当地人文特色的大巴扎。伊斯坦布尔有各种建筑风格的清真寺，其中以蓝色清真寺最为有名。之所以称

---

① 在土耳其 Topkapi 王宫，一共藏有 40 件元代青花瓷器。过去，人们一直认为青花瓷器是明代永乐以后才有的，直到现藏于英国大威德基金会的一对元至正青花瓷瓶的出现。但就是这对元青花瓷器，考古界仍然不认可，认为是明清青花，刻上至正年号。这样，到了 20 世纪 50 年代，美国考古学家亚历山大·波普偶然在 Topkapi 王宫发现这些元代青花瓷器，因为这些瓷器具有非常详细的历史记录，因此被最终认可。

为蓝色清真寺，是因为其内部穹顶和墙壁部分全部用蓝色瓷砖粘贴，非常壮观。蓝色清真寺附有 6 座宣礼塔，顶端均有类似瞭望台的设施，当时用于通知祷告，现在则被扩音器代替，每天五次发出唤拜祷告的通知。大巴扎是市场的意思，里面集中了各式买卖人，有卖纯手工地毯的，有卖土耳其瓷器的，也有卖手工黄铜制品的。大巴扎里的小贩也都非常热情，东西可以砍价，但因为要价很高，最后买下来价格也不便宜。说到大巴扎，007 系列电影《天降杀机》里开始有段镜头就是在那里拍摄的。实际上，伊斯坦布尔作为一座古老的城市，从公元 4 世纪起，就先后成为拜占庭、东罗马和奥斯曼帝国的首都，有大量的人文历史古迹可以参观，遗憾的是，因为时间关系，很多无缘得见，即使到了有名的蓝色清真寺，因为排队的人太多，我也没有进去，只是在门口朝里看了一眼。但有限的时间里，也已经感受到这座历史名城坐拥跨越两大洲的地理便利，携古丝绸之路终点站的风云际会，在历史的星空中永远放射属于自己的独特光彩！

在离开伊斯坦布尔之前，因为航班推迟，萨乌达坚持要在城里的一家餐厅请吃便饭。我考虑土耳其是伊斯兰教国家，饭菜主要是清真风味，不一定合口味，便礼貌地告诉她说，机场的休息室应该也能吃饭。但可能是上一次萨乌达和她妈妈的中国之行印象太好，加上她认为我作为中国中央银行的代表，大老远专门从伦敦来支持他们银行的活动，因此无论如何也不答应我到机场用餐。盛情难却，我只好跟着她去了一家据说是当地特色的土耳其餐馆。餐馆不大，临街，因为是下班时间，可以看见街上熙熙攘攘乘坐各种交通工具的下班人群。本来我是比较担心饭菜不合口味，辜负了土耳其小姑娘的一番好意。但结果确实令我吃惊，我点的烤小羊排焦香多汁，非常美味。加上土耳其的甜点世界闻名，这顿晚餐改变了我对土耳其饮食的印象，认为土耳其的牛羊肉味道之美不逊于世界任何美食。我对土耳其奥斯曼帝国的悠久历史文化又多了一份闻得着、看得见的感受。

愤怒的葡萄①

愤怒的葡萄，原来是美国作家约翰·斯坦贝克（John Steinbeck）写的一部小说的名字，故事说的是 20 世纪 30 年代经济"大萧条"时期美国一个普通家庭所遭受的生活变故。因为小说充满了对社会不公的批判和对劳动人民穷苦生活的同情，一度还被美国很多州列为禁书，批评其为"共产主义的宣传品"。但后来人们普遍认识到这部小说是一部伟大的现实主义作品，转而被列为很多大学的必读书本，斯坦贝克也因为这部代表作和其他作品获得诺贝尔文学奖。

今天写文章不是要评论斯坦贝克先生的这部小说及其艺术成就，而是因为这部作品在当今世界还有很深刻的现实意义。从 2013 年上半年开始，大规模的示威抗议活动在世界各地风起云涌。从亚洲的印度尼西亚，到中东地区的沙特阿拉伯，横跨欧亚大陆的土耳其，欧洲的保加利亚，一直到南美的巴西，人们纷纷走上街头，争取从反对调升电价到要求更多政治权利的各种诉求，一时间给人感觉"愤怒的葡萄"种子开始在全世界萌芽，大有"山雨欲来风满楼"之势。

在上述街头抗议活动中，影响最大的恐怕就是 6 月集中在土耳其和巴西爆发的示威活动。土耳其的示威活动缘起于政府计划把伊斯坦布尔塔克西姆广场附近的一座公园改建为购物中心。起初只有少数人举行和平示威活动，但由于警察涉嫌滥用警力粗暴驱赶示威

---

① 本文写于 2013 年 8 月。

者，抗议活动迅速升级为骚乱。自 5 月 31 日政府开始砍伐公园树木引发警民冲突开始，到 6 月 4 日已经有 170 多人受伤，1 700 人被警方拘捕。由于政府坚决不妥协的态度，导致示威活动逐渐向全国 67 个省区蔓延，并开始有人在示威活动中死亡，抗议活动也开始从保护环境到要求土耳其总理埃尔多安下台、实施政治改革等各种政治诉求。由于冲突不断扩大，国内经济和生产活动受到严重冲击，土耳其股市短期内急剧下挫，里拉汇率大跌，土耳其中央银行被迫发表捍卫里拉价值的声明。同时，国际社会也开始表示关注，欧盟表示如果土耳其不能妥善处置这场示威活动，土耳其加入欧盟的谈判就会受到影响。随着形势的升级，土耳其总统居尔开始出来调停各方立场，政府副总理阿伦其先是在 6 月 3 日对警方过度使用武力表示了歉意，同时也严词指责那些趁机大搞街头破坏活动的人，表示对这部分人仍将采取坚决打击的态度。结果，民众认为政府的道歉没有诚意，反而号召举行全国范围内大罢工。土耳其形势的突变使以美国为首的西方世界愕然，因为就在 2011 年埃及爆发革命之后，土耳其总理埃尔多安还发表声明称"压迫人民的政府失去所有合法性"，而他现在面临同样的困局。实际上，经历多年的强劲经济增长后，土耳其一直被认为是伊斯兰世界的"民主楷模"，埃尔多安本人也非常自信地希望把土耳其的这种新自由主义和伊斯兰原教旨主义结合的民主模式复制到其他阿拉伯国家。但他的这种态度也引起很多阿拉伯邻国的警惕，它们怀疑埃尔多安居心不良，是大"奥斯曼帝国"的思想在作祟，目的是染指其他国家的利益，进一步确立土耳其在地区和阿拉伯世界的领袖地位。出于地缘政治和自身利益的考虑，美英等西方国家对土耳其骚乱的不断升级也仅表示担忧，没有显示出积极干预的迹象。非常明显的就是 6 月 16 日土耳其警方对占据塔克西姆广场的示威群众进行强力清场，并声明在必要情况下使用军队镇压各种破坏活动时，美欧等西方国家除呼吁土耳其政府尊重民众集会自由外，再无其他表示。

同土耳其骚乱同样吸引眼球的又一场示威活动发生在地球的另一端——拉美国家巴西。6月17日开始，因为公共交通票价的调升，巴西全国十几个大中城市相继爆发示威活动，继而演变成全国性的骚乱，首都巴西利亚甚至发生示威群众冲击国会大厦和外交部事件，巴西总统罗塞夫被迫暂停对日本的访问，全力处理这起巴西重新民主化以来近二十年时间内最严重的社会危机。同土耳其一样，巴西的示威活动也发端于一起小事件。6月开始，巴西11个州政府（包括示威活动发源地里约州）将公交车票普遍调高0.2雷亚尔（约0.6元人民币），引发民众不满，他们呼喊为了两毛钱而斗争的口号，迅速把示威矛头指向无处不在的腐败、高企的失业率和严重的通货膨胀，甚至是热爱足球的巴西人本不该反对的世界杯足球赛。对于这个在出乎意料的时刻出现的出乎意料的事件，国际媒体解读呈现两极化。一部分人强烈不理解为什么骚乱会发生在"世界足球联合会杯"举行时①，因为在"足球王国"巴西，足球足以抚慰一切。而且巴西刚刚度过"黄金十年"，近十年来经济稳步增长，经济总量位居世界第七位，国际地位日渐攀升，"金砖国家"身份使其成为联合国常任理事国有力竞争者，近日巴西人阿泽维多当选世界贸易组织总干事更凸显巴西的国际认可度。其实，巴西近十年的发展轨迹，虽不像"乐观派"所认为的盛世太平，但更不是"悲观派"所认为的衰落开始。巴西的现状恰恰是发展中大国在崛起过程中"重增长、弱发展、轻平衡"的典型案例。从表面看，引发此次大规模社会冲突的直接原因是公交票价的普遍上涨，但根本原因在于普通民众对贪腐横行、政府遏制通货膨胀和犯罪无力、医疗教育设施落后等问题长期积累的不满。其中，通胀高企影响民众生活水准是主要原因，

① 2014年巴西将举办世界杯足球赛并在2016年赢得夏季奥运会举办权。此次世界足球联合会杯被认为是2014年世界杯赛的预演，目的是检验相关赛事的场地和组织情况。

由于日用品、农产品、食品价格上涨明显，民众生活负担加大。同时巴西经济增长近年来显露"刹车"迹象，2012 年巴西经济增长率仅为 0.9%，成为近十年来仅次于金融危机后 2009 年（－0.2%）的最差成绩。2013 年第一季度巴西经济增速更下滑至 0.6%，标准普尔甚至将巴西评级从稳定降为负面，巴西民众担心经济下滑拖累就业和消费，焦虑情绪增加。此外，左派政府执政 11 年来，新增 2 800 万中产阶层，他们在收入增长后迫切需要享受高质量的医疗、教育、交通等基础设施。但巴西长期以来社会投入较低，交通市政设施尤其落后①，教师、医生缺乏，大城市民众"上班难""就学难""看病难"极为普遍，因此面对巴西联邦和地方政府为举办世界杯和奥运会预计至少花费 250 亿美元，社会上愤懑情绪加剧。

虽然最后经过各派别的调停和相互妥协，发端于土耳其和巴西的这两场全国性的骚乱都渐渐归于平息②，但这些社会事件带给人们深刻的思考。首先，这些大规模群体性事件均发端于看似孤立的小事件，但在短时间内通过互联网等社交媒体传播，迅速升级为全国性的骚乱；其次，这些示威活动没有明显的组织者，对政府应急处理能力提出了更高的挑战；最后，这些街头示威人群中，只有很少部分可以归结为"社会闲杂分子"，大部分是年轻且受过高等教育的中产人士，也就是说他们实际上是国家经济增长的受益者。由此联想到国内，虽然有时在报端也看到国内有零星事件发生，如失地农民抗议野蛮拆迁、市民要求提高食品和卫生安全、家长呼吁打击儿童贩卖等，但这些事件一般都会得到及时有效的化解，并不会发生

---

① 2009 年二十国集团财长和央行行长会议在巴西召开，我有幸两次访问这个国家，当时就觉得巴西的基础设施较中国落后许多，在里约热内卢这样的大城市，晚上街道很少看到路灯，全国的高速公路屈指可数。

② 土耳其高等法院最后判定公园拆迁属于违法，必须停止，加上政府承诺增加公共行为的透明度和民生支出，骚乱在 6 月中旬后渐渐平息。巴西的街头动乱也因为各州政府宣布恢复过去的公交票价，承认政府工作不足并加大社会改革后归于平静。

像土耳其和巴西这样的全国性骚乱。尽管如此,我们也不能隔岸观火,沾沾自喜,而是应该看到,只有在大力发展经济的同时更加注重社会公平正义的建设和满足人们精神文化的需要,才能有国家的长治久安,才能有真正的经济和社会发展,"愤怒的葡萄"也能酿成"甜美的甘醇"。

伦敦的亚洲艺术节

　　每年秋季，伦敦都举行为期十天的亚洲艺术节（Asian Art in London）。艺术节最早于 1998 年举办，至今已经举办 16 年，成为世界上最有名的亚洲艺术盛会，每年吸引超过 60 家从事亚洲艺术品交易的顶级古董店、交易商和拍卖行参加，艺术节期间更有全世界数万喜爱亚洲艺术的游客慕名而来。同时，伦敦的一些著名拍卖行，如苏富比、佳士得和邦翰斯也选择在这人气正旺的 10 天时间内举办亚洲艺术品专场拍卖会，更是把艺术节的气氛推向高潮。

　　2013 年的亚洲艺术节于 9 月 30 日至 10 月 8 日举行，参加的古董店和拍卖行如往常一样集中在伦敦西部的梅费尔、圣詹姆斯和肯辛顿区，这些地区同时集中了伦敦的高档商场、豪华饭店和庄严气派的外国使领馆，因此是人气、艺术和商业气氛最佳的集中地。2012 年我刚到伦敦不久，有一次中资企业协会举办了一次活动，邀请在伦敦的中资金融机构和企业负责人参观伦敦西区的一些著名私人博物馆。在伦敦，除了著名的大英博物馆以及维多利亚和阿尔伯特博物馆外，在全市的各个角落还散布着一些家族性质的私人博物馆，它们从事某一领域的专业收藏，虽然规模不大，但往往展品独特，非常有韵味。如果没有人介绍或自己有特别的兴趣而关注外，很难在狭小的弄堂里找到它们。这些博物馆因为是私人性质，因此收藏的展品也主要用来交易。我当时参观的主要是几家专事中国艺术品的家族博物馆，包括在梅费尔地区的 Eskenazi 和肯辛顿地区的 Marchant。Eskenazi 为一家意大利人 20 世纪 60 年代在伦敦开设的博物馆，专门从事中国艺术品展售和交易，而 Marchant 则专注于中国明清青花瓷器的收藏和交易。

2013 年亚洲艺术节期间，这些博物馆给我发来邀请，参加它们的开幕酒会并参观它们的最新藏品。Eskenazi 这次重点展出并向藏家推介的是它们新近收集的 16 件钧窑瓷器以及 1 件西周青铜器——博菖簋。Eskenazi 的钧窑收藏中最突出的是几件花盆，器型优美，且均有数字标号，其中一件还特别在底部标明建德宫用，尤其珍贵。当然，我们来参观主要是出于兴趣爱好，因为一些藏品即使在国内也很难看到，实际上是没有能力出手购买的，也就是说主要过一过眼瘾。但受邀来参观的人士中还是有很大一部分是奔着购买这些艺术品来的，因此在参观的时候博物馆也安排专门的人负责讲解，回答潜在购买者的问题，如果当场达成购买意向，这些藏品会马上被贴上红色标签，表示已经"名花有主"。参观完 Eskenazi 的藏品后，我们又去了附近另一家专门从事中国现代水墨画艺术交易的场所参观。这家画廊的店主名叫 Michael Goedhuis，与他的结缘也非常凑巧。大概 2013 年 6 月的时候，我过去在哈佛大学认识的一位同学给我发来一封邮件，内容是伦敦比较有名的一场古董展给他发的邀请信，他知道我也有同样的爱好，就把这封邀请信转给我，希望我能找机会参加。我的这位同学在文化部工作，且在回国前就职于中国驻伦敦大使馆文化处，因此同伦敦的一些文化机构，包括博物馆和画廊均有联系。说是展览，其实重点仍然在交易，只不过这种姑且叫作交易展的活动等级较高，表现在：一是参展物品的价格普遍较高，普通古玩爱好者往往力不能及；二是参展的古董商并不局限于英国，而是来自欧洲甚至美洲大陆；三是展品范围涵盖非常广泛，从家具到瓷器以及雕塑和油画，应有尽有。这类交易展一般出售门票，因为等级较高，门票就要 20 镑，一部分人可以凭邀请信入场，我就是拿着同学给的邀请信去的，免了门票。就在这次参观快结束的时候，我看到 Michael Goedhuis 先生一个人坐在角落，旁边的墙上挂着几张中国水墨画。当时我还不知道他是专门做中国水墨画的，就走过去看这几幅画。他见我看得认真，就过来主动介绍，并问我是不是大使馆文化处的。从交谈中得知，他 1989 年在伦敦开设画廊，目前主要从事中国水墨画交易，他认为中国水墨画目前仍然处于价值洼地，其艺术价值还没有被市场广泛认可，因此对艺术品收藏者来说存在巨大的机会。当然，即使目前这些作品的价格再低，我也无力购买。不过我虽然不是潜在的收藏者或投资者，但见我对这些作品有很大的兴趣，要不就是很长时间他也没见着几个显示同样兴趣的人，于是认定我是他的知音，并感谢我来参观他的展品，同时也抱怨他曾经向伦敦的很多中资机构（包括使馆）发出邀请，但直到展览即将结束的当天，也没见着几个中国人。后来他还专门给我寄来两本印刷精美的中国现代水墨画艺术家及作品的图录。无论如何，Michael Goedhuis 先生好像从此真的没有把我忘记，到了这次伦敦艺术节的前夕，他又给我寄来了邀请信，参观他的画廊，说是有更多好的展品值得参观。说来也巧，就在画廊的门口，我看见怡和集团的董事长亨利·凯瑟克爵士和夫人正好出来，2012 年我刚到伦敦时，爵士专门请我在紧邻英格兰银行的怡和总部大楼吃过饭，因此熟识。我向爵士夫妇问好，并问他们有什么收获。夫人连夸这些展品非常出色，同时可能也把我当成了行家，直问刘丹的作品如何，她当场买了一幅刘丹的作品。后来进去看，确实看到刘丹的一幅名为"罂粟花"（Poppy）的作品被贴上了红色标签。除了刘丹之外，其他还有李津、仇德树、李虚白等人的作品在展，参观的人确实还是中国人居多，看来中国水墨画在外国收藏者眼中的价值还有待挖掘。

离开画廊的时候，时间已近晚上九点，在梅费尔地区还是很热闹。虽然商场已经打烊，但街上还是有各色行色匆匆的行人，而且从穿着打扮来看，却也不像都是游客，因为这是伦敦的高档社区，自然有其特点，特别是女士的穿着尤其讲究，她们在伦敦初秋的夜晚匆忙赶赴各种约会，给这个世界著名的文化艺术之都增添了一抹优雅的亮色。

匈牙利圆舞曲

2013 年 11 月中旬，借陪同行领导出席欧亚反洗钱组织年会并顺访匈牙利之际，得以有机会再次访问这个处于戈尔巴阡山脉盆地的欧洲内陆国家。第一次有缘到此还是大约二十年前，当时我受英格兰银行资助，在伦敦政治经济学院进修。当年学校放寒假的时候，夫人从国内到伦敦看我，在带她游历了从伦敦到约克再到爱丁堡的大好英伦风光之后，我们还专门留出几天的时间到布达佩斯，探望在此生活的大姐一家。时值冬日，记得布达佩斯到处被厚厚的白雪覆盖，从布达山上俯瞰城市的景色，依偎在蓝色多瑙河边的布达佩斯，在冬日温暖阳光的照射下，恬静而深沉。

当时还是 20 世纪 90 年代初，匈牙利刚刚走上经济转轨之路，在中东欧国家中是较早对国有部门大规模实施私有化的国家①，因为经济改革的彻底性和转轨取得的良好效果，匈牙利当时被欧盟和经济合作与发展组织称为"好学生"，甚至同当时其他同样处于转轨阶段的东欧国家，如波兰和捷克相比，匈牙利也处于领先地位。当中国在邓小平南方谈话之后，也大力宣传并推进市场经济建设，对国有部门进行改革。1994 年，我曾经和人民银行的几个同事一道，专门到东欧的捷克和波兰考察过国有企业的私有化进程，印象非常深刻。当时的考察本来也包括匈牙利，但因为项目是世界银行资助的，中间的联系出现了一些问题，来不及办理手续，就没有成行。

---

① 匈牙利根据1990 年通过的《初期私有化法》，在1990—1994 年对大约1 800 家大型国有企业进行了改组改造，另外对超过10 000 家小型国有商店和企业进行了私有化改造。

时光荏苒，匈牙利在过去的二十年时间内没有能够保持转轨初期的良好发展势头，现在已经远远落后捷克和波兰了。根据欧盟发布的统计数据，波兰和捷克早就满足了加入欧元区的所有硬性经济指标①，但匈牙利因为经济增长疲软，在降低政府债务、减少赤字水平方面，还有很多工作要做。更加糟糕的是，自从 2010 年匈牙利青年民主联盟上台以来，为大力扭转经济发展的不利局面，匈牙利政府推行的很多宏观经济政策和司法制度改革与欧盟和国际货币基金组织倡导的原则相悖，导致匈牙利的外部融资渠道受阻。特别是匈牙利政府修改了《中央银行法》，对中央银行在制定和实施货币政策方面的独立性施加影响，导致国际货币基金组织暂停了对匈牙利的备用信贷安排，使匈牙利的经济发展在受到来自西欧国家的融资大幅减少的打击之外②，再遭重创。匈牙利政府曾经寄希望于中国。外界认为，中国政府之所以在匈牙利经济困难时愿意提供援助，一是因为匈牙利传统上与中国有着良好的关系，即使在经历东欧剧变后，这种关系也没有变得淡漠。二是因为匈牙利地处中东欧核心地带，战略位置优越，搞好与匈牙利的关系可以对周边国家形成辐射作用。三是因为匈牙利在中东欧国家中有最大的华人社团，这些华人已经融入匈牙利社会，匈牙利社会经济的发展也必然惠及这些同胞。四是据说匈牙利人历史上是由中国迁徙过来的。匈牙利民族98％的人被称为"马扎尔人"，"马扎尔"过去是匈牙利民族最大部落首领的名字，这个部落来自遥远的东方，在岁月的迁徙中，越过乌拉尔山脉后分成两支，一支往北去往芬兰方向，另一支南下来到喀尔巴阡

---

① 即通货膨胀不能高于欧元区成员国平均水平的2％，国家债务不能超过 GDP 的60％，且财政赤字不能超过 GDP 的3％。波兰和捷克已经满足这些宏观经济指标，但因为欧债危机的影响，国内民众对加入欧元区有很大的抵触情绪，因此目前还在观望。

② 欧债危机爆发后，过去严重依赖西欧资本流入的中东欧国家都面临资本大量外流。由于这些国家的金融业在经济转轨时期都最大限度地进行了开放和私有化，银行和其他金融机构被出售给主要来自西欧的投资者，因此在欧债危机的冲击下，脆弱性更加明显。

山脉盆地。有人还考证，匈牙利语与现在我国西北地区（古突厥国）一些少数民族的语言类似，而且匈牙利人的名字和中国人名字类似，都是姓在前，名在后，完全不同于欧美其他国家的姓名构成。因为有着这层历史关系，所以中国在感情上比较亲近匈牙利。

言归正传，这次我们在匈牙利虽然只有不到三天的时间，但对这个国家的情况有了更多了解。在三天时间里，我们拜访了匈牙利中央银行、国家金融情报信息中心、匈牙利国库署以及匈牙利经济发展部。由于经济比较困难，匈牙利政府在当年 6 月完成又一轮改组，政府部门被削减至 8 个，原来独立的机构如金融监督服务局，现在被重新划归中央银行管理。接待我们的匈牙利央行副行长 Balog Adam 先生，看起来很年轻，说话甚至还有些腼腆。当我们客气地称匈牙利曾经是经济转轨国家的"领头羊"，其国有企业的改革经验曾经被包括中国在内的国家广泛学习时，他谦虚地说这些都是过去的事了，现在很多国家后来居上，已经远远地把他们抛在后面，匈牙利需要重新振作起来，迎头赶上，也希望能够搭上中国经济起飞的便车，加快经济发展。目前匈牙利的经济较过去几年有很大起色，债务水平开始下降，财政赤字已经达到加入欧元区的要求，经济增长甚至高于欧盟的平均水平[①]。由于劳动力成本相对低廉且质量较高，匈牙利吸引了德国和奥地利的很多投资，目前奥迪和奔驰汽车的最大发动机厂就设在匈牙利，甚至中国的合资奥迪汽车使用的发动机也来自匈牙利。从经济规模上来说，匈牙利现在当然比中国小很多，其经济管理结构和模式也必然与我们有很大差别，但通过会谈和讨论，匈牙利还是有很多值得我们借鉴的地方，特别是在反洗钱方面，匈牙利的央行、经济部以及包括司法机构在内的许多部门建立了良好的信息共享机制，也成立了跨部门的专家小组，及时评

---

① 匈牙利经济 2013 年第三季度环比增长 0.9%，高于欧盟平均 0.2% 的水平。

估匈牙利国内的反洗钱形势以及和欧盟①相关法律的衔接情况。他们特别提到，因为西欧国家的法律制度相对更为成熟，因此一些国际洗钱活动容易向东欧国家转移，以寻求监管套利。

公务活动之外，我们也利用有限的时间领略了布达佩斯的壮美风光。布达佩斯被称为中欧地区的小巴黎，是欧洲地区与伦敦、巴黎和布拉格齐名的著名旅游城市。我们下榻的洲际酒店就在多瑙河边，紧邻狮子桥，当夜幕降临，华灯初放，临窗欣赏布达山上美丽灯光映照下的皇宫，仿佛是人间仙境。匈牙利本质上是农业国，农产品丰富，当地生产的牛肉和葡萄酒尤其有名。匈牙利也盛产鹅肝，且大量出口法国，据说在法国吃的鹅肝大部分来自匈牙利，此外匈牙利也与我国内蒙古自治区政府合作在中国合资生产鹅肝。

匈牙利，这个历史上曾经叱咤风云的奥匈帝国，这块产生过李斯特、裴多菲、科尔奈和索罗斯等许多著名人物的土地，在经历诸多风雨曲折之后，正迎来新的凤凰涅槃，匈牙利圆舞曲的曼妙音乐在蓝色多瑙河璀璨的夜色中显得更加自由奔放。

① 匈牙利在2004年加入欧盟，相关经济领域的活动必须同时适应欧盟的法律。

卡梅伦迟到的中国之行

2013年12月2日，时任英国首相卡梅伦带着6位内阁大臣和将近120位商界领袖，终于登上了前往中国的专机，这是卡梅伦担任首相以来的第二次中国之行，但这次中国旅程的准备工作却是一波三折，充满悬念。

问题的根源还要追溯到2012年5月，当时卡梅伦和副首相克莱格不顾中国的一再反对，坚持在伦敦的圣保罗会见到访的达赖喇嘛，被中国外交部指责为严重损害中英两国关系。自此，中英双边的高层交流完全陷入停顿，副部长级以上的访问全部被取消或推迟，就连每年两国轮流主办的中英财经对话也无法继续。2013年3月，中国新一届政府就职以后，中英双方都表示要努力改善双边关系，争取实现英国首相被推迟的对中国访问。6月，中国外交部长王毅和英国外交大臣黑格（William Hague）通电话，就加强双边互信进行了讨论，特别是黑格在通话中明确表示"英国认识到涉藏事务的敏感性，承认西藏是中国的一部分，不支持西藏独立"，这一表态被认为是英国政府对中国示好的姿态。但随后英国外交部联邦国务大臣斯瓦尔（Hugo Swire）9月14日在中国香港《南华早报》发表文章，公开声称"普选是香港未来繁荣的关键，英国准备为此提供一切支援"，这又被外界视为是英国对中国内部事务的干涉，但两国均对这一事件及时进行冷处理，没有使其进一步发展成为双边关系改善的新障碍。后来，在10月初的圣彼得堡二十国集团领导人峰会上，卡梅伦和习近平主席在峰会间隙有过短暂交流，习主席当面邀请卡梅伦访华，卡梅伦也借此对媒体表示"他非常高兴接受习主席的邀请，以首相身份访华"。

为了这次迟到的访问，卡梅伦在英国国内也做足了功课。在访问之前，卡梅伦邀请了几位学习中文的英国学生到唐宁街做客，问他们对访问有何期待。他专门前往维多利亚博物馆，观看在此举办的中国历代名品书画展，同时他还在新浪开通中文微博，实时转播他在中国的访问情况。更加令人关注的是，卡梅伦这次中国之行带来了6位内阁部长，还有将近120位商界领袖，被称为英国史上最为庞大的出访团队。如此精心准备、高调宣传的访问，结果自然也不错。卡梅伦在中国会见了习近平主席、李克强总理和张德江委员长，并且访问上海和成都。卡梅伦宣布和中国在基础设施投资、核能开发、农业生产以及文化体育等领域达成一系列合作协议，为英国商家赢得超过60亿英镑的商业合同。他还在多个场合重申英国是中国在西方世界最有力的支持者，并赞成欧盟和中国达成全面自由贸易协议。这一表态如果放在美国大力推进跨太平洋伙伴计划和跨大西洋投资贸易协定的背景下来看，无疑是对中国最有力的支持。因为美国推行的这两个区域贸易协定在外界看来，主要目的就是将中国排除在外，使中国无法享受下一轮服务贸易全球化带来的好处。结果，英国的这一表态一出来，就受到其他欧盟主要经济体的怀疑甚至指责，德国媒体称欧盟负责贸易谈判的委员德古赫特两周前在北京举行的高层会议上还称，与中国达成全面贸易协议还存在诸多障碍，除非中国态度发生很大转变，否则现在进行中国与欧盟之间的自由贸易协议谈判没有意义。此外，英国媒体对卡梅伦中国之行所取得成果的看法也是莫衷一是。有的赞同卡梅伦大力发展对华关系，认为在目前欧美经济复苏前景不明的情况下，争取获得来自中国的投资创造经济增长和就业对英国至关重要，但也有评论认为，卡梅伦过于讨好中国，态度转变之快未必能够真正赢得中国的信任。他们援引卡梅伦访华期间，中国《环球时报》发表的一篇评论文章称"英国已经是一个全球影响力严重下滑的国家，作为一个古老的欧洲国家只适合旅游和留学"来证明，中国并没有真正从心里重视英国，而且过去美国总统和德国总理都会见过达赖喇嘛，但中国对英国的"修理"时间比对其他两国都长。卡梅伦虽然宣称获得来自中国的巨额投资，但就是其中最引人注目的高铁项目在英国本身还面临着环境评估、工会组织和法律方面的一系列障碍，离真正变成可实现的双边合作项目还有很长的距离。

中英之间的合作，确实存在很大的发展空间，英国虽然制造业风光不再，但其以伦敦金融城为代表的金融服务业仍然是世界翘楚。中国要真正实现增长结构的改善，无疑需要大力发展服务业，这方面英国有很多的经验值得我们学习，特别是在人民币国际化方面，伦敦作为世界首屈一指的金融中心无疑将发挥独特的作用。这次卡梅伦和不久前财政大臣奥斯本的访华均宣布了一系列支持伦敦发展人民币离岸市场和促进中英金融合作的措施，包括允许中资银行在伦敦设立从事批发业务的分行，必将大大提升两国经济合作的层次。

英国的洪灾

2013 年圣诞节以及新年过后的 1 月，英国没有迎来如往常一样的漫天飞雪，而是连日不断的绵绵细雨。2013 年冬天的气候在英国显得特别异常，整个冬天没有一天气温低于零下，日最高气温通常都在 10 度左右，让人怀疑雪莱的诗句"冬天即将过去，春天还会远吗"是否真的有感而发，因为大家的实际感觉是冬天根本没有来过。

在这个体表感觉温暖的冬季里，英国人的心理实际上"堵得慌"。虽然不受冰雪和冬季常见的大风肆扰，但据称是 250 年来降雨最多的冬季还是让整个英国社会不堪重负，特别是英格兰西南部，包括多塞特和萨姆塞特地区，基本成了水的世界，电视里播放的画面常见居民站在齐腰深的水中，运用各种可能的工具，艰难地往外搬运东西。

仔细观察英国的这场水灾，有很多有趣的现象值得思考。首先，对于中国人来说，特别是像我这样来自南方长江岸边的中国人来说，英国的所谓百年一遇的水灾实在是算不上什么。从降雨来看，虽然 2013 年冬天下雨的时候较往年多，但很少有单位时间的降雨量达到或接近中国 1998 年长江大水或 2013 年松花江流域的洪灾降水量，更别提北京 2011 年 7 月 21 日那样的降水规模。其次，英国实际上没有什么真正称得上的大江大河，最宽的泰晤士河河面也较中国的大河相差甚远。这次给英格兰西南部带来严重水患的所谓河流，严格意义上只能称为"沟渠"或运河，实在是同中国动辄宽度达几公里的大江大河不可相提并论。河流的宽度和长度有限，虽然吸纳的水量随之减少，容易造成破堤或漫堤，但水灾带来的冲击也相对减弱，因此在英国这次所谓的洪灾中，尽管电视里每天报道有多少栋房屋进水，但几乎没有人员伤亡和房屋倒塌及桥梁损毁的报道。此外，英国的大部分基础设施修建于一百多年前的维多利亚时代，虽然当时用料仔细，施工精良，但也经不住如此长时间的风雨侵袭，加上英国本身是一个岛国，地理环境单一，少有大的天灾，遇到稍微大一些的自然灾害，突然之间显得漏洞百出也就不奇怪了。更何况英国人常以过去的辉煌历史自豪，认为祖宗留下的好东西可以保长命百岁，再加上近些年危机肆虐，国力衰败，也实在是拿不出钱来修理和疏通一些本已千疮百孔的桥梁和河道，一遇豪雨变成泽国也就是情理之中的事了。

以上还只是一些表象问题，更深层次的问题是在政府的应对上。这次洪灾刚开始阶段，媒体上只有零星的报道，内容包括开往英国南部的火车受到影响，提醒上班的人士注意火车班次的调整等。后来洪水影响的范围扩大，损失增加，开始有媒体采访灾民，如何看待当地和中央政府的应对。很多民众直接向媒体抱怨，看不到任何有组织的政府救助行为。在一些受灾严重的地区基本还是民众自发地相互帮助，渡过难关，如被淹房屋的民众投靠亲戚或者当地的志愿者帮助年老体弱的人士安排生活等。在一些农村地区，一些家里有大型拖拉机的农户也帮助左邻右舍转移财产，总之这些救灾行动基本限定在社区的自发层面。当然在灾难面前，英国人也显出不愧是原始资本主义发源地的国民性一面。听英格兰银行的一位朋友说，她姐姐家本来地势较高，不会被淹，但架不住邻村的人看到洪水来袭，临时挖开一个缺口，使河水改道，结果她姐姐家也进水了。随着灾情扩大，英国环境保护署的负责人开始到灾区慰问，但他的到来并没有受到当地居民的欢迎，反而有很多人当面质问他看到如此糟糕的场面为何还不辞职。这位老兄的回答也很干脆：现在最要紧的是想办法控制灾情，而不是辞职，此外我也不打算辞职！他还称早就警告过议会，不能随便削减环保署的预算①，现在造成这样的结果，显然不是他的责任。他当然有他的道理，但普通英国人也确实应该反省，平时不断批评政府规模过大，恨不得政府完全解散才好，但一遇大事，又希望政府赶紧来救助。看样子，天下老百姓的心态都是一样的，这无关政治制度和社会习俗。

批评声音的提高也引来了首相卡梅伦，甚至是英国皇室的两位王子威廉和哈里到灾区视察。卡梅伦取消了原定到法国的访问，穿上雨靴，视察被洪水淹没的铁路和农庄，他还借机呼吁英国人团结起来，共同抗击洪灾。同时他也高调宣布增加中央政府对灾区的援助并要求议会讨论增加英国基础设施投资的相关立法。英国的军队也在民众的各种非议中姗姗来迟，加入各地的抗洪救灾中，而威廉和哈里两位王子则选择悄无声息地在某一天早晨来到一处漫堤河岸，同民众一起搬运沙袋，威廉王子还让听到消息赶来拍照的记者放下相机和他一起搬沙袋，只不过电视上显示的沙袋很小，而且重量有限，因为他们像丢沙包一样相互站立很远，想必这样的沙袋也经不起稍大一些水流的冲击。反对党工党领袖米利邦德也不会错过这样一个攻击执政党的机会，他指责卡梅伦政府应该对这次大面积水灾负责。只不过受访的民众对各路政客的表演都不买账，一位老太太在接受采访时称下次大选她不准备支持任何党派，因为基于他们的表现，她不会出来投票了！

我不巧住在伦敦南部乡村，所在的萨里郡就属重灾区。我住的地方虽然地势较高，没有被淹的危险，可是因为居所是过去的一所古老医院改造的，房子也有一百多年历史，平日里不能随便维修改造。结果因为雨下得急而且频繁，楼上露天阳台漏雨，导致雨水顺着房梁渗漏，甚至把放在房间的电话和电脑也浇了，真正是"城门未失火，池鱼亦遭殃"。

---

① 金融危机之后，英国政府实行严格的财政整顿，大力削减政府部门和各种福利计划，一些非紧要部门，包括环境保护署的预算被大幅削减。

世界上最难考的驾照

2013 年 9 月 11 日，当我把车稳稳停在考场中心的停车场，慈祥的女考官面带微笑地告诉我，我通过了当天的驾照考试后，竟然情不自禁地拥抱了考官一下，感谢她可能在某些细小的环节上对我网开一面，另外也抒发一下自己通过考试之后的激动心情。

提到我考驾照的体验，还得从 1999 年我到华盛顿国际货币基金组织任职时说起。在那以前，我从来没有想过这辈子还能买得起汽车，因此也就没有必要向其他人那样起早贪黑地学驾驶。但到了美国工作，看到其他国内来的同事都买了汽车，另外美国幅员辽阔，出门逛逛商店，买个菜，路途都不近，还必须有辆车，再加上国际货币基金组织给的工资相对宽裕，拥有一辆自己的汽车不再是可望而不可即的。因此，到美国基本安顿下来之后，首要的任务就是赶紧买辆车。但买车的前提是要有驾照，我是从来没有学过驾驶，当然谈不上驾照。万幸的是，夫人目光长远，到美国之前，已经在国内上过驾校，而且还正经八百地拿到了驾照，因此夫人骄傲地说，她学过车，而且美国的道路又宽，比北京好开，一定很快通过考试，拿到美国的驾照。于是某个周日，我们约了在国际货币基金组织工作的同事，由他带着我们去了离华盛顿不远的亚历山大市①，到交管所当场报名通过了交规考试。美国的交规考试现在想来可能是世界

---

① 位于弗吉尼亚州。离华盛顿 20 分钟路程。美国各州的法规不尽相同，在华盛顿国际货币基金组织工作的同事主要住在周边的马里兰州或弗吉尼亚州。两个州的交规和路考要求好像有一些差别，但差别不大。

上最简单的，总共有 20 道题，必须答对其中的 16 道，听起来好像不容易，但内容都特别简单。通过交规考试可以拿到学员驾照，这样就可以报名正式上路学驾驶了。在美国，交管部门没有硬性规定学驾驶必须上驾校。只要拿到了学员驾照，你完全可以向任何持有正规驾照的人学驾驶。因为夫人已经有中国驾照，而且很有信心很快通过路考，因此我们马上在报纸上找到一家驾校，联系了一位教练，本意是让他带着熟悉考场周围的道路就行。但这位来自墨西哥的移民老兄不太地道，他在我们学习的时间里主要带着我夫人在高速公路驾驶，结果夫人第一次考试居然没有通过。回来后，总结经验，决定不去专门的驾校找人练习，而是跟朋友推荐的一个在当地居住的华人练习，华人更易于沟通，固定收费且保证通过路考。后来夫人果然很快就通过了考试，拿到了正式驾照，再后来我们很快购买了家里的第一辆车。买车后，家里的生活当然方便多了，但在接送孩子上学的时间安排上还有问题。我在国际货币基金组织上班，每天工作时间相对固定，而夫人在美中贸易全国委员会上班，当时正值美国国会讨论中国的最惠国待遇，夫人很多时候因为参加活动下班时间很晚，需要我去幼儿园接孩子放学。这样，我也必须尽快学驾驶，拿到驾照。前面讲过，美国没有规定必须上驾校学习，因此夫人就成了我的学车教练。记得有几个周末的时间，我们一起到离家很近的五角大楼停车场练习。停车场很大，甚至几个场地之间有独立的行车系统，包括停车线、红绿灯、人行道等。那时候五角大楼停车场的管理非常松懈，要是现在一辆没有特别牌照的汽车在军事要地的停车场转来转去肯定早就被人盯上了。结果，我运气还不错就这样自己学了几次之后，竟然一次就通过了考试，一分钱没花就拿到了驾照。美国的驾照有效期是 5 年，2001 年我结束在国际货币基金组织的工作回到中国，但后来利用到美国学习的机会又进行了延期，驾照有效期到 2020 年，还是很管用。

回国之后，发现国内汽车工业正处于上升时期，不少寻常百姓家也圆了汽车梦，因此我们也加入了买车的行列，在国内也成了有车族。但问题是我没有在国内学过车，因此也没有国内的驾照。我运气不错，当时打听到拥有外国驾照可以换中国驾照，唯一的条件就是通过国内的交规考试，这样我又在没有参加驾校学习的情况下拿到了中国的驾照。别看我没有在驾校学习过，但无论是在美国还是在中国，我从来没有一次驾驶违章，更不用说发生交通事故了，这说明我平时开车还是非常谨慎的，至少不能拿身家性命开玩笑吧。

我这从不上驾校的历史在英国终结了。2012 年，因为工作安排的关系，我们全家来到伦敦工作和生活。虽然英国的铁路交通非常发达，特别是伦敦的地铁可以说是世界上最为便利的轨道交通，但因为孩子上学在南部，我们只得选在离伦敦有一段距离的郊区居住。闲暇出门和买菜都要开车，平时代表处工作也有必要的接待任务，去机场接人是家常便饭，完全依赖公共交通很不现实。好在这次我已经有国内驾照。近年来英国工作或学习的很多中国人在换取英国驾照的时候，往往打个擦边球，先用内地驾照通过中介换一个香港驾照，然后用香港驾照换英国驾照。因为英国是右舵驾驶，因此规定像中国香港、澳大利亚这样的驾照可以无须考试直接换英国驾照，其他必须通过考试更换。后来英国人慢慢发现有很多人在用中国香港驾照换英国驾照，而香港移民并没有同比例增加，因此产生了怀疑，进而要求用中国香港驾照换发英国驾照必须提供在中国香港通过驾照考试的证明，这样基本堵死了通过换发拿到驾照的途径。没办法，我只能先从学习交规开始。但一了解情况，我才发现英国的交规考试可能是世界上最难的，不但厚厚一本书要学习，考试也分为两个部分。第一部分是50 道选择题，必须答对 43 道[1]，第二部分

---

[1] 上文说了，美国只有20 道题，且特别简单。

更难，就是观看视频，模拟道路驾驶，其间故意设计了很多路况，需要及时处理，比如来到路口，看到路边站着行人准备过马路，要及时停车让行人通过。如果只需这样处理就好了，关键是考试时，视频里安排了更多复杂的路况，但大部分情况下没有发展成为需要处理的紧急情况，如果不采取措施就要发生事故，这被称为"hazard"。由于不知道在哪种情况下需要提前采取制动措施，以免酿成事故，因此考生必须对所有情况保持警惕，一旦看到类似情况马上点击鼠标。但如果点击的情况没有发展成为"hazard"，就不能得分；反之，如果点击得过于频繁就被视为作弊，不能得分，而且如果点击的路况确实发展成为"hazard"，但点击得不够及时，得分也非常低，总之这样的考试设计让人非常抓狂。幸运的是，我总算通过了交规考试，否则不但要在网上重新注册考试时间，还要再次缴费①。

通过了交规考试，获得一个注册号，就可以在网上预约路考了。但在预约路考之前，必须找好教练并且把教练的证件号码登记进系统，否则你约好的时间段可能被别的人占用。对我来说，找人学车又是一个问题。因为我们从一开始学的是自动挡，从来不会开手动挡，首先面临的一个问题是，英国很少有自动挡车，大部分教练也只教手动挡。结果，我在网上搜索了半天，找到一个在居家附近的教练可以教自动挡②。见面一看，原来使用的教练车是一辆车龄恨不得有 20 年、行驶接近 20 万英里（36 万公里）的小福特汽车，而且是手自一体车，也就是说一不小心可能就把挡放在手动上，导致你手忙脚乱，肯定不能通过路考。好在这个同美国湖人队前篮球明星

---

① 相比美国，英国不能随时报名参加考试，外国人只有在英国居住满 183 天后才能申请学习驾照。拿到学习驾照后，要先到网上注册，看哪家考试中心有空位，而且每次考试收费 31 英镑，好像当时美国考交规只要 15 美元。更要命的是，美国的考试中心有很多，而英国的考试中心很少，往往离家都很远。

② 英国虽然没有硬性规定必须找驾校教练学车，但规定只有在身边陪练的人拥有正式驾照 3 年以上，持有学习驾照的人才能上路。这不同于美国，美国只要求陪练的人必须有正式驾照。

约翰逊名字相似的教练很有耐心，而且很快我也掌握了如何在手动挡和自动挡之间的转换，上路之前的唯一头痛问题是他的车太旧，需要努力很多次才能打着火。

记得我在网上约好的考试时间是 9 月 11 日上午 9 点，当时还有一个念头闪过，那就是这一天会不会不太吉利，因为这是"9·11"啊。后来考虑到约考这么艰难，也就没更改。虽然网上提前预约考试，但 9 月初在俄罗斯圣彼得堡举行二十国集团峰会，我要去俄罗斯出差，9 月 8 日才能回到伦敦，只有两天时间练车，结果我把每天两个小时的练习时间都安排在上午 9 点左右，为的就是熟悉第三天考试的路况情况。第一次练习之后，教练说看样子你的技术还不错，小心一点应该能够通过考试。但第二天，教练口气变了，说你要通过考试的话需要一些运气，原因可能是他看我倒车技术不行。前面说过，我在美国开车基本上是自学的，而且美国地方大，停车场大，停车位也宽，根本不用倒车入库，大家都是车头朝前停车。英国和中国差不多，停车场小，车位窄，在很多情况下需要倒车入库。英国的路考除了考察路上驾驶情况之外，还要考察三项技能，即倒车入库、路上掉头和平行停车。在考试过程中，如考官累计观察到的小错不超过 16 个，同时无任何大错（即三项主要技能没有问题），就算通过考试。小错指不构成主要交通危害的错误，如在限速每小时 40 公里的道路上，行驶速度低于 35 公里或在自主行驶阶段错过了给定的路口等，但如果同一类型的小错达到 4 个就算一个大错，考试就算失败。关键是英国的道路大都狭窄，且交通标识繁杂，往往这一段限速是 40 公里，紧接着就是 30 公里，很容易被忽略。但我家附近的考试中心因为太小，没有自己的停车场，借用前面一家健身中心的停车场供考生使用，因此不具备考倒车入库的条件，在考试中只考平行停车或路上掉头，因此教练在学习中主要让我练习这两项。

考试的那天，教练 8 点来接我，这样还有一个小时熟悉一下车况和路面。我们约的这家考试中心有 4 位考官，教练说每位考官都很好，但在考试过程中拒绝学员通过也毫不手软。具体是哪位考官，只能临时看。结果，给我分配的是一位女考官，上来之后先考察我的视力，要求读出 25 米之外的车牌号，然后是对车况的熟悉程度，问了我两个问题：在什么情况下开雾灯，如何开？如何调整驾驶背靠椅？这两个问题答不上来算一个小错。因为做了功课，还好都算答上来了。然后就是将近 1 个小时的路考，其间有两段自主驾驶，即考官给出一个具体地点，考生要根据路面的指示牌驾驶前往；还有一段是考官在题板上画一段线路，考生要记住按这条线路驾驶，当然如果不记得在驾驶过程中也可以问。其他就是普通的考察，包括遵守道路安全规则的情况、避让行人情况等。为了和考官套近乎，开始时我还主动跟她讲话，一路上我看她没有在纸上频繁地记录，觉得可能犯错不多。她在路上考察我的主要技能就是平行停车，结果我完成得非常好。根据规定，考察这项技能时，一旦有轮胎接触路沿就算失败，因此也不容易。等回到考试中心停车场，她把教练也叫过来，一起分析我有哪些问题，在一个小时的考试中，她给我记录了 9 个小错，印象最深的就是有几次速度不达标，还有一次看错了路牌。

通过这次考试，我确实体会到了什么是世界上最难的驾照考试，通过了英国的驾照考试，不但自己的驾驶技术和安全意识有所提高，更重要的是将来可能做什么都更有信心了！但高兴的心情还没有持续几分钟，就听教练说，拿到了驾照，而且是第一次考试就能通过，确实不易，但如果在拿到驾照两年内，被罚 6 分，就要一切重来：重新申请学习驾照，重新考交规，再重新通过路考！不幸的是，我的记录里已经有 3 分了[①]！

---

① 还是用国内驾照时挨的罚。有次晚上开车看不清路牌，限速 30 英里开到了 36 英里，因超速 6 英里而被罚的，有了新驾照，马上就转到记录里了。

苏格兰独立公投的前世今生

进入 2014 年，英国媒体除了连日报道百年一遇的水灾外，另外一个吸引人眼球的话题就是苏格兰即将在 9 月举行的独立公投了。2012 年 10 月 15 日，英国首相卡梅伦与苏格兰首席部长萨蒙德（Alex Salmond）签署了关于苏格兰举行独立公投的《爱丁堡协议》。协议的签署意味着公投获准正式启动，随着 2013 年苏格兰公投法案在苏格兰议会获得通过，2014 年 9 月 18 日苏格兰即将迎来半个世纪以来的第三次全民公投。① 昔日的日不落帝国，本来只剩英伦三岛，如果苏格兰再独立，就越发显得日落西山，光环不再了。

从历史上看，苏格兰人的独立呼声虽然可以追溯到苏格兰与英格兰合并之日，但一直没有成为主流。直到以苏格兰民族党（Scottish National Party）为代表的苏格兰民族主义者在苏格兰议会② 取得优势地位，"苏独"公投才被提上日程。积极推动公投的苏格兰民族

---

① 苏格兰在 1979 年就是否实施《1978 年苏格兰法案》举行公投，法案规定：成立苏格兰议会，并赋予其有限立法权；设立首席部长以行使苏格兰事务大臣的部分职责。由于未能达到法案规定的 40% 全体选民的支持率要求，公投以失败而告终。1997 年 9 月，苏格兰再次举行公投，参与投票的民众中，74.3% 的人赞同权力下放，英国议会随后于 1998 年通过了《1998 年苏格兰法案》（*Scotland Act* 1998）。1999 年 7 月 1 日，苏格兰议会和苏格兰政府正式成立。

② 苏格兰议会于 1999 年正式设立，共有 129 个席位，采取简单多数制选举原则，每届任期四年。苏格兰首席部长在议员中产生，根据苏格兰议会的提名，由英国女王任命获得最多席位的政党领导人担任。首席部长有权任免其他部长，并与其他部长一起组成苏格兰行政部门。苏格兰议会有许多权力，但它不是主权机构。它对苏格兰的地方政务、司法、教育、卫生和经济等方面有一定的立法权和行政权，但军事、国防、税收上仍由中央政府决定，而且中央政府对苏格兰议会有否决权，也可以解散苏格兰议会。

党成立于1934年，虽在20世纪70年代掀起一些波澜，但一直未成气候，直到2007年以1席优势首次在苏格兰地方选举中击败工党而组阁。2010年1月25日，苏格兰政府公布《2010年苏格兰公投法案》，建议在2010年11月底前后举行独立公投。由于苏格兰民族党当时只是少数派政府，无力推动法案的通过。但在2011年5月的选举中，苏格兰民族党获压倒性胜利，成为控制议会的绝对多数，拥有了将"独立"付诸实践的机会。党魁萨蒙德在获胜之后就表示，将在四年任期内完成苏格兰独立公投。而在苏格兰地方政治中，曾长期主政、主张联合的工党势力式微，无法对苏格兰民族党进行制衡。苏格兰传统上是英国工党的票仓，工党高层有不少来自苏格兰，如前首相布莱尔和布朗及前财政大臣达林等，但他们都留在英国议会发展，而在苏格兰工党缺乏可与萨蒙德抗衡的重量级人物。英国经济持续低迷也是"苏独"升温的催化剂。2008年爆发的国际金融危机对英国经济打击非常大，英国经济总量至今还未恢复到危机前的水平。随着国力相对下降，英国国内凝聚力减弱，英格兰—苏格兰联合带来的红利消失，苏格兰民族主义者想分家单干。保守党领袖卡梅伦于2010年担任首相后，对苏格兰在政治上放权、在财政上补助的力度远不如前工党政府，苏格兰从中央政府获得的利益相对减少。这让主张独立的苏格兰政治精英很不满，他们认为继续留在联合王国内已无太多实际意义。苏格兰民族主义者认为，独立后可以执行更灵活的经济和财税政策。萨蒙德指出，独立将给予苏格兰诸如公司所得税、酒类消费税等政策工具，以此促进经济复苏并改善人民生活。他特别抛出"收回北海油田后的苏格兰会比现在更富有"的主张。为了说服苏格兰民众支持独立，萨蒙德领导的民族党主要拿北海油田的收益说事。20世纪60年代末，北海油田的开发激起了苏格兰人自治的愿望。当时的苏格兰民族党充分利用这一愿景，发起一场"这是苏格兰的石油"的运动，在英国议会中赢得数个席位。2012 年初，英国油气行业协会（Oil & Gas UK）公布的统计数据显示，迄今为止，以北海油田为主的英国大陆架油气产区累计产量已突破 400 亿桶油当量，共计吸引投资 4 680 亿英镑，1980 年至今已为英国政府创收 1 660 亿英镑，并预计未来 30 年，北海地区仍有 140 亿桶至 240 亿桶油当量的可采油气资源。如果以现有的渔业分界线来确定苏格兰"国界"，那么北海 95% 的油田和 58% 的气田将属于苏格兰。萨蒙德称，伦敦的财力在很大程度上依靠北海油气田，一旦获得独立财政权，充分利用北海油田收益的苏格兰会成为世界上最富有的国家之一。他的这一论调在苏格兰人中很有市场。

他也以周边的成功小国作为典范来拉抬民意支持。萨蒙德在 2007 年发表的《十年规划》中举例说，挪威 1905 年脱离瑞典—挪威联盟，现在人均 GDP 居世界第二位；爱尔兰于 1948 年脱离英联邦，现在人均 GDP 居世界第四位；冰岛于 1944 年摆脱了丹麦的统治，人均 GDP 居世界第六位，"这些小国家独立后都过上了好日子"。苏格兰要成为富裕国家，就必须拥有独立国家的地位。

面对苏格兰独立运动的膨胀之势，英国中央政府没有袖手旁观。卡梅伦先是于 2011 年在内阁中设置"苏格兰委员会"，商讨应对苏格兰独立公投对策。在具体做法上，卡梅伦变被动为主动，同意授权苏格兰议会进行全民公投，但在关键议题上绝不让步，并尽力压缩苏格兰民族党的政策空间。卡梅伦意识到，直接拒绝举行公投可能被苏格兰民族党指责为"干涉"，将更多的选民推向支持"苏独"的阵营。苏格兰民族党在夺得苏格兰政府执政大权后，拥有了就独立举行公投的民主权利，试图通过法律途径来挫败他们的努力没有意义。另外，在与阿根廷就福克兰群岛（阿称马尔维纳斯群岛）主权问题交锋时，卡梅伦就以福岛人民有权决定自己未来为理由。因此在处理苏格兰独立的问题上，卡梅伦也没有理由不一视同仁。卡梅伦在签署《爱丁堡协议》后对媒体说，既然苏格兰人民投票支持一个主张公投的政党，那么他就必须让公投实现。同时，他在多个场合强调"合则强"，卡梅伦称，苏格兰独立将使英国遭受重创，国际影响力将严重下降，呼吁苏格兰不要独立。虽然在是否举行公投的问题上卡梅伦作出让步，但在公投问题的设置上他没有妥协，他要求投票内容只有赞同独立或反对独立，不能有其他选项。此外，英国政府也利用经济手段施压、围堵苏格兰民族党。首先，就是苏格兰要求的独立后与英国建立货币联盟问题。财政大臣奥斯本说这"几乎不可能"，英格兰银行行长卡尼也表示，货币联盟需要让渡一部分主权，与独立后的苏格兰构建货币联盟将很难操作。前首相、苏格兰人布朗也表示，苏格兰无法强迫英格兰与它统一货币。其次，英国政府也采取措施分化苏格兰独立阵营。2014 年 2 月 19 日，英国政府宣布，将赋予苏格兰地方政府发行投资债券的权力。英国政府还同意，苏格兰政府将有权设定自己的所得税税率。分析人士认为，英国政府允许苏格兰发债，意在缓和双方的对立情绪，进一步壮大苏格兰内部支持联合的阵营。最后，利用欧盟成员国资格问题施压。萨蒙德曾在接受媒体采访时说他咨询过法律顾问，独立后的苏格兰可以自动拥有欧盟成员国资格。2012 年 11 月 1 日，英国政府发表声明，称独立后的苏格兰须以新候选国身份申请欧盟的承认。2012 年 12 月初，英国政府苏格兰事务大臣迈克尔·摩尔访问布鲁塞尔，就为什么英国认为独立后的苏格兰应该重新申请加入欧盟向多名欧盟委员会委员作肯定解释。2014 年 2 月，欧盟委员会主席巴罗佐在接受 BBC 采访时也表示，即使苏格兰有加入欧盟的可能性，也将会很困难。他引述科索沃独立后因得不到西班牙支持至今未能加入欧盟为例，对英国政府的立场予以支持。苏格兰未来希望在无法使用英镑的情况下转而使用欧元的可能性也因此变得渺茫。

从目前情况来看，苏格兰民族党主导的独立公投，仍面临三方面不利因素。首先，虽然人数比例上升，但支持独立的苏格兰民众一直未占上风。从 2013 年初至今多家调查机构进行的 37 次民调结果来看，苏格兰民众对举行独立公投非常支持，但明确支持独立的苏格兰民众一直在 25%～44% 徘徊，反对独立的民众维持在 41%～59%，处于观望状态的民众为 1%～33%。在面对"你是否同意苏格兰应成为一个独立国家"这样的问题时，持肯定回答的苏格兰人目前占 30% 多一点。以上数据表明，大部分苏格兰人仍不赞成独立。其次，历史上苏格兰独立也并非主流。从 1707 年两国联合以来的 307 年历史来看，苏格兰争取权力的斗争主要是围绕英国政府要在联合王国框架下不断让渡更多权力为主线，独立主张一直以来并没有获得大多数民众支持。就英国政府而言，在苏格兰人民的不断抗争下，英国政府一直在向苏格兰下放更多的权力，并力劝苏格兰不要脱离联合王国。经过了 300 多年的联合后，由于绝大多数人使用英语，苏格兰人与英格兰人得以共享很多当代流行文化，融合不断加深。目前苏格兰人口为 530 万人，有一半的苏格兰人在英格兰有自己的亲属，近 100 万苏格兰人工作生活在英格兰，40 万英格兰人生活在苏格兰。很多苏格兰人认为，苏格兰只有紧密地团结在联合王国中，才能真正使自己的民族获利，才能维护苏格兰的繁荣。最后，从经济方面看，情况也并非苏格兰政府描绘的那样乐观。据英国《金融时报》专栏作家马丁·沃尔夫测算，即使把苏格兰在北海油田收入中的所谓"地理份额"包含在内，其 2009—2010 财年的总体财政赤字仍然为 GDP 的 10.6%，而且北海的油气收入近年来一直在下降。同时，苏格兰可能还要按比例承担英国的部分净公共债务，据英国财政部预测，净公共债务将在 2013—2014 财年达到峰值，为 GDP 的 71%。很多英国人也认为，苏格兰独立后，尽管油气价格高涨推高了税收收入，但是如果产量下降，税收收入也将随之暴减。这也令一些苏格兰人担忧。北海油田在经历了 40 多年的开采后，剩余价值远不如从前。早在 2006 年时，一些地质学家就称，北海油田目前储量已临近枯竭。1999 年油田的开采量达到峰值，英国能源部预计 2020 年北海油田产量将是其峰值时的 1/3。此外，独立后的苏格兰还将承担自己的国防和外交开支，财政负担会加重。同时，英国经济的复苏却在加快，这会促使更多的苏格兰人看好联合的前景。

考虑到苏格兰独立涉及的上述政治、经济、军事、外交等广泛难题，其独立之路很难如想象般平坦。但对英国来说，苏格兰若独立，英国将会失去占其总面积大约 1/3 的北方领土，本就狭小的战略纵深会进一步缩小。最重要的是，以现有的渔业作业线为国界，苏格兰将获得北海 95% 的油田和 58% 的气田。据英国统计部门数据，苏格兰对英国的经济总量贡献率超过 8%，远高于威尔士的 3.6% 和北爱尔兰的 2% 左右。卡梅伦表示，苏格兰若独立将使英国遭到重创。前首相约翰·梅杰也表示，英国将因此而可能失去联合国常任理事国席位。此外，苏格兰一旦独立可能产生链式反应，此前北爱尔兰和威尔士有关党派已表示，要效仿苏格兰争取更多的自治权力。西班牙政府也可能以此为借口，发动与英国有争议的直布罗陀以民族自决权为由开展公投。苏格兰独立的影响将远远超出人们的想象！

为中资金融机构设立分行扫清障碍

随着金融双向开放的不断发展，越来越多的中资金融机构希望在伦敦设立分行，拓展业务。但受限于监管要求，中资金融机构除了中国银行很早在英国设有分行外，其他包括工商银行、建设银行、农业银行和交通银行在英国只设有子行，便于当地监管（说白了就是不相信母国的监管能力）。2014 年 3 月 7 日，我专程拜访了英国审慎监管局海外银行司司长毕曼（Melanie Beaman），就中资银行在英国设立分行的问题深入交换了意见，发现英方要求中方对中资银行一旦破产的清算处置进行"确认"（assurance）时，其真实意图是明确母国和所在国监管机构的责任划分，而不是需要中方进行"担保"或者立法。应该说，这次访问澄清了双方的一个误解，为中资金融机构在英国设立分行扫清了一个障碍。

一、中资银行在英国设立分行的必备条件

2013 年 10 月，中英第四次经济财经对话在北京举行，英方宣布将允许中资银行在英国开设开展批发业务的分行。但审慎监管局之后在多个场合均表示，此举需要中方明确对在英设立分行的审慎监管责任，并提供明确和可行的清算处置"确认"。迄今为止，中英双方监管机构未就此问题取得新的进展。

英方表示，欧洲经济区国家以外的银行在英国设立分行，需要两个必备条件。一是母国的监管框架与审慎监管局相匹配；二是母

国的监管机构对该行的处置计划进行"确认"，以降低该行一旦破产清算对英国金融稳定的影响。

关于第一个条件，审慎监管局认为，由于中国已经参加了国际货币基金组织金融稳定评估规划，可以确定中英两国的监管框架是相互匹配的。至于强调第二个条件，也有其历史原因和现实必要性。2012 年，摩根大通伦敦分行因"伦敦鲸"事件损失 29 亿美元之后，美国监管机构在国会作证时，曾称英国监管机构应对此负责。因此，英方认为，为了划清母国和东道国的监管责任，确保处置工作顺利进行，双方有必要事先明确处置和退出时的分工。

此外，审慎监管局于 2014 年 2 月发布了强化国际银行业监管的咨询文件，并特别知会了中方监管机构。

二、"确认"与"担保"的措辞与真实意图

我们注意到，英方希望中方提供清算处置"确认"时，都是使用 assurance 这个单词。经当面询问对方得知，审慎监管局管理层特意使用 assurance 而不是 guarantee，就是不希望中方理解为英方要求中方对中资银行一旦破产的处置作出"担保"。英方从未要求中方监管机构进行担保，也未要求中方以立法的形式对此进行确认，而仅仅是希望中方以函件的形式告知以下信息：一旦该银行发生危机，中方在进行清算处置时，中国人民银行、中国银行业监督管理委员会及相关监管机构分别承担什么角色，中方与英方监管机构的责任如何划分。

英方还表示，如果中国监管机构同审慎监管局沟通时，误把"确认"（assurance）理解成为"担保"（guarantee），他们愿做进一步沟通说明。

三、中资银行设立分行获批的前景

除了澄清上述条件外，我还就中资金融机构在伦敦设立分行的前景与毕曼司长进行了探讨。她表示，如果前述的两个条件具备，对于外资银行提出的申请，审慎监管局的审批周期一般为 6～12 个月。目前，中国可能有 6 家银行即将向其提出设立分行的申请。其中，工商银行、建设银行、农业银行、交通银行已经在英设立子行，经营能力规模、基础设施建设都有了一定基础，因此审批时间可能相对较短。招商银行、浦发银行只设立了代表处，所需准备的工作量相对较大，审慎监管局的审批时间相对较长。虽然英国对外资银行设立分行没有名额的限制，但是审慎监管局审批人手有限，可能需要与中国监管机构协商审批的顺序，最多每批次同意 2 家中资银行设立分行。此外，据悉当时中信银行也正谋求在英国设立分支机构。

2015 年 5 月，为推动中资金融机构在英国设立分行早日取得更大突破，我又前往审慎监管局拜访了负责此事的官员安娜。她表示自中英两国领导人在经济财金对话机制下取得共识之后，中资银行申请在英国设立分支机构进展顺利，除工商银行和建设银行已取得分行牌照外，招商银行、交通银行和农业银行的申请工作也在稳步进行中。

其中，招商银行已与审慎监管局举行过两次预申请会议，并将在 6 月进行第三次预审。如果一切顺利，招行将随后向审慎监管局递交正式申请材料。考虑到招商银行在英国没有经营记录，审慎监管局的审批时间可能长于工商银行和建设银行（约 3 个月）。常规的审批周期应该是 6 个月左右，当然具体审批进度也取决于提交的申请材料质量。

审慎监管局了解交通银行计划将其在英国子行改为分行，只经营批发业务。这种情况的审批相对简单，但交通银行当时仍未取得中国银监会的批准文件，而审慎监管局的审批原则仍然是要求先取得母国监管当局同意。

农业银行拟在保留现有子行的基础上，再申请设立分行。这种情况的审批较交通银行复杂一些（农业银行称2015年下半年可能获中国银监会批复设立伦敦分行）。

关于浦发银行和中信银行，目前它们在伦敦设有代表处，但尚未向审慎监管局正式提出申请设立营业性机构。另外，外方提到，民生银行虽然没有在伦敦设立代表处，但也就设立分行事宜与审慎监管局进行了接触，因为英国监管政策允许外资银行直接申请设立营业性机构。

在会谈过程中，外方表示，伦敦作为国际金融中心对中资银行的确具有很大吸引力，但大多数中资银行的业务较为单一，经营模式雷同，希望就此了解中方的看法。我对此表示，中资银行在英国业务除了服务当地经济辐射欧洲甚至非洲地区外，也是各家机构国内金融业务的海外延伸，服务群体主要包括中国企业的当地业务和海外重大项目。因为中国经济规模很大，各种不同类型企业对金融服务的要求也不尽相同，因此，各中资银行服务的对象不同，相互之间应该不存在过度竞争。

我对外方介绍相关情况表示了感谢，并进一步表示，从我方了解到的情况是，中资银行担心的恰恰不是相互之间的过度竞争，而是当地监管规定过于严苛对其业务规模的限制。例如，英国金融行为管理局将中国列为洗钱风险较高的国家，因此对中资银行的反洗钱监管过于严格，已经在一定程度上影响了各银行的业务拓展。实际上，中国已加入金融行动特别工作组（FATF）8年，也是亚太反洗钱组织的重要成员。FATF早在2012年就表决通过了中国第三轮反洗钱和反恐怖融资互评后续报告，高度评价并一致认可中国的不懈努力和长足进步，并结束了互评估后续程序。因此，英国把中国列为洗钱风险较高的国家是不合乎实际的。尽管反洗钱不是审慎监管局的职责，而是由金融行为监管局监管，也希望借此机会向监管机构表达中资银行的关切。

出席伦敦经济学院研讨会

2014 年 3 月 21 日，伦敦经济学院举办了一场名为"通向更可持续的金融体系"的研讨会。1995—1996 年我受英格兰银行奖学金资助，在伦敦经济学院进修了 9 个月，这份邀请对我有特别的意义，并有幸与其他出席研讨会的著名学者进行思想交流。

本次会议题目为"通向更可持续的金融体系"，是伦敦经济学院举办的年度重要学术活动之一。会议邀请了日本央行行长黑田东彦（Haruhiko Kuroda）、美联储达拉斯分行行长理查德·费雪（Richard Fisher）、中国社会科学院经济学家余永定等十余名全球知名经济学家、宏观政策制定者参与会议。

我应邀在会上作了题为"人民币国际化与中国实现可持续经济增长"的演讲。在人民币国际化议题上，我主要从议题产生背景、现在的政策框架及人民币跨境使用未来发展前景三个方面进行了阐述。在中国实现经济可持续增长方面，我认为应该从市场化的角度看待中国经济增长，考虑需求和供给两方面因素，中国经济应该还有相当长时间的增长。演讲后，我还回答了参会人士提出的问题。例如，有来自伦敦经济学院的教授问及人民币成为 SDR 篮子货币以及中国作为全球最大债权国，将如何推动全球经济治理合作，建立新的更稳定的全球货币体系金融体系。我回答中国当时并没有将成为 SDR 组成货币列为刚性目标，人民银行的意图是根据市场的需要不断创新制度，提高人民币跨境使用的便利度。考虑到 SDR 组成货币在资本账户开放度方面的要求，人民币要成为 SDR 篮子货币还有许多工作要做。在全球经济治理方面，随着有关发达经济体复苏轨道逐步稳固，改变旧制度的动力被削弱，改革的呼声开始黯淡。以国际货币基金组织份额改革为例，由于美国的阻碍，实际上已经被搁置。即使作为最大债权国，中国也很难改变现行的国际经济秩序。从历史来看，日本拥有全球最大债权国身份很多年，但是对改革旧制度的贡献不大。此外，我还对参会者提出的有关中国地方政府债务、影子银行、铁路债券等问题一一作了解答。

　　日本央行行长黑田东彦就如何克服日本通货紧缩发表了演讲。过去 15 年，日本平均通货膨胀率为 −0.3%。与过往通货紧缩时期不同，日本的通货紧缩是物价非常缓慢地长期下降，并且没有伴随大规模失业。但是，日本通货紧缩的负面影响仍然严重，高实际利率制约了投资和消费，导致日本经济活力下降，长期停滞不前。黑田东彦接下来从日本为什么会陷入通货紧缩，日本央行如何应对通货紧缩，以及反通缩政策的成效三个方面阐述了日本央行的货币政策立场和展望。他指出，尽管日本央行早在 1999 年就创新地推出货币政策的承诺技术，但由于缺乏合适的沟通，效果并不明显。在吸取历史经验和教训的前提下，日本央行于 2013 年 4 月的货币政策会上决定，向公众坚定承诺在未来两年内实现 2% 的通胀目标，并辅之以史无前例的货币宽松政策，扩大基础货币的规模。黑田东彦认为，从执行货币政策一年来看，尽管美国开始退出量化宽松，但日本的实际利率被稳定在低水平上，银行借贷活动增加，而 CPI 从 2013 年 3 月的 −0.5 提升至 2014 年 1 月的 1.3%。总体而言，他认为日本央行 2% 的通胀目标已经完成了一半。演讲后，黑田东彦回答了参会者的提问。有来自金融机构的参会者问到，日本央行在实现通胀目标后是否会逐步出售购入的债券，还是任其留在央行的资产负债表上？黑田东彦表示，日本央行倾向于将债券持有到期。目前日本央行资产负债表中的债券平均到期时间为 7 年左右。

来自智库新经济思考组织的经济学家、资深合伙人以及英国金融服务管理局前主席阿德尔·特纳（Adair Lord Turner）发表了题为"货币创造：目的为何"的演讲。他认为此轮金融危机以来的金融改革值得称道，但是这些改革仍然忽视了导致经济和金融失稳最根本的原因：私人债务水平的持续上升。他将引致需求增长的信用创造分为三个类别：一是纯粹信用货币的创造，通过未融资的财政赤字实现；二是私人银行的信用创造；三是通过融资实现的财政赤字。私人银行信用创造与另外两类信用创造的区别在于增加了未来私人债务，而正是这些私人债务合约造成了经济和金融失稳。问题的本质在于魏克塞尔关于令信贷利率等于自然利率后，信用创造量将达到最优的假设并不成立。金融市场本身不能够实现最优数量的信用创造，过量的私人债务合约在经济下行阶段将导致债务悬置，损害经济增长与金融稳定。事实上，在金融危机以前，所有的发达经济体都经历了很长一段私人部门信贷增长快于实际 GDP 增长的时期。特纳接下来又将信用创造后购买力的使用进行了分类，第一类是用于消费，第二类是用于固定资产投资，第三类是用于购买已存在的资产。相对于其他两类用途而言，第三类用途是最危险的。对英国的研究表明，危机前绝大部分信用创造被用于购买已存在的资产，主要是房地产。银行部门私人信用创造过程其实就是一个不可持续的自我强化的债务通缩循环。特纳认为，要实现长期的稳定必须创造一种低信贷密度的增长模式：首先，应该抑制银行部门的信贷创造冲动，特别是防止信贷被用于购买不动产，或者被用于建造无用的不动产；其次，必须抑制日益加剧的贫富分化；最后，应该减少外部失衡，对于赤字国家可以通过第一、第二点做到，对于顺差国家，例如中国，应该设法降低储蓄率。

美联储达拉斯分行行长理查德·费雪（Richard Fisher）发表了题为"前瞻引导性货币政策：一种时尚还是货币政策的未来"的演

讲。他指出危机之后美国货币当局向金融体系注入了大量的流动性：金融机构以及公司的资产负债表得到了修复；货币当局自身的资产负债表也急剧膨胀。但是私人部门并没有像中央银行设想的那样增加投资，雇用更多的劳动力，而是将流动性用于购买金融资产。这导致了一些显而易见的风险：一是金融资产特别是股票价格的飙升；二是各种债务凭证的收益率都降至历史低点。标准普尔 500 公司的债券收益率远低于上市公司分红的水平，使这些公司发行债券用于购买股票，而不是投资扩大产能，美联储扩大就业的目标并没有实现。所以货币政策委员会一致决定逐步退出量化宽松政策。难点在于如何向公众沟通这种转变，同时又要稳定基本的收益率曲线。所以，美联储决定使用前瞻性引导工具。按照英国《金融时报》的提法，抛开那些所谓的"临界值、触发器"，前瞻性货币政策的实质就是"只要不损害物价和金融稳定，就应该将宽松的货币政策尽量保持下去"。费雪认为还有更好的表达方式，那就是"走着瞧"，或者用邓小平的话就是"摸着石头过河"。他认为这一表达体现了前瞻引导性货币政策的一种转变，那就是越来越去量化因素，而更注重定性的判断。因为，现在货币政策制定者面对的是一个史无前例的局面，没有人能够准确地量化判断未来更长时间内经济的运行情况。

有参会者提问，目前联储为存款机构的超额存款准备金支付 25 个基点的利息，未来肯定会取消，这对金融市场有何影响？费雪认为不会有太大影响，因为金融机构积累超额准备金并不是为了 25 个基点的收益，而是融资渠道不畅的原因。超额准备金的利率并不重要，重要的是超额准备金的水平。他认为即使美联储的政策回归常态，美联储的资产负债表规模也不大可能缩减回危机前的水平。另有参会者问到，日本的前瞻引导性货币政策有规模庞大的刺激性财政政策支持，欧央行、英格兰银行则要面对紧缩的财政，那么财政政策对前瞻性货币政策有何影响？费雪指出，对于美国而言，财政政策和货币政策是相对独立的。虽然每个州都将刺激经济、增加就业作为主要目标，但是对于一个州的企业而言，未来本州的税率是多少，联邦政策对州的转移支付是多少，则存在很大的不确定性。对于货币政策的制定者而言，这同样是不确定的，但这些因素对宏观经济确实有很大影响。货币政策当局会判断财政政策对美联储目标的影响，但更多的是改进货币政策的传导效率。就像伯南克以前在国会作证时说的那样，美联储希望财政部门能够善用中央银行创造的金钱，创造更多就业，但对方能否做到，则不是美联储能够影响的。单就美联储而言，其达成宏观目标的能力是有限的。

伦敦中资银行人民币业务如何拓展

2014年3月31日下午，时任中国人民银行副行长胡晓炼借到访伦敦签署中英关于人民币清算安排谅解备忘录之际，召集中国工商银行、中国农业银行、中国银行、中国建设银行、交通银行5家银行伦敦分行（子行）负责人举行座谈会，听取了各家行关于伦敦市场人民币业务发展情况的汇报和对人民币国际化前景的展望。

过去几年，伦敦人民币市场取得较大发展，特别是人民币跨境结算、贸易融资、外汇市场方面进展较快，但存款和贷款相对较少。伦敦人民币市场整体业务发展呈现以下特点：一是人民币业务启动早。自2009年7月起，中资银行逐步在伦敦推出了涵盖公司、个人和机构客户的人民币产品和业务。伦敦金融城专门成立了发展人民币业务的专家顾问组。中国银行是创始成员之一，建设银行、工商银行、农业银行、交通银行随后也加入顾问组。二是跨境人民币结算具备一定规模。中国银行2013年累计办理跨境人民币结算业务867亿元。建设银行伦敦子行2014年已成为建设银行全行的境外人民币清算中心，建设银行所有海外分支机构的离岸人民币清算均可通过其完成，并建立了自有流动性支持体系。工商银行累计办理国际结算100亿元。农业银行跨境人民币总交易量达到182亿元人民币，在系统内仅次于其香港分行和新加坡分行，并与渣打银行在加强人民币跨境清算领域的合作中取得了实质性进展。三是人民币贸易融资增长较快，但存贷款相对较少。2013年，中国银行办理人民币贸易融资 320 亿元；工商银行贸易融资业务量为 27 亿元，为上年同期的 6 倍。贷款方面，截至 2013 年底，中国银行贷款余额为 5 亿元。在人民币存款方面，2013 年底，因中国银行在英国历史较长，且有分行牌照，因此占有先机，其他银行也有一定存款，但数额相对较少。四是外汇交易增长迅速。2013 年，中国银行人民币外汇累计交易量达 4 905 亿元。2013 年工商银行的即期、远期、掉期的交易额合计 66 亿元，较上年有大幅度增长。五是其他业务方面稳步推进。早在 2012 年，建设银行就在伦敦发行 10 亿元人民币债券，并于 2013 年成为英国首家使用人民币进行注资的金融机构，金额达 15 亿元。工商银行于 2013 年发行 20 亿元人民币债券，并累计发行了 4 笔人民币大额存单（CD），金额达 9.3 亿元。中国银行于 2014 年 1 月发行 25 亿元人民币债券。建设银行、农业银行相继在伦敦举办了人民币业务国际论坛，强化了对投资者的教育。此外，中国银行、工商银行还开展了现钞批发业务。

伦敦市场发展人民币业务具有很多优势，但也存在不足。优势主要表现在：一是政府支持。英国是最早希望建设人民币离岸中心的国家，当时的卡梅伦政府非常希望绑上中国经济马车，并借此巩固伦敦国际金融中心地位。二是市场推动。伦敦有上千家金融机构以及全球领先的大宗商品交易所、证券交易所，是唯一建立了私营部门为主的离岸人民币建设机制的金融中心，具备大量专业人才和时区优势。三是交易活跃。伦敦在外汇和衍生品交易方面占全球份额的 40%，人民币交易的市场份额也大大高于其他竞争对手，有助于人民币成为活跃的交易货币。

存在的不足主要是实体经济对人民币国际化的认识还不够，对人民币的接受程度较低，表现为人民币储蓄存款较少和公司存款增长缓慢。尽管中英两国经贸关系成长较快，但经贸和投资规模依然有限，基数较小，无法与欧洲大陆和亚太地区相比，缺乏实体经济支持是可持续发展的短板。此外，人民币流动性相对不足，根据伦敦金融城的数据，伦敦市场的人民币存款余额不足 150 亿元，大大低于其他离岸中心，也低于伦敦市场的人民币外汇交易规模。

人民币跨境结算试点 5 年以来，伦敦人民币离岸业务发展较快。中资银行普遍对未来发展有积极展望。

一是伦敦在建设离岸市场方面具有较多经验，今后作为中国境外最重要的人民币离岸中心，这一地位将得到进一步巩固，其他金融中心难以撼动。二是伦敦继续在人民币外汇及衍生品交易方面发挥举足轻重的作用，随着人民币国际化进程的加速，中长期可能在交易规模和品种上超过中国香港。近期而言，贸易相关的跨境人民币结算和贸易融资仍然是业务基础，有利于积累人民币流动性，培育客户。包括人民币债券、投资理财产品在内的资本市场业务将继续成为市场发展重点，这也与伦敦市场的特点相匹配。三是英国作为 16 个英联邦国家的核心，这些国家多为大宗商品的出口国，而中国恰恰是主要进口国。作为大宗商品的定价中心，在英国认可了人民币的地位之后，将对英联邦国家接受人民币作为大宗商品交易定价货币产生推动作用。

在中英两国签署人民币清算协议后，伦敦市场下一步将面临指定清算行的问题。中国银行当时表示，由于英国监管机构在资本充足率、流动性和大额敞口方面对子行有严格要求，如果人民币清算行同时拥有分行牌照，将具备三项优势。一是分行可使用总行的高评级，有利于取得同业的信任，获得较高的清算额度。二是子行面临的监管较为严格，分行在流动性要求方面相对宽松。三是子行需向董事会负责，国内对其控制力较弱；分行不是当地法人机构，最终决定权在总行。建设银行则提出，其已将这些监管要求同当局做了充分沟通，在具体实施上有相当的灵活度，如通过总行在伦敦子行存放资金的形式，可以降低子行对总行的风险敞口，满足现阶段清算行的要求。

在听取了各行的意见和建议之后，胡晓炼副行长表示，在人民币国际化总体考虑中，特别是签署货币互换协议时，采取了先周边国家地区、再发达市场的策略。现在，除美国、加拿大之外的发达国家也普遍看到了机会，随着中国已经成为世界第二大经济体、第一大贸易国、第三大投资国，人民币对全球的吸引力进一步增大，欧洲各国都在积极争取，希望在其中发挥建设性作用。

总体来说，人民币国际化应该采取"两条腿走路"。一是主要依靠大型银行提供越来越丰富的人民币金融产品和服务。除中资银行外，汇丰银行、渣打银行等历来与中国有密切联系的国际性银行现在也把人民币作为全球货币进行积极推介。二是大型跨国公司和国际企业在产业链和定价权方面有一些优势，可以推动人民币成为全球商业活动中的计价货币。

在人民币结算量中，亚洲地区目前占据了主要地位，特别是中国香港占了70%。法兰克福则在欧洲排第一位，伦敦只排名全球第九位，主要原因可能是英国实体经济发展和贸易与德国比起来规模不占优势。

人民币国际化初期进展较为顺利，有人认为，这可能与人民币不断升值、存在市场套利行为有关。但也有人认为，在岸市场和离岸市场存在一定的套利空间，可以增加市场对人民币的兴趣，鼓励投资者持有人民币。希望中资银行对这些现象多作研究，提出建议。

劳动节里不劳动

对于"五一"国际劳动节，我们从小所受到的教育是，这是一个国际性的节日，似乎全世界的劳动者都会暂时放下工作休息一天。到国外工作我才知道，这个节日虽然被称作国际劳动节，但实际上，在很多国家特别是那些节假日繁多的发达国家，"五一"并不是公共假日。具有讽刺意义的是，连"五一"国际劳动节的起源地美国也不把它作为假日。自然，作为老牌资本主义国家，英国的劳动者也享受不到"五一"假期。然而，2014年的情况有点例外，伦敦的劳动者在这一天终于有理由不上班了——因为伦敦发生了地铁罢工，不仅地铁工人可以不上班，而且连那些需要搭乘地铁的上班族也可以堂而皇之地"翘班"了。

众所周知，地铁是伦敦的骄傲，它不仅历史悠久，而且"老当益壮"，绝对可以归为全球最有效的交通系统之一。虽然同包括纽约在内的全球大都市相比，地铁的票价贵了点儿，但其便捷和高效却是其他城市的地铁系统无法比拟的。但问题恰恰出在这个高效上，伦敦地铁公司和代表地铁工人的工会剑拔弩张，在是否应该关闭更多站台人工售票处的问题上，僵持不下，致使地铁工人连续不断地发出罢工威胁。

伦敦地铁公司认为，随着伦敦城市规模不断扩大，常住人口和旅游者增多，公司应该把资源更多地投入提高运营路线和改善服务等方面。而随着伦敦地铁公司早在21世纪初就推出非常便捷的无人售票和捷运卡，伦敦地铁公司认为确实没有必要在每个地铁站都保留很多的人工售票服务①。伦敦地铁公司因此提出除了在一些大型的换乘站外，大部分地铁站的售票站将关闭，分流的员工将主要充实到站台，为乘客提供咨询和安全服务等。为了使改革计划被代表工人的工会一方接受，伦敦地铁公司还提出，只要工人愿意继续工作，这次改革不会裁减一名员工。但工会认为，地铁工人的工作时间本来就长，而且待遇低下，所谓的改革就是变相裁减地铁员工。尽管资方宣布，只要工人愿意，不会裁减一名员工，但重新雇佣的条件可能发生变化，使工人的福利进一步下降②。2013年圣诞节期间，因为谈判破产，伦敦地铁工人已经罢工两天，导致全城交通系统大乱，给节日出行带来不便。后来经过双方紧急磋商，暂时达成一致，同意继续就一些改革条款进行谈判，但这几天的罢工表明后续谈判并没有带来预期的结果。

过去国人对英国人的印象或者说所受的教育都是英国人大部分是谦谦君子。这句话在平日里可能还算受用，但不能放在特殊情况下考察，比如在地铁罢工的日子。这几天出行，但凡在火车站、码头或汽车站，到处人潮汹涌，个个争先，可爱的英国人民全体大脑缺血，全然忘了自己在世界人民心目中需要保持的"绅士淑女范"！

地铁罢工，说到底是工人为了争取自己的权利和平等地位，而这也是1886年芝加哥工人上街游行的初衷。一般认为平等或公平与效率从来都是矛盾的，有了更多的公平，就要牺牲部分效率，但英国《金融时报》首席评论员马丁·沃尔夫（Martin Wolf）援引国际货币基金组织的一份研究报告认为，也许在公平和效率之间存在一个更高水平的平衡，即促进公平并不妨碍经济增长。他给出的例子

①　地铁公司测算目前仅有3%的乘客需要通过人工服务购票。
②　实际上，据伦敦《标准晚报》报道，仅有不到40%的地铁工会会员支持这次罢工。伦敦地铁公司因此指责工会领导人出于个人私利发动罢工，而不是为了公众的利益。包括首相卡梅伦和伦敦市长约翰逊在内的政治人物也纷纷指责罢工完全不能接受。

包括，在公平方面做得比较好的北欧国家，其经济增长要高于公平性较差的南欧国家，而东亚在公平性方面做得较好的日本和韩国，经济增长也明显高于贫富差距较大的南美国家。如果遵循这个道理，也许伦敦地铁的劳资双方可以在不损害各自利益的更高水平上达成一致，如此不但可以为人们出行提供更多的便利，也在不经意间帮助恢复大英帝国子民们不时丢失的"绅士淑女范"！

罢工也许是达到目的的一种手段，但一定不会带来帕累托改进，也就是说劳资双方的福利水平经过罢工都得到提升。但最大的受害者却是显而易见的，那就是每天成千上万乘坐地铁的上班族和旅游者。无论承受多大的压力，劳资双方显然更加在意的是自身的利益，而公众的利益永远会被放在后面。就像欧洲冠军杯半决赛切尔西对阵马德里竞技一样，穆里尼奥的切尔西在后场放了 9 个防守队员，只留托雷斯在前场伺机冲冲对方防线，结果硬是在客场逼平对手。后来，在英超对阵联赛领头羊利物浦的比赛中，穆里尼奥如法炮制，结果竟然以 2 比 0 赢了对手。舆论在大骂切尔西赢得丑陋的同时，也承认只要能赢，踢得好看不好看无所谓。就像这次地铁罢工一样，只要最后地铁公司能够成功关闭部分售票站，削减运营成本，或者地铁工人能够成功争取到自己的利益，至于罢工对旅游者造成的不便或对伦敦国际大都市声誉带来的破坏，实在不是争斗中的双方需要顾及的。

爱丁堡会议

　　2014 年 5 月 21～23 日，苏格兰皇家银行在爱丁堡总部培训中心举办年度官方机构会议，40 多家中央银行、主权财富基金和其他官方机构的代表与会。会议邀请美联储前理事梅耶（Lawrence Meyer）和欧洲中央银行前行长特里谢（Jean Claude Trichet）发表主旨演讲，与会代表就美国经济形势、金融危机的起源以及其他宏观问题进行了研讨。应主办方邀请，我代表中国人民银行参会。

　　研讨会开始阶段，组织方对参会人员进行了一次调查，相关结果反映了目前的市场情绪。首先提出的问题是"市场如何看待中国经济放缓"，结果有 63% 的参会者表示有点担心，9% 的参会者表示不担心，但也有 20% 的参会者表示很担心。当问到"如何看待未来一年全球主要货币的走势"时，45% 的参会者预测美元表现最好，33% 的参会者认为日元会表现最差。关于美股的走势，64% 的参会者认为年底前会上涨 10% 以上；如果投资者手握现金，45% 的参会者会选择投资发达国家的股票市场，也有 19% 的参会者选择投资房地产市场。关于欧洲中央银行的未来政策，43% 的参会者认为欧洲央行会推出类似英格兰银行的"融资换贷款"计划，以促进经济复苏。针对全球通胀快速下降的现象，49% 的参会者认为这是因为各国推行市场改革、劳动力市场更趋灵活的结果，但也有 27% 的参会者认为是中国的原因。64% 的参会者认为未来通货膨胀会逐渐升高，全球中央银行会被迫加息应对。关于英格兰银行何时加息的问题，59% 的参会者认为加息会在 2015 年下半年，即英国大选之后进行。

关于目前影响市场的最大地缘政治因素，37%的参会者认为是俄罗斯，其次有24%的参会者认为是中国。从以上调查结果可以看出，随着美国经济复苏，美联储的货币政策趋于常规，未来一段时间市场对美元和美国股市的看法比较积极；考虑到中国经济放缓和外媒对中国地方债务和影子银行等风险因素的过度报道，市场对中国经济的走势和投资前景则表现谨慎。

在讨论美国经济的环节，美联储前任理事梅耶认为，美国经济2014年第一季度表现不佳，既有天气因素，也有库存调整因素。经济在第二季度会有起色，下半年经济增长率会上升到3%以上。积极方面包括，财政因素对经济的影响要比2013年大大降低，消费方面房地产市场仍然强劲，而且家庭构成也在增加。美联储在决定货币政策调整时，重要的观察指标是失业率降到6%，但同时也要看通货膨胀指标。如果失业率降到6%以下（可能在第二季度实现），但通胀低于联储制定的2%目标，美联储也不会升息。目前的市场调查认为，2016年联邦基金利率会升至2%。如果失业率下降至自然水平（约为5.5%），即使通胀率低于联储目标，届时若仍然保持零利率，也未免太过大胆。梅耶称，虽然联邦公开市场委员会预测的中性利率是3.75%，但是他个人认为应该是3.5%。美联储现在所谓的"前瞻性指引"，实质上就是三个字"看情况"，也就是说尽管美联储掌握各种经济模型，也有预测工具，但何时进行调整不知道。梅耶个人认为，如果是基于失业率和通胀情况，美联储的第一次升息应该是从0.25%上升到0.5%，而不是从零上升到0.25%，但美联储在政策声明中又加入了各种复杂条件，如升息的时机和幅度也取决于金融市场条件，即要看市场的反应。在上一个经济周期中，虽然通胀表现正常，但美联储还是犯了加息过慢的错误，催生了股市和房地产市场泡沫。当时格林斯潘认为，联储不应该干涉，现在看这是大错特错的。现在，耶伦自己也认为美联储自身可能成为金融不稳的因素，这次的升息时间比上次更加延后，是否正在催生又一轮泡沫呢？梅耶认为，美联储应该同时关注货物价格稳定和资产价格稳定。

苏格兰皇家银行美国研究与战略部执行董事理查德·唐（Richard Tang）认为美联储现在有点行动太晚。过去在公开市场委员会，是格林斯潘一人说了算，后来伯南克时代稍有改善，但基本上也是以他和耶伦两人意见为主。现在美联储理事会吸收了更多的学术人士，讨论更加激烈，如来自哈佛大学的杰里米·斯坦（Jeremy Stein）就敢于发表不同意见，美联储实施的"量化退出"就是他力主推动的。现在史丹利·费希尔（Stanley Fisher）和莱尔·布雷纳德（Lael Brainard）也基本来自学术界，这些因素加上市场的力量会推动美联储采取行动。他判断，2016年底美国的实际利率不会维持在零的水平。

欧洲央行前行长特里谢也受邀就欧元区经济及欧债危机的情况作了演讲。他认为，2008年爆发的国际金融危机主要有以下四个方面原因。

（1）2006—2007年的金融市场杠杆率过高，接近"明斯基时刻"；（2）包括东欧国家转轨等因素导致全球通货膨胀水平大为下降，其中隐含的风险因素没有被充分关注；（3）国际经济金融体系发展强劲，即使美国经历了科技股泡沫，但随之很快被美国自身的灵活性吸收，因此相信新的金融产品（如衍生产品）也有自己的发展轨迹，不用过于干预和担心；（4）世界经济的相互关联性增强，因而美国发生的金融个体事件（雷曼兄弟公司倒闭）会产生全球金融海啸。

谈到欧债危机，特里谢认为，主要原因是欧盟各成员国没有真正执行《稳定与增长公约》。单一货币联盟应该关注各成员国竞争力的统一，应该建立一种指标来监测成员国竞争力的变化。此外，缺乏单一的银行联盟和应急处置机制也是导致危机扩散的因素。虽然欧元区经历了债务危机，但在危机爆发后还有 3 个国家加入，而且雷曼兄弟公司倒闭时的 15 个成员国现在无一退出，没有国家真心离开，也没有国家趁机把其他国家赶出这个集团。欧元区外的国家可能不了解这种情况，认为欧元区迟早会解体。实际上，即使在危机最高峰时，德国议会无论是左翼党还是右翼党都大比例支持为危机国家提供援助。对于投资者来说，不能被媒体的报道左右，因为媒体通常集中报道负面的意见，而忽略对正面积极因素的报道。这种情况在欧元诞生时就存在，当时包括官方机构在内 90% 的人士不看好欧元，认为这个计划不会成功，但他们低估了各成员国为此做准备和推进这个项目的决心。结果虽然经历各种挫折，欧元现在总体运行得非常成功。关于主要货币的汇率问题，特里谢也认为这些货币作为 SDR 的核心货币，汇率并非越低越好，大家都设法把自己的货币保持在低位，这种做法令人担忧。

苏格兰皇家银行首席英国经济学家罗斯·沃克（Ross Walker）分享了他对英国经济的看法。他个人认为，英国经济已经回归常态，英格兰银行不应保持应急状态下的货币政策，而应该升息。但基于各种复杂的原因，他不会在 2014 年调升利率。尽管目前通胀率只有 1.8%，低于央行目标，但英国经济历来易受通货膨胀影响，未来通胀可能加速上升。当然，英国经济也有表现不好的一面，自 2009 年危机以来，英国 GDP 增长 6.2%，其中净出口仅贡献 0.7%。如果升息，英镑升值会对出口形成抑制。另外，2015 年大选后，财政会进一步紧缩，如果再采取货币从紧的政策，可能会对经济增长造成双重打击。

针对大家比较关注的中国经济增长放缓和人民币国际化等问题，我也简单进行了说明。

风笛曲调依旧，不列颠是否存邦

2014 年 5 月 23 日的爱丁堡会议结束后，英国迎来一个长周末。我正好利用这个难得的机会，一探苏格兰高地迷人的风光。

1995 年圣诞节期间，夫人从北京来探望在伦敦政治经济学院进修学习的我，除了在有限的时间内带夫人参观伦敦的名胜古迹外，我们还一起乘坐火车北上，去了一趟苏格兰。因为是冬天，天黑得早，那次的苏格兰之旅只局限在爱丁堡，没有去过其他地方。因此，对于苏格兰的记忆，长期以来除了靠近爱丁堡火车站温馨的家庭旅馆（B&B）之外，就是低垂的乌云密布的天空和不到下午三点就陆续亮起的街头灯光。

这次的时间不错，虽然不是盛夏，但对于苏格兰来说，进入 5 月就是夏季，每天的日照时间会有一半，气温也能达到 18 度左右。在人们的印象中，苏格兰的美不同于英格兰的精致和优雅，它的美是那种大气磅礴的壮美，是高地湖泊透露出来的忧郁和沧桑。因此，去苏格兰旅游，除了参观它的首府爱丁堡之外，去西部看带有美丽传说的尼斯湖和格兰科的高山峡谷一般会成为人们的不二选择，我们自然也不能例外！

早在从伦敦出发之前，我们就在网上从爱丁堡机场预租了一辆小车，作为三天高地湖泊之旅的交通工具。当时也考虑了参加旅行社，这样会省去很多麻烦，包括寻找旅游景点、安排住宿的旅馆，最重要的是不用操心开车，可以一门心思地欣赏沿途的美丽风光。但不巧的是，这个长周末很多旅行社只有三天的旅行团供选择，且最后一天回到爱丁堡已经是下午 7 点多钟，而我们定了下午 6 点多钟的飞机回伦敦，只好选择自驾游。好在爱丁堡是一个大城市，租车相对来说还是比较方便的。我们选择了在机场提车，这样回去的时候直接把车开到机场归还也比较方便。虽然我在美国和英国都已经有长住的经历，但租车还是头一次，结果感觉还不错，车行提供的车一般都比较新，开着也顺手，手续也不太复杂。

24 日上午 9 点多钟，我们顺利地在机场车行拿到一辆丰田小汽车，虽然排量较小，但足够家庭使用。首站直奔早就查好路线的苏格兰经济中心——格拉斯哥。格拉斯哥被喻为英国的建筑博物馆，特别是靠近市中心的乔治广场一带，各种古朴雄伟的建筑令人目不暇接。格拉斯哥也是蒸汽机的发明者瓦特的故乡，正是因为有了蒸汽机的发明，才有后来的工业革命，也才有大英帝国纵横世界的历史。因为时间有限，我们在格拉斯哥停留的时间不长，很快就赶往下一站——苏格兰最美的湖泊罗蒙湖。苏格兰北部高地星罗棋布的各种湖泊都是过去火山爆发地质活动的遗留产物。湖水清澈透明，各种水鸟在水边嬉戏，根本不怕游人，甚至还主动接近，希望能够获得食物。罗蒙湖边有个小镇，名为拉斯（Luss），家家户户依山傍水，前庭后院种满各种美丽的不知名的花，真正是世外桃源。在湖区旅游的人都把拉斯作为一个歇脚点，小镇的居民也习惯了各色游人在自己的家门口拍照留影。

告别罗蒙湖，继续往西就是著名的格兰科高地了。这里也是很多电影的取景之地，包括 007 系列电影，最近的一部是《天降杀机》。这几十英里蜿蜒曲折于峡谷两端的公路也是苏格兰高地最有代表性的景致。从蛇形的山路往前行驶，一路只见两旁的山峰高入云霄，山顶多数还有积雪，高低起伏的山坡上是成群的牛羊，映衬着透过乌云射在湖面的光，凄美而安详，壮丽且沧桑。从爱丁堡出发，我们计划第一天的行程要走 200 英里，而经过格兰科高地到达一个名叫威廉堡的小镇才走了一半不到，但时间已经是下午 3 点多了。我们在这里稍事歇息，用过午餐，继续前行，目标是苏格兰最神秘的传说——尼斯湖。

虽然我没有到过尼斯湖，但曾经看过太多关于尼斯湖的图片新闻，好像已经有了先入为主的感觉。总觉得尼斯湖整天都是阴云密布，湖水深不可测，有机会还能看到湖面伸出的怪兽脑袋。实际上，尼斯湖是一条近乎南北向的狭长水面，从威廉堡一直向北，过不了多久公路就一直沿着湖岸修建，看到湖面的景致和其他湖泊并没有什么两样。在尼斯湖靠近北端的岸边有座废弃的古堡，可以供游人参观。只可惜我们到的时候过了下午 6 点，古堡已经不对游人开放，否则不仅可以参观，还可以通过古堡直接到湖边，近距离感受尼斯湖经久不衰的传奇魅力。苏格兰纬度偏北，天黑得晚，虽然已经是下午 6 点，但天气却突然变得出奇的好，太阳还高高地挂在天际边。映衬着岸边的群山，尼斯湖平静得如同一面镜子，丝毫看不出湖底还可能藏着传说中的怪兽。

过了尼斯湖，前面就是苏格兰高地唯一的郡府所在地，类似于中国的区政府所在地——印威尼斯（Inverness）。这个小城有一条小河与尼斯湖相连，称为尼斯河，也是尼斯湖往北注入北海的通道。小城的主要建筑，包括大教堂和城堡，都位于尼斯河两岸，站在城堡上，小城的风光尽收眼底。我们当晚就入住在这个小城一家名为 Ardross Glencairn 的家庭旅馆。这家旅馆在一条僻静的小街道上，我们到达时，虽然已近晚上 9 点，但天色依然明亮，因此很好找。老板娘说我们是当天抵达的最后一家房客，其他房间已经全部入住，旅馆门口的招牌上也写上"客满"。从老板娘口中得知，这家旅店的历史也有两百多年了。老板娘热情地把我们迎进屋内，交给我们钥匙之后，就请我们填写一张第二天早餐食品单，同英国很多地方一样，客人根据各自需要选择鸡蛋、香肠、蘑菇、火腿和炸土豆饼。

给我们安排的是一个家庭房，可以住三个人，虽然临街，但因为偏僻，也不嘈杂，加上一天的旅程奔波，晚上睡得非常踏实。

第二天起来，天气转阴，还下起蒙蒙细雨。不过高地的天气，一日三变，阴晴转换也非常快。果不其然，就在我们登上小城的最高点城堡俯瞰全城景色，准备前往下一站——Holm Mills 时，天已开始放晴。Holm Mills 是一个小型购物中心，里面出售有苏格兰特色的商品，如毛衣、威士忌和饼干等。价格倒是不贵，但也没有很高档的东西。既然大老远来一次，总要买些纪念品，结果我和夫人除了一人买了几件带有苏格兰特色的毛衣外，还买了几盒包装上印有高地风光的饼干，准备带回去给同事品尝。第二天的行程相对宽松一些，沿途主要在皮特洛赫里（Pitlochry）和圣安德鲁斯（St Andrews）两个小城停留。皮特洛赫里也是一个很有特点的旅游小镇，除了古朴的街道上布满各种有特色的建筑和商店之外，穿城而过的一条小河上还建有一个水电站。令人印象深刻的是，为了保护自然资源不受破坏，英国人在建设水坝的同时，还在河道两侧修建了一条能够使三文鱼溯流而上的水道，他们称之为"鱼梯"（fish ladder）。在电站接近水坝的下端，建有一个小型的观察室，游客可以透过玻璃看到三文鱼游过不同的水坝台阶，前往上游产卵的景象，着实令人称奇。从皮特洛赫里出来，基本就离开了苏格兰高地，地势开始变得同英格兰地区一样平坦，熟悉的草场和星罗棋布的牛羊代替了路边裸露的怪石和天际线上尚未消融的冰雪。一路向南向东，我们奔向圣安德鲁斯。

圣安德鲁斯邻近北海，地势平坦。人口不到 2 万人，它之所以有名，一是因为圣安德鲁斯大学建立于 14 世纪，是英国历史第三悠久的大学，仅次于牛津和剑桥，而且英国王位第二顺位继承人威廉王子及其夫人凯特王妃就相识并毕业于这所古老的大学。二是因为圣安德鲁斯还是高尔夫球运动的发源地，至今还保持着那块高球正式成为一种运动的老球场。到达圣安德鲁斯也是下午 6 点多钟了，天气突然变得阴沉，还刮起大风。按图索骥，我们先是到老球场看了一下，因为是周末，游人可以下到球场走走，亲身感受数百年前高尔夫球起源时的场景。然后，沿着海边的一条大道，我们依次参观了著名的圣安德鲁斯大学和城堡的废墟。这时太阳又出来了，夕阳的余晖照在城堡废墟红色的碎砖弃瓦上，下边是海浪退潮后露出的黑色礁石，仿佛时间凝固到几个世纪前，圣安德鲁斯作为苏格兰文化宗教的发源地之一忧郁高贵地伫立在风大浪急的北海之边。告别圣安德鲁斯，我们一路往南回到爱丁堡，这将是我们在苏格兰停留的最后一站。

在爱丁堡，我们入住的是一家爱德华时代老房子改建的旅馆，位置大约在机场和市中心的中间，这样往来方便一些，价格也比住在市中心便宜，而且安静。第二天早上，我们用完早餐，收拾完毕，直接开车去女王在爱丁堡的行宫荷里路德宫。因为时间比较紧，我们没有进皇宫参观，而是就近停好车，准备先登上旁边名为"Arthur's Seat"的一座小山，从上眺望爱丁堡全城，然后沿着城内的一条主要街道"王子街"，步行前往城堡。爱丁堡的主要景点其实就分布在这条街的两侧。登山之前，我看见一部分游人选择从一条看上去更陡且未整理的小路往上攀爬，而另一部分人则选择一条铺了碎石的稍宽一些的路走，就问路边看起来像公园管理人员的人，哪条路短一些，更好走一些。结果，那位老兄一定是一个东欧人，英文不太灵光，给我指的路实际上更难走。夫人和女儿早早就临阵退缩了，我还是努力爬了上去，山顶风景固然很美，但下山时感觉膝盖很吃力。

下山之后，我们随大部分游人沿着王子街前行，一直走到城堡附近。从下面的皇宫到城堡，路程大约 1.6 英里，因此这条路也被称为"Royal Mile"，翻译过来应该叫"御道"，也就是女王或其他皇族到爱丁堡时往返皇宫和城堡之间的道路。相比英国的其他城市，爱丁堡的建筑别有风味，与法国和德国等欧洲大陆国家的建筑很类似，而且爱丁堡城建立在火山岩之上，地势高低不平，使城市街道和建筑的布局更显多样化。在接近城堡的时候，突然下起大雨，游人纷纷走进一家卖纪念品的小店避雨。老板倒也热情，只是提醒大家不要堵住门口，怕影响安全。小店卖的纪念品看样子大部分都来自中国义乌，但价格可不是义乌的水平了，一只用来喝威士忌的小酒杯，价格是 2 镑多，合 20 多元人民币，但在义乌这只小玻璃杯可能不超过 1 块钱。

离开爱丁堡，时间还早，我又带夫人和孩子在前往机场的路上顺便参观了苏格兰皇家银行的总部。因为前几天我刚在这里开会，还保留着会议铭牌，因此保安在经过核对后还是非常友好地允许我们在里面参观。苏格兰皇家银行现在成了国有银行，其 82% 的股份还在政府手中，总部占地非常大，周边的环境草坪修理得非常精致，而且大楼设计也很有特点，非常像一家大型博物馆。稍作停留之后，我们直接去机场，赶在 5 点钟之前把车还给车行。还车的手续也很简单，有工作人员过来检查一下车辆状况，问一下这次租车的体验，确认车辆没有问题就可以了。

除了在路上以观景为主的三天外，我们这次苏格兰之行也有机会体会当地的民俗和文化。夫人和女儿 5 月 23 日抵达爱丁堡的当天，我们入住的酒店正好有一场苏格兰人举行的婚礼。男人们都穿着格子呢的苏格兰裙子，新娘和伴娘也穿着苏格兰传统服装。更有意思的是，他们在吃过婚宴之后，还在一个大厅里举行庆祝舞会，热情地邀请作为旁观者的我们参加，结果夫人和女儿很愉快地加入，也欢快地跳起了他们的民族舞。另外，在苏格兰皇家银行开会的几天时间里，会议方也组织大家在研讨会间隙参加苏格兰民间经常举行的各种高地游戏活动，如吹风笛、扔木头和推石块等。特别有意思的是，会议的一场晚宴是在女王的私人游艇"大不列颠"号上举行的，除此之外，会议还邀请了荷兰球星古利特作为特别嘉宾出席，组织了一场别开生面的品尝苏格兰威士忌和奶酪的活动，长了不少见识。

短短三天的苏格兰之行，我们见证了苏格兰壮美的自然风光和丰富的人文遗产。如果即将到来的 9 月公投，苏格兰人民决意选择走独立的道路，对英国来说当然是坏事，如此则大不列颠本岛仅剩英格兰和威尔士，而苏格兰将成为一个独立国家，以自己独特的精神文化加入更加多样化的世界大家庭。

凑巧的是，那天晚宴上我和古利特坐在一起，我记得我问了他对即将举行的巴西世界杯的结果预测。他也问了我一个很有趣的问题：中国有 13 亿人，怎么可能无法从 1 亿人里面产生一位合格的足球运动员？

玫瑰之国保加利亚

2014 年 6 月 6 日，保加利亚央行借庆祝该行成立 135 周年之际，举办了"中央银行与银行监管改革"国际研讨会，并作为东道主，承办了第 31 届中亚、黑海及巴尔干地区中央银行俱乐部会议，来自全球 40 多家中央银行以及国际货币基金组织、世界银行、欧洲复兴开发银行和国际清算银行的代表参会。根据国内指示，我应邀代表中国人民银行参会，并在会议间隙，有机会感受了这个巴尔干半岛上历史悠久的美丽国家所经历的沧海桑田。

研讨会开幕式上，年轻而资历很老的保加利亚中央银行行长伊万·伊斯卡诺夫（Ivan Iskrov）首先致辞，他对保加利亚央行成立以来的历史进行了简要回顾，并介绍其现状。伊斯卡诺夫称，从成为欧央行体系的正式成员以来，保加利亚央行努力积累经验与知识，赢得了良好声誉。他在致辞中重申了保加利亚加入欧元区的决心，认为这一目标与保加利亚的地缘政治利益完全契合。加入欧元区不应成为政治争论的议题，而应该成为不断推动保加利亚经济改革，增强国家竞争力的有效动力。在接下来的主旨演讲中，他指出，金融危机对原有的货币政策、微观审慎政策和宏观审慎政策理念形成了巨大冲击，导致了全球银行业监管的深刻变革。他认为任何良性的金融制度一定来自对之前金融危机的总结，而保加利亚也是一样。从中央计划经济转轨之后，在 20 世纪 90 年代中期，保加利亚经历了严重的经济危机，这促使保加利亚在 1997 年将独立的货币政策框架改为货币局制度。保加利亚央行还拥有银行业的监管职能，并执行非常保守的监管标准。根据测算，任何一家保加利亚商业银行陷入困境，都不需要通过纳税人或者央行的资金来加以救助。从执行的监管标准来看，新的《巴塞尔协议》较现行的保加利亚银行监管标准更为宽松。此外，伊斯卡诺夫还强调，从 20 世纪 90 年代经济危机之后，对于保加利亚而言，审慎的财政政策已经成为金融稳定政策的一个组成部分。这也是为什么在此轮国际金融危机中，保加利亚受影响较小，并很快走出危机的原因之一。

第二位受邀的主旨演讲嘉宾是国际清算银行行长卡鲁阿纳（Jaime Caruana）。他在担任现职之前是国际货币基金组织资本市场部的主任，此外也曾担任西班牙中央银行行长，从业经验丰富，他就中央银行的核心职能与金融稳定的关系主要发表了以下观点。

一是金融稳定和物价稳定是同一种公共产品的两个方面。两者都与货币和信贷有关，如果其中一方面失稳，那么另一方面也有可能失稳。但是，单有物价稳定无法保证金融稳定；利率决定整个经济体杠杆的价格并影响风险定价，从而影响每个人的决策，例如是现在消费还是未来消费、是用本币消费还是用其他外币消费等；改变资本和杠杆的有关规则也会影响风险和杠杆的价格，从而影响经济周期。因此，在很大程度上，货币和金融稳定政策是不可分割的，难以清晰地将工具进行分类，规定哪些只能用于货币稳定，哪些用于金融稳定，货币政策和金融稳定政策需要彼此支持。单独而言，监管政策和审慎政策（包括宏观审慎政策）不足以控制经济上升期出现的过度杠杆行为。一次性加息对风险定价的影响可能较小，但连续加息会对风险行为产生显著影响。

但就目前而言，要使货币政策工具和审慎工具两者形成良好配合的关系还很困难，容易出现政策工具过度使用的情况。如果货币政策被要求承担过多责任，可能会导致工具失效，影响央行的可信度；如果审慎政策被要求做得太多，可能会产生很多难以预测的不良后果和市场扭曲。还有一种可能是，很多本不属于审慎政策的行政措施会借审慎政策之名而被滥用。

二是重新看待宏观审慎政策。此轮金融危机的重要教训之一是应从宏观审慎和系统性两个方面看待金融稳定。然而在危机爆发前，发达经济体往往更忽视系统性风险，而新兴经济体则倾向于从整体的视角来看待金融体系，也更愿意及早采取措施防止风险累积。随着宏观审慎意识增强，很多国家赋予央行明确的维护金融稳定的法定职责，或者是为宏观审慎政策设立了包括央行在内的新的制度框架。在危机前，仅有 2/3 的央行明确承担金融稳定职责，而现在这一比例为 4/5。此外，还有超过 30 家跨部门的宏观审慎协调机制被建立。总体来看，最明显的变化是通过法律授权央行明确职责。自 2009 年以来，国际清算银行发现了 60 起有关明确央行金融稳定职责的法律调整。

三是央行金融稳定职能面临的挑战。尽管越来越多国家的央行开始肩负金融稳定的职责，但具体的制度安排又不尽相同。一些国家和地区的央行长期以来就对金融部门采取系统性管治，兼具货币政策和金融监管职能，如新加坡、泰国和马来西亚。另一些国家和地区是将金融稳定职能赋予一个跨部门的委员会，如欧元区，央行往往充当委员会主席。个别国家和地区将金融稳定的职能赋予金融监管机构而非中央银行，例如瑞典等。这些制度安排上的差异反映了以下事实：金融监管作为宏观审慎政策工具之一，往往由不同的机构执掌；金融监管具有政治敏感性，如果将之赋予央行会导致其远离选举的监督，不利于平衡各方利益。不同的处理方式也反映了央行稳定职能面临的深刻挑战。首先，货币政策权力与金融监管权力越分散，合作的必要性越大也更为复杂。其次，金融稳定要求在具有不确定性的情况下，采取即时而具有政治敏感性的措施，这与我们一般对央行的定位有差别。另外，在泡沫积累时，又似乎需要独立于政治的力量采取有效措施来防范风险，因为这往往在政治上是不受欢迎的。总体来说，将监管权力交给具有更大独立性的央行更具吸引力，这有利于降低出现风险时不作为的惰性。

在研讨会讨论阶段，波兰中央银行行长贝尔卡（Marek Belka）认为，银行的本质就是提供中介服务，并在此过程中评估风险，如果各种风险因素都被对冲，将来银行还有无存在的必要？另外，随着欧洲银行联盟的建立，各国银行自然不能再作为政策工具发挥作用，因为它不能听各国当局的指令。在这样的情况下，银行的风险是否还有那么可怕？就波兰来说，62%的银行股权由外国投资者持有，这些外资银行都参照母行的做法，收紧信贷控制风险，反而是波兰本国的一些小银行在努力学习外国先进经验，为各种消费活动提供信贷，而对实体经济支持不够。希腊央行副行长丹得雷诺称，金融危机过后，希腊的银行数量从过去 12 家通过兼并到现在只有 4 家，银行的集中整合度加深，但提供金融服务的利差扩大了。这可能是对过去利差太低，竞争充分，导致对风险活动积聚的一个纠正，因此这种整合趋势是否对经济发展有利另当别论。德国麦克斯·普兰卡公共产品研究所（Max Planck Institute for Research on Collective Goods）所长霍尔威戈教授（Martin Hellwig）认为，央行物价稳定和金融稳定之间的职责划分应该更加明确。现在央行担心商业银行贷款不够，因此迫使它们减少在央行的存款，以支持实体经济。但如果商业银行是出于金融危机的经验为保持流动性而在央行存款，央行这样做是否反而破坏了金融稳定？因此，在货币政策目标和金融稳定目标问题上，央行最好有清楚的表述，或者有主次之分，而不是笼统地称央行同时关注物价稳定和金融稳定。

对此，卡鲁阿纳认为，物价稳定和金融稳定，一个是短期目标，另一个是长期目标，两者是统一的。在经济增长上升期，如果为了长期的金融稳定，即使牺牲一些经济增长，长期来看也是合适的。

如果物价稳定不存，也很难有金融稳定，货币政策和金融稳定政策要相互支持。2008 年以后，很多央行增加了金融稳定职责，例如马来西亚央行规定有权检查不属于其直接监管的金融机构。美联储作为金融稳定监督委员会成员，在其微观监管权力基础上增加了新的宏观审慎职能。很多金融稳定委员会或类似机构都由财长主持，但央行是重要成员，这种安排反映了金融稳定的政治敏感性和对权力过度集中在央行的担心。银行要发挥中介作用，必须有充足的资本，资本充足的银行一般会提供更多信贷。《巴塞尔协议》制定的相关标准只是最低限度，不是给银行施加压力。巴塞尔银行监管委员会也有很多来自新兴市场的代表，大家的一致看法是过去我们对资本水平，特别是资本质量要求的理解确实不够，本次金融危机虽然主要在发达国家发生，但对所有国家都有启发借鉴意义。

研讨会之后，马上举行了中亚、黑海及巴尔干地区中央银行俱乐部会议。这次会议的议程较短，会议主席保加利亚央行行长伊斯卡诺夫首先宣布全体成员一致同意克罗地亚和斯洛文尼亚两国央行正式加入，成为央行俱乐部成员。随后，会议主要讨论并通过了对俱乐部章程第四条有关"成员行"条款的修改内容，增加了成员行加入该俱乐部的程序细则，包括：（1）希望加入的央行口头或书面提出申请；（2）由担任俱乐部秘书处的土耳其央行征求各成员的意见，达成多数同意；（3）在下次会议上申请加入的成员签署协议，完成加入程序，正式成为成员行。

在自由发言和讨论阶段，部分成员介绍了本国的经济和金融形势。俄罗斯央行行长纳比乌里娜（Elvira Nabiullina）预测俄罗斯2014 年经济增长只有 0.4%。失业率将为 5.3%，也是历史低点。下调经济增长预测主要是受外部因素影响，特别是地缘政治冲突。另外，通货膨胀仍然较高，达到 7.6%，高于前几年的水平，主要原因是卢布汇率贬值造成的冲击。俄罗斯央行为此投入 400 亿美元干预汇率，目前市场已经趋于稳定。对银行进行的压力测试表明金融系统仍然稳健，俄罗斯也有计划开发自己的支付系统，但这需要一个过程。作为大国经济体，我也主要就中国的经济形势和面临的一些挑战进行了介绍。最后，会议根据 2013 年各成员在亚美尼亚会议达成的意向，确认 2014 年秋季会议将于 9 月 11～13 日在摩尔多瓦举行，2015 年春季会议在中国举行。

会议结束的当天晚上，保加利亚中央银行为与会代表准备了丰富多彩的文化活动。首先是在晚上 6 点半在索菲亚市中心的国家大剧院举办歌舞晚会，邀请保加利亚艺术家为大家集中表演了约两个小时的民族舞蹈、民歌以及各种流派的世界其他艺术形式，甚至包括探戈、弗拉明戈舞和意大利歌剧片段。不过演出之后我向出席会议的意大利银行副行长询问意见，她说好像他们的表演不是很到位，西班牙银行国际司司长也称弗拉明戈舞的服装有些不对。我对这些歌舞没有什么深入了解，自然没有什么发言权，不过我觉得他们表演的当地民族歌舞还是非常精彩的，有些形式和曲调非常类似我国云南和贵州地区的少数民族。表演开始之前，保加利亚央行行长特别邀请了该国总统致辞。此外，可能是这次活动的特殊性，我注意到，当晚的观众除了我们这些出席会议的代表，甚至还有保加利亚各行各业的头面人物，包括前国王、大主教、财政部长以及议会领导人。

表演结束之后，已经是晚上 9 点，可是大家都还饿着肚子。这个时间吃晚饭在西方国家并不算晚。实际上，保加利亚央行是专门进行这样安排的，先让大家享用文化大餐，然后专门请大家到央行大楼享用保加利亚民族风味的美食。前面说过，2014 年是保加利亚央行成立 135 周年，由此可知该行历史悠久，据说全世界 180 家中央银行，只有 17 家的历史超过 135 年。保加利亚央行大楼紧邻议会大厦，同总统府也只是隔街相望，在索菲亚已经是很气派的大楼。

虽然历史悠久，但央行大楼曾经在历次世界大战中严重损毁，现在看到的应该是第二次世界大战后重新修理过的。保加利亚央行为了这次活动，投入了很大力量。他们把整个一楼大厅改成了一个临时餐厅，可以同时容纳 500 多人用餐。在细节上，他们也非常讲究，如因为是纪念央行成立的活动，他们除了邀请平时和央行有工作关系的单位派人参加外，还特别邀请了很多退休职工甚至他们的家属。因为人太多，晚餐采取自助的形式，这样大家可以随意走动交谈。我原来对保加利亚的饮食没有任何概念，这次的体会感觉它们和土耳其的饮食有些类似，烧烤的食品比较多。

第二天是周六，保加利亚央行专门租用了几辆大车，分别带大家参观索菲亚的文化名胜，包括历史博物馆、考古博物馆以及索菲亚大教堂等。在中东欧国家中，我们过去一般对匈牙利、捷克和波兰的了解相对多一些。对保加利亚，我除了知道有一位叫季米特洛夫的保加利亚人曾经担任第三国际的总书记之外，就是以斯托依其科夫为代表的保加利亚足球有些名气，其他实在知之甚少。但这一次通过参观保加利亚的博物馆，发现保加利亚无愧是巴尔干半岛上的一颗明珠，其悠久历史已经传承超过 5 000 年。保加利亚的历史博物馆曾经是保加利亚共产党的培训总部，东欧剧变之后，原来的一些党产挪作他用。据管理员介绍，因为历史文物过多，展出的仅仅是非常少的有代表性的物品。但就是通过这些物品就可以看出保加利亚悠久的历史和灿烂的文明。保加利亚历史上曾经是巴尔干半岛最大的国家，国土面积包括罗马尼亚全境，甚至包括意大利北部，一度和拜占庭帝国分庭抗礼。历史博物馆展出的精美文物，特别是黄金首饰，如果不是通过旁边的注解得知已有 4 000 多年历史，其精美程度甚至不输现代制品。管理员特别展示的一件黄金项链，其细致程度据说需要用显微镜才能制作，可是 4 000 年前显然还没有这样精细的器具，因此如何制成这样的项链至今还是一个谜。除了对这些文物的精美制式印象深刻之外，其保存状态历经千年而如此完好也是不可思议之处。在我的印象中，中国的一些古代文物，如果历史超过 3 000 年，金属物件大多锈迹斑斑，有些还损毁腐蚀严重，但这里看到的同样历史的文物大多品相完好。问过才知道，这同当地的气候和埋藏文物的土壤很有关系。据说保加利亚东部历史上曾经被黑海淹没，黑海是内海，海水含盐度较低，对文物的腐蚀性不大。

悠久的历史有时也包含酸楚。保加利亚虽然曾经辉煌过，但也先后被拜占庭和古罗马帝国以及之后的奥斯曼帝国所占领和瓜分，国土面积不断缩小，直到大约 11 世纪初最终成为一个相对独立的国家。20 世纪五六十年代，保加利亚的生活水准一度在社会主义国家阵营中处于领先地位，但随着东欧剧变，生活水准大幅下滑，直到 21 世纪初才基本恢复。目前，保加利亚人口约 700 万人，大约 120 万人生活在首都索菲亚。由于保加利亚已经加入欧盟，而同欧盟主要国家的生活水平相比，保加利亚的经济严重落后，因此每年都有大批保加利亚人移民到其他欧盟国家，造成人才流失和人口危机。在参加这次会议的代表中，有一位是卢森堡中央银行的秘书长，他对我说卢森堡中央银行就有几位保加利亚籍员工，他们工作非常努力，基本素质也好，付给他们的工资却不算高。对欧盟发达国家来说，只要付出一般水平的工资就能招聘到一流的来自诸如保加利亚这些国家的技术人员。

这次到保加利亚，因为时间的关系，未能一睹该国久负盛名的玫瑰山谷。每年的 6 月第一个周末，是该国的玫瑰节。因为气候的关系，保加利亚盛产玫瑰，其制造的玫瑰精油更是享誉世界。玫瑰因为迷人的芳香而被人称道喜爱，保加利亚这个盛产玫瑰的国度，就像陈年老酒，日久弥香。

伦敦离岸人民币中心建设跨上新台阶

伦敦当地时间 2014 年 6 月 17 日，在英中贸易协会和其他友好团体共同举办的欢迎晚宴上，在古老的伦敦自然历史博物馆，李克强总理在英国财政大臣奥斯本以及出席晚宴的大约 500 多名嘉宾的见证下，宣布中国建设银行伦敦子行成为伦敦人民币业务清算行。6 月 18 日，在中英金融高层论坛上，两国主管部门宣布授权各自相关机构开展英镑兑人民币的直接交易。这些重要举措对发展中英两国双边经济和金融合作，特别是助推伦敦乃至欧洲地区离岸人民币业务发展无疑具有里程碑式的意义。

尽管过去几十年来，随着中国经济的快速发展，综合国力不断提升，人民币在国际上的地位大幅改善，但由于人民币毕竟不是可兑换货币，加上我国国内在利率、汇率和金融市场的改革和发展方面还有一些需要克服的障碍，人民币在国际上的接受程度有限。根本的改变来自 2008 年底爆发的国际金融危机。国际金融危机爆发后，由于流动性紧缺加上美元汇率的大幅波动，中国的一些周边国家，包括韩国和马来西亚等，提出用本币结算与中国的双边贸易，这样一方面可以解决贸易融资的流动性枯竭问题，也可以帮助企业降低汇率风险。中国随之开始同这些国家谈判磋商，并签订双边本币互换协议。直至今日，与中国签订双边互换协议的国家和地区已经超过 20 个，交易金额达 2.6 万亿元人民币。与此同时，人民银行会同国内相关主管部门，发布了一系列支持人民币跨境使用的政策，推动人民币的跨境双向流动。

　　跨境人民币业务的快速发展催生了对支持相关业务的基础设施的需求。2010年7月19日，人民银行与中银香港签订了新的人民币清算协议①，进一步推动人民币的跨境使用和香港离岸人民币业务平台的发展。此后，人民银行先后在2012年9月24日与中银澳门签订人民币业务清算协议，2013年1月28日授权中国银行台北分行作为台湾地区人民币业务清算行，2013年2月8日授权中国工商银行新加坡分行为当地人民币业务清算行；2014年6月17日宣布中国建设银行伦敦子行为当地人民币业务清算行，并在第二天授权中国银行法兰克福分行成为德国人民币业务清算行②。

　　从上述人民币业务清算行的建设路径可以看出，人民币跨境使用基本遵循的是一条从周边地区向欧美发达市场扩散的策略。这种策略的选择一方面是因为周边国家和地区与中国的经济联系更为密切，另一方面是因为发达市场对人民币的接受有个循序渐进的过程。在欧美发达国家的金融中心中，伦敦无疑具有举足轻重的地位，因此伦敦人民币离岸中心的建设和发展对人民币的跨境使用，以及人民币最终能否成为被市场广为接受的投资和储备货币，具有重要的战略意义。从英国方面来说，源于美国的次贷危机和欧债危机爆发之后，伦敦金融城受到重创，而金融服务业在英国经济中占有重要地位，因此保持伦敦金融城的全球竞争优势和发展活力成为英国政府的一项优先战略。此外，中国经济的快速崛起和人民币在国际经济中更广泛的使用被英国视为伦敦金融城创新发展可依赖的一个历史机遇，伦敦欲利用其发展欧洲美元市场的经验来推动人民币业务的发展，从而保持金融城在全球金融中心竞争中的领先优势。可以

---

　　① 原有协议是在2003年12月24日签署，当时主要针对的是中国香港地区个人人民币业务的清算安排。

　　② 2014年6月28日，人民银行宣布分别与法兰西银行和卢森堡中央银行签订合作备忘录，计划在不久的将来确定巴黎和卢森堡的人民币业务清算行。

说，中英两国在建设伦敦人民币离岸中心这个问题上达成高度共识。

基于上述共识，2011 年 9 月，时任国务院副总理王岐山率团访问英国，参加首轮中英财经对话。对话达成的成果之一就是中英双方支持私营部门发展伦敦人民币离岸业务。2012 年 4 月 18 日，在英国财政部的支持下，成立了由伦敦金融城、财政部、英格兰银行及主要商业银行共同参与的伦敦离岸人民币中心建设指导委员会，专家顾问组以及市场、产品与服务工作组，清算与基础设施工作组和市场营销与教育工作组，全方位推动伦敦人民币离岸业务发展的各项工作。指导委员会、专家顾问组及三个工作小组的职责是从市场和政府的角度为伦敦离岸人民币离岸中心的发展提供战略性建议，从技术、基础设施、监管等方面推动伦敦为人民币离岸市场发展提供更广阔的市场；就提升伦敦发展人民币交易、清算和结算等业务的能力向英国财政部及英格兰银行提出建议；作为官方对话的补充，代表本地市场与中国香港地区和中国内地保持适当的对话和沟通；就伦敦人民币离岸市场发展提出实际可行的近期措施及长期目标。上述机构的成员构成也非常有代表性，指导委员会主席由伦敦金融城的政策负责人担任，巴克莱银行、花旗银行、澳新银行、德意志银行、汇丰银行、摩根大通银行、苏格兰皇家银行、渣打银行及中国银行、中国工商银行、中国建设银行、交通银行和中国农业银行的伦敦子行等分别指定成员参加①。专家顾问组主席由渣打银行及汇丰银行的有关业务专家共同担任，巴克莱银行、德意志银行及中国银行、中国工商银行、中国建设银行、交通银行和中国农业银行伦敦子行分别指派人员参加。英国财政部、英格兰银行和金融行为监管局派人担任指导委员会和专家顾问组的观察员。上述委员会和工作小组定期举行会议，交流业界看法并作为媒介向中英两国主管部

---

① 工作组机构成员后来有调整，原来仅有中国银行一家中资机构参加，后来吸收了其他的中国主要银行机构。

门反映市场对发展伦敦人民币业务的各项建议。

虽然高层已经达成共识，但具体到执行层面也不意味着凡事一帆风顺。伦敦人民币业务的持续发展，首先需要充足的流动性保证。解决这个问题的渠道之一就是由两国央行签订本币互换协议。由于人民币不是完全可兑换货币，英格兰银行无法将其认作外汇储备，另外，由于英国财政部和中国香港金融管理局签订了相关合作协议，必要时伦敦可以从香港渠道获得人民币流动性支持，因此英格兰银行一开始在签署两国本币互换协议上的积极性不高，加上英格兰银行相对独立的地位，尽管英国财政部对签署这项协议态度积极，相关工作一直进展缓慢。而正是由于上述指导委员会和工作组的大力推动，英格兰银行最终转变了态度，克服技术上的障碍，于 2013 年 6 月 22 日正式签署规模为 2 000 亿元人民币的中英两国本币互换协议。协议的签署具有重大的理论和现实意义，不但为伦敦人民币业务的持续发展注入强大动力，也标志着人民币首次被西方七国集团成员接纳，极大地提升了人民币的国际地位。

本币互换协议签署之后，伦敦人民币业务发展面临的又一个重要课题就是伦敦是否像中国香港、新加坡一样需要一家清算行。在这个问题上，中资银行和汇丰银行、渣打银行这样在中国有广泛业务的金融机构认为很有必要，英国财政部也一如既往地表示支持，但英格兰银行仍有顾虑，认为现有渠道①已经可以保证伦敦的人民币业务享有清算服务。英格兰银行的顾虑除了担心一旦人民银行早先宣布的跨境人民币支付系统（CIPS）建成之后，各地建立的清算行功能会大大削弱，另外就是在伦敦的非英镑货币清算比例很小，在这方面缺乏监管经验。但业界的普遍看法是，依赖中国香港的清算渠道会增加人民币业务的交易成本，也不利于伦敦建设成为西方主

---

① 即现有清算行渠道，代理行模式和非居民在中国开设的人民币账户。

要的离岸人民币业务中心，特别是外汇交易中心。就在英国踌躇不前之际，德国和法国在发展本地人民币业务方面表现出很高的积极性。除了欧央行在 2013 年 10 月 9 日与人民银行签署规模高达 3 500 亿元人民币的本币互换协议之外，德国和法国政府都分别表示欢迎在法兰克福和巴黎建立人民币清算行。因此，除了本地市场高涨的呼声外，英国也感觉到来自欧洲同行的竞争压力，内部迅速统一了立场。2014 年 2 月在悉尼举行的二十国集团财长和央行行长会议上，英格兰银行行长卡尼和负责金融稳定的副行长坎立夫分别会见了人民银行行长周小川和副行长胡晓炼，就伦敦建立人民币业务清算机制之事达成了共识。2014 年 3 月 31 日，胡晓炼副行长专程访问英国，与英格兰银行签订关于建立人民币业务清算安排的谅解备忘录。

不可否认，伦敦人民币离岸中心建设的各项重大政策发展其根本前提还是中英双边关系的实质改善。自 2012 年 5 月英国首相卡梅伦不顾中方一再反对，高调会见达赖后，中英双边关系急转直下，两国高层交往包括重大经济金融合作完全被冻结。这种情况一直持续到 2013 年 10 月英国财政大臣奥斯本访华，双边关系才逐渐恢复。随后，英国首相卡梅伦在 2013 年底对中国进行访问，推动双边关系迅速升温，而中英两国有关伦敦人民币业务清算安排的谅解备忘录正是在这些访问之后迅速达成的。当然，正如周小川行长在中英金融论坛上所讲，人民币的跨境使用本质上还是一个市场驱动的过程，政府部门的作用就是顺应市场需求，消除不必要的政策壁垒并提供必要的基础设施。伦敦人民币离岸中心的建设无疑体现了这一指导思想。

根据伦敦金融城 2014 年 6 月发布的最新一期《伦敦人民币业务发展报告》，2013 年人民币贸易融资达到 430 亿元，比 2012 年增长 10%。在伦敦最具竞争力的外汇交易方面，可交割人民币产品交易量比 2012 年大幅增长 140%，日均交易量达到创纪录的 187 亿美元。

可交割产品交易量的强劲增长反映伦敦离岸市场流动性的增加导致人民币交割和定价的便利性得到改善，伦敦已经成为除中国内地和香港地区外全球最重要的人民币外汇交易中心，交易量占全球（不包括中国内地与香港）份额的46%。在目前全球人民币跨境支付中，香港因为和内地特殊的关系仍然占到53%的市场份额，但包括伦敦在内的其他离岸中心也正在利用各自具有的优势迎头赶上。伦敦作为全球最重要的金融中心之一，在发展人民币市场方面拥有得天独厚的条件。英国经济高度开放，中英双边直接投资在欧洲国家中排名前列，伦敦是全球最重要的外汇和债券交易中心，金融机构密集，法律制度完善，人才储备充足，地理位置便利，此外伦敦在发展欧洲美元市场方面有丰富的风险管理经验可以借鉴。2013年全球商品和服务贸易总量约为23万亿美元[①]，但国际清算银行的数据显示全球外汇交易量日均达到5.3万亿美元。不难预测，随着人民币的跨境使用从贸易计价和支付手段逐步向投资工具和储备货币延伸，伦敦在提升人民币国际化进程中的作用必将更加凸显。

---

① 数据来自世界贸易组织，2014年4月14日。

伦敦人民币清算花落建行

2014年6月17日，当李克强总理在伦敦自然历史博物馆在英国财政大臣奥斯本和全场近500名嘉宾的见证下宣布中国建设银行成为伦敦人民币业务清算行时，当时在场的中国建设银行董事长王洪章心中的一块石头才落了地。

自从英格兰银行在本地市场不断高涨的呼声和来自欧洲其他金融中心的压力下转变立场，同意在伦敦确定一家人民币业务的清算行以来，各家机构（包括英资银行）就开始使出浑身解数，争夺欧洲主要金融中心首家清算行的地位。虽然英资的汇丰银行和渣打银行在亚洲地区（特别是在中国内地和香港地区）拥有庞大的业务网络，希望能够参与竞争，但事实上它们也明白，伦敦清算可能还是由中资机构担任。在伦敦有营业机构的中资银行中，中国银行的历史最为悠久，2014年已经是该行在伦敦经营的第85年。在李克强总理访英期间，中国银行还特地举办了庆祝酒会，周小川行长也利用会议间隙，特地在时任中国银行董事长田国立先生的陪同下，到中国银行伦敦分行参观考察各项业务。经过多年的经营，中国银行在伦敦的业务规模不断壮大，2013年员工总数达到400多人，净利润也超过1亿英镑。另外，在伦敦人民币业务初创期间，中国银行作为主要发起人和其他中外金融机构一道成立了"伦敦人民币离岸中心建设"专家小组，代表市场和英国主管部门就相关政策和市场发展问题进行沟通，可以说是伦敦人民币业务发展的主要推手之一。因此，无论从业务规模还是市场声誉来讲，中国银行均被认为是伦敦人民币业务清算行的最有力竞争者。

相比中国银行，其他进入英国市场的中资银行历史相对较短，这当然同中国整体的金融改革开放和国际化进程有关。尽管其他几家主要商业银行在伦敦设立代表机构的时间也不短，但因为各种原因它们申请分行的努力一直没有什么进展，直到前几年才陆续改为申请子行牌照，这样才有了营业机构。这里需要说明一下子行和分行的区别。对银行来说，分行牌照当然最有利，因为分行受母国监管，资本金约束不大，可以最大限度地拓展业务，而子行是作为当地的法人机构注册，受驻在国监管，在开展业务方面面临诸多约束，但这种安排无疑对当地主管部门有利，便于监管。截至 2014 年 6 月，中国工商银行、中国农业银行、中国建设银行和交通银行均在伦敦设有子行，而招商银行一直希望有机会设立分行，没有申请子行牌照，因此和后来的上海浦东发展银行一样只是设有代表处。因为这样的历史原因，同中国银行相比，无论是工商银行还是建设银行、农业银行和交通银行，在伦敦的业务规模都要小很多。

但问题是，清算行的确定不是完全依据在本地的业务规模大小，人民银行在考虑清算行的遴选时需要关注一系列因素，包括清算所的全球布局、金融基础设施安全，以及兼顾当地金融主管部门的意见等。在中国的金融机构中，中国银行的国际化程度目前无疑是最高的，因此从 2009 年开展人民币跨境业务试点以来，中国银行一直是这项具有重要战略的一个主要市场支点，这也是人民银行陆续把中银香港、中银澳门以及中国银行台北分行指定为当地人民币业务清算行的主要原因。随着全球人民币业务的不断发展壮大，基于前面提到的原因，人民银行在 2013 年确定中国工商银行新加坡分行为当地人民币清算行，这已经给市场发出信号，人民币清算行的确定是有全局考虑的，不会仅仅由一家银行承担。

在这个背景下，建设银行把争取伦敦人民币业务清算行提到了战略高度。王洪章董事长自履新建设银行之后，三次访问伦敦，与包括英国财政部、英格兰银行和主要金融机构广泛接触，宣传建设银行并争取英国金融界的支持。在国内，建设银行也与人民银行主管相关业务的货币政策二司保持密切沟通，了解两国政府部门在这个问题上的合作进展。确定一家人民币清算行的具体程序是：由当地主管机构提出要求，人民银行根据这种要求遴选合适的机构并报国务院批准后授权确认。因为英格兰银行最初在伦敦是否要设立人民币清算行这个问题上有顾虑，一度不是很积极，因此在 2013 年 10 月建设银行董事长王洪章访问英国时，他借机拜会了英格兰银行行长马克·卡尼，表达建设银行争办伦敦人民币业务清算行的决心。这次会见事后证明对推动伦敦设立人民币清算行具有重要作用。随着中英两国主管部门在设立清算行问题上取得共识，建设银行加快了相关的准备工作，包括升级相应的计算机系统、给伦敦子行进行人民币增资、购买新的办公大楼以及内部确定把伦敦子行作为全行系统的海外人民币业务清算中心等。2014 年 3 月 31 日，人民银行副行长胡晓炼专程访问英国，与英格兰银行主管金融稳定的副行长约翰·坎立夫共同签署关于在伦敦建立人民币业务清算安排的谅解备忘录，相关工作正式进入"快车道"。在胡晓炼副行长访英期间，曾专门召集在伦敦的主要中资银行开会，了解当地人民币业务的开展情况，同时也考察各家行在争取担任伦敦人民币业务清算行方面的准备工作。从这次会议上可以看出，竞争主要在中国银行和中国建设银行两家机构之间进行，其他银行的准备工作相对滞后。中国银行主要从营运历史、业务规模和市场声誉以及国际经验等方面介绍了自己的优势，而中国建设银行侧重解释了其依托国内总行支持在各方面做的大量准备工作。中国建设银行的思路是，既然同中国银行的全球网络相比，自己不具备竞争优势，但如果把全部海外机构的力量集中起来支持伦敦一地，就有一定的成功把握。

就人民银行来说，遴选清算行应该是一个公开透明的过程，需要各家有此意愿的银行公开竞标，最后应选出一个综合各方面的优胜者。中国银行和中国建设银行表面看起来实力不相上下，中国银行的优势是其全球网络和国际经验，但从另外一个方面来说这也是它的短处，因为它战线拉得长，无法把所有力量都集中到伦敦。中国建设银行考虑到伦敦的国际金融中心地位，早就定下扬长避短、集中所有力量主攻伦敦的策略，因此在这一点上反而具备了竞争优势。

总之，中国建设银行各方面的努力终于没有白费，中国建设银行伦敦子行最终成为伦敦人民币业务清算行！

塞尔维亚沧桑远，摩尔多瓦佳酿甜

2014年9月8～13日，我有幸陪同行领导到东欧两个对比鲜明的国家塞尔维亚和摩尔多瓦访问，通过与两国中央银行和相关宏观经济部门座谈，了解到中东欧国家在经济转轨方面面临的各种挑战，也见识了巴尔干地区人民勤劳勇敢、热情好客的精神风貌。

塞尔维亚是过去南斯拉夫联盟的主要成员国。东欧剧变之后，南斯拉夫联盟各成员国相继独立，仅剩塞尔维亚作为联盟的主体和科索沃独立存在，后来因为民族矛盾，科索沃也寻求独立，遭到塞尔维亚拒绝。但在北约的武力干预下，科索沃变成受托管的高度自治区域。尽管如此，科索沃的独立地位一直没有得到塞尔维亚的承认。我们是受到塞尔维亚国民银行行长塔巴科维奇女士（Jorgovanka Tabakovic）的邀请访问贝尔格莱德的。塔巴科维奇行长生于1960年，曾经担任塞尔维亚国会金融委员会主席，并曾两次访问过中国，对中国和中国人民怀有美好的感情。她和她的同事为我们的访问做了精心安排。本来在访问日程中，还安排了与塞尔维亚总理和财政部长的会见，但不巧的是，这两天该国总理和财政部长正好在中国访问。为了突出访问成果，塞尔维亚国民银行安排行领导接受了该国第一大报《政治报》和塞尔维亚电视一台的专访，就中塞两国经济金融合作前景以及中国在管理宏观经济方面的经验和挑战等做了全面介绍。此外，塞尔维亚国民银行全体高层管理人员陪同中国代表团访问一天，从早上参加大范围会谈一直到晚上在一家名为"三顶帽子"的民族特色餐厅宴请中国客人。在与中国代表团的会谈中，塔巴科维奇行长常说的一句话就是，中国人民是塞尔维亚真正的朋友，无论是在过去的南斯拉夫时代，还是现在，中国始终给予塞尔维亚人民宝贵的支持。

随着中国经济的崛起和国际地位的提升，塞尔维亚从高层政府工作人员到普通老百姓对中国的好奇心日盛。这次为我们代表团提供翻译服务的一位先生原来在南斯拉夫驻中国大使馆工作，能够说流利的汉语。他说在20世纪80年代初，他们还接待过很多来学习南斯拉夫的经济改革经验的中国代表团。塞尔维亚国民银行国际司司长米兰·加西奇先生也说，他多年前刚到央行工作接待的第一个代表团就是时任中国人民银行行长吕培俭率领的考察团。时过境迁，中国已经从学生变成了老师，在很多方面可以给塞尔维亚介绍改革的经验了。实际上，为了充分利用这次人民银行领导到访，除了安排接受电视和报纸采访外，塞尔维亚国民银行还安排人民银行领导为塞央行员工做了一次学术讲座，有500多人出席。领导从多方面介绍了中国金融系统在发展经济方面发挥的作用，包括中央银行的宏观经济调控、国家开发银行为基础设施建设提供的长期融资、国有银行的商业化改革历程，特别是对不良资产的处置等。此外，由于当下俄罗斯因为乌克兰问题面临美欧的制裁威胁，一些听众也对中国建设自己的金融基础设施感兴趣，人民银行领导为此专门介绍了中国银联的情况。

早在20世纪50年代，南斯拉夫的人均收入曾经高于意大利，当时南斯拉夫在欧洲是富裕国家，人们安居乐业，每年大家还可以出国旅游。即使到了80年代，据说一名大学生还可以凭借暑期打工的收入出国旅游，但后来南斯拉夫先后经历政治动荡、战争和制裁，经济一落千丈，恶性通货膨胀严重降低了人们的生活水平[①]。加西奇

---

① 塞尔维亚目前人均收入大约与中国相当，其他社会发展目标，包括人均寿命、受教育程度等也同中国类似。

先生说，当时人们领到工资后必须马上去商店买东西，否则可能一天后根本买不到东西。在贝尔格莱德大学中文系任教的一位华人教授也有同样的感受。她于 20 世纪 80 年代末到南斯拉夫，当时中国的生活水准和南斯拉夫的根本不在一个层次上。她甚至认为，造成现在的局面除了战争和制裁外，南斯拉夫以及后来的塞尔维亚实行所谓的多党政治体制也是原因之一，因为这些政党执政之前大多没有多少经验，而且在选举政治中，大家轮番上台，无法制定和执行长期的经济政策，更要命的是这些政客都非常腐败。如果是一党政治，当政的官员腐败之后，还能干些实事，而多党制下出现的官员腐败只会关注眼下的既得利益。

包括塞尔维亚在内的这些原南斯拉夫国家都有意加入欧盟甚至欧元区来促进国家经济发展，实际上斯洛文尼亚已经加入欧元区，但因为科索沃问题，塞尔维亚在加入欧盟的问题上一直进展不大。如果能够加入欧盟，欧盟每年对落后成员国的补贴会是塞尔维亚一笔重要的收入来源，塞尔维亚的农产品也会有更加广阔的市场①。在这种情况下，塞尔维亚政府寻求加深同中国的经济金融合作也不失为明智之举。除了工作之外，塞尔维亚央行也抽空安排了一些文化活动。总体感觉塞尔维亚的旅游资源还是很丰富的，但因为经济困难，很多教堂、博物馆和历史建筑缺乏维修经费，给人以沧桑破败之感。同塞尔维亚人接触还是非常愉悦的，他们的国民性格比较重感情和义气，塞尔维亚人也勇敢善战。第一次世界大战的导火索就是塞尔维亚青年在萨拉热窝刺杀奥匈帝国皇储引起的，据说现在在乌克兰冲突中，就有很多塞尔维亚人参战。这种民族性格也影响了东欧乃至整个欧洲地区的地缘政治，塞尔维亚即使经济非常困难，也坚守不承认科索沃独立的底线。即使很多小国从塞尔维亚独立，

---

① 塞尔维亚的农产品非常丰富，是欧洲主要产粮区，另外水果、葡萄酒和蜂蜜也非常有名。

塞尔维亚仍然有超过 1 000 万人口，无论在政治、经济还是安全议题上，其在中东欧地区都具有举足轻重的地位，发展与塞尔维亚的友好合作关系也符合中国的战略。就在我们离开贝尔格莱德之际，前来机场送行的使馆官员告诉我们，正在北京访问的塞尔维亚总理已经在和李克强总理的会见中达成一项协议，2014 年中国与中东欧国家政府领导人峰会将在 12 月于贝尔格莱德举行。

告别塞尔维亚，我们经罗马尼亚首都布加勒斯特转机前往摩尔多瓦首都基希讷乌。相比塞尔维亚，摩尔多瓦全国有 300 多万人口，是东欧地区最小的国家之一。这次到摩尔多瓦主要是为出席在此举行的第 32 届中亚、黑海及巴尔干地区中央银行俱乐部会议。历史上摩尔多瓦就是从罗马尼亚独立出来的，摩尔多瓦讲的也是罗马尼亚语，因此飞行旅程很短。到达基希讷乌国际机场，摩尔多瓦国民银行负责接待中国代表团的阿丽娜小姐早已等候在此，她热情地为我们提供机场礼遇并陪同我们去酒店。当晚摩尔多瓦国民银行举行欢迎招待会，我们因为有事要办，没有参加，反而有机会去看看街景并品尝当地的民族风味。就在我们完成手头工作，准备到酒店外找餐馆吃饭时，发生了一件有趣的事，这件事非常能够体现当地的民风淳朴，人民友善好客。出酒店的时候，我们向前台打听到周边有一家民族风味的餐馆。酒店告诉我们只有五分钟路程，可是我们走了不少路还是没有找到，就随便向路过的一个学生模样的女孩问路，她通过手机查询告诉我们还要过三条马路，这样我们就接着往前走，大约又过了不少时候，这个小女孩追上我们，说之前提供的信息有误，实际上要过四条马路。望着小姑娘在摩尔多瓦初秋夜里的黑亮眼睛，我和同事们真是有种莫名的感动。

第二天的会议同以往一样，上午安排了一个专题讨论，邀请国际货币基金组织欧洲部的一位主管就国际金融危机对东欧及部分中亚转轨国家的溢出效应进行了分析，捷克国民银行行长辛格（Miroslav Singer）、罗马尼亚央行行长伊萨雷斯库（Mugur Isarescu）作了讨论发言。下午安排的主要是国别经济情况介绍，人民银行领导在这个环节就中国的金融改革和人民币跨境使用情况作了发言。下午会议结束后，阿丽娜小姐专门陪同我们在基希讷乌市中心转了转。总体感觉，城市道路和行驶的车辆比较破旧，公共汽车非常像20世纪90年代初人民银行给职工安排的班车，城市规模也很小，不过据说还有不少名人在这里工作过。在苏联时期，勃列日涅夫就曾经担任过摩尔多瓦州的书记，1820—1823年，俄罗斯著名诗人普希金因被亚历山大一世流放而在基希讷乌居住3年，在这里留下了上百篇抒情诗。晚上，会议举办方摩尔多瓦国民银行在离基希讷乌大约60公里的一个偏僻乡村举办了晚宴。记得路上还经过据称是摩尔多瓦"大峡谷"的地方，沿途看见摩尔多瓦农村的大部分房屋比较破旧，但也有一些较新的建筑，听来自塔吉克斯坦的朋友说这些新房子是摩尔多瓦精壮劳力用在俄罗斯和罗马尼亚打工汇回的资金盖的。餐馆倒是非常有特色，摩尔多瓦国民银行还安排了当地的民族歌舞表演，在宴会进行的过程中演员不时过来请大家一起跳舞，气氛相当热闹。坐在我旁边的波黑央行副行长是一位女士，她看见我们中国同事比较含蓄，就积极鼓动我们也参与其中，并说如果他们邀请你跳舞而你不配合，就不符合这边的礼仪。这样一说，我们也只好硬着头皮参加，凌乱的舞步不知道是因为舞技太差，还是各种饮料喝得太多感觉头重脚轻导致的。

摩尔多瓦经济在欧洲属于严重落后水平，但这个地方因为独特的地理位置盛产各种美味葡萄酒，据说在苏联时期摩尔多瓦就供应了全国五分之一以上的葡萄酒。既然葡萄酒是这里的名产，摩尔多瓦国民银行自然把最好的产品展示给这些远道而来的客人。9月13日是星期六，在简单参观基希讷乌市中心的国家历史博物馆后，好客的主人安排全体参会人员到摩尔多瓦著名的酒庄 Cricova 参观。因为对葡萄酒了解甚少，对摩尔多瓦的酒庄就更一无所闻了。但到那一看，确实令人震撼。整个酒庄的地下酒窖长达 120 公里，据说世界排名第二位，仅次于美国加利福尼亚州一个拥有 600 公里长度的地下酒窖。据解说员介绍，这里原来是一个废弃的石料厂，开采各种矿石和建筑材料的历史可以追溯到 200 多年前，直到 20 世纪 40 年代，也就是第二次世界大战后，人们发现这些地下坑道的温度和湿度以及其他地质条件特别适合储藏葡萄酒，因此对其进行改造，地下坑道慢慢成为一个超级大的地下酒窖。我们在地下酒窖里还看到包括俄罗斯总统普京、德国总理默克尔、美国国务卿克里以及波兰总理图斯克等政要在这里保存的私人藏酒。离开酒窖，我们同热情的东道主话别，感谢他们热情友好的接待并期待多林·德拉加纳乌行长 2015 年初到访中国。在机场贵宾室，摩尔多瓦国民银行第一副行长专门在此与中国代表团共进午餐。我们原来以为机场的午餐一定很简单。实际上，这顿午餐和在市中心的酒店没有任何差别，而提供的酒就来自我们刚刚参观的 Cricova 酒庄。就像德拉加纳乌行长在欢迎全体与会人员的晚宴上所讲，摩尔多瓦很小，也不富裕，但人民热情好客，总是愿意把自己最好的东西拿出来招待客人。这份热情，这份真诚，这份友谊，我们感受到了，并会铭记在心！

米字旗依然飘扬

　　根据 2012 年 10 月英国首相卡梅伦与苏格兰首席部长萨蒙德（Alex Salmond）签署的《爱丁堡协定》，苏格兰独立公投如期在 2014 年 9 月 18 日举行。居住在苏格兰的近 400 万名合格选民从早上 7 点到晚上 10 点可参加投票，最终结果于 9 月 19 日当地时间早上 6 点揭晓。不出大多数人所料，公投结果显示"反对"独立的阵营以 55% 对 45% 击败"独立"阵营，苏格兰通过公投决定留在英国，米字旗依然飘扬[①]。首相卡梅伦在计票结束后第一时间发表讲话，称尊重苏格兰人民的选择，并将推动宪法改革，赋予包括苏格兰在内的地方政府更大的自治和财政权力。

　　具体来看，当日的投票结果，32 个选区选票加总，"反对"票为 2 001 926 张，得票率为 55.3%，"赞成"票为 1 617 989 张，得票率为 44.7%。本次苏格兰独立公投 84.6% 的投票参与率也创下纪录，是英国 1918 年开始普选以来最高的一次。在此之前，投票率纪录保持者是 1950 年大选中的 83.9%。苏格兰三大城市（格拉斯哥、爱丁堡和阿伯丁）中有两个投票反对"独立"，但最大城市格拉斯哥"独立"阵营占优，得到该市 53.5% 的选票。在所有 32 个选区中，反对"独立"阵营赢下了 28 个。

---

　　① 如果苏格兰独立，普遍认为英国的国旗米字旗图案需要修改。英国国旗上的十字综合了英格兰（白底红色正十字旗）、苏格兰（蓝底白色交叉十字旗）和北爱尔兰（白底红色交叉十字旗）的旗帜标志。现国旗的白边红色正十字代表英格兰守护神圣乔治，白色交叉十字代表苏格兰守护神圣安德鲁，红色交叉十字代表爱尔兰守护神圣帕特里克。

结果公布之后，"独立"阵营领军人物、苏格兰首席部长萨蒙德在爱丁堡发表演讲时表示，他接受公投已失败并呼吁团结。萨蒙德说，"大多数苏格兰人在现阶段决定不成为一个独立的国家"，"我接受人民的决定，并号召苏格兰接受苏格兰人民透过民主选举所作出的裁决"，"我希望支持联盟的党派能够快速地兑现其关于分权的承诺"。不过，萨蒙德的副手尼古拉·斯特金（Nicola Sturgeon）对BBC表示，公投结果是"个人与政治上的大挫败"，但她表示，"这个国家已永远地改变了"。斯特金女士表示，为了确保苏格兰获得更多权力，她准备与任何人展开合作。与争取"独立"的阵营低落的士气相反，反对"独立"的阵营则长出一口气。卡梅伦在伦敦唐宁街10号首相府门前回应公投时说："我们尊重苏格兰民族党在霍利鲁德宫（苏格兰议会）的多数党地位，让苏格兰人民有机会发声的决定是正确的。"他指出，"我们已经听到了苏格兰人的坚决愿望"，"现在是联合王国团结一致，迈步向前的时候了"。不过卡梅伦也说，下一步除了会兑现对苏格兰下放更多自治权力的承诺外，还应把英格兰、威尔士和北爱尔兰也考虑进来。英国商业界总体上对公投结果持欢迎立场，但对未来的不确定性也表示担忧。苏格兰皇家银行（RBS）发表声明说，此前它们有关考虑把银行从爱丁堡迁至伦敦的公告只是"为了一旦投票结果为'赞成'的情况下给我们的客户、职员和股东保证确定性与稳定"而制订的应变计划，声明说，"那份应变计划现在已经不再需要了"。英国制造业协会的首席执行官特里·斯科勒（Terry Scuoler）表示："这属于常识理性的胜利，反映了我们所生活世界的经济现实。"英国雇主联盟的理事长约翰·克里兰德（John Cridland）表示："我们大家都松了一口气，毕竟双方势均力敌……这是一场十分艰难的较量，其留下的伤痕需要很长时间才能愈合……现在是考虑公投所提出的问题的时候了，我们必须认识到英格兰与苏格兰的联盟对商业的意义：这是一个单一的内部市场，未来的分权不应损害这一市场。"金融服务业普遍对公投结果表示欢迎。总部位于苏格兰的苏格兰皇家银行和劳埃德银行集团立即宣布，它们关于独立后将会把总部迁往英格兰的威胁已经不再成立。但是保险公司"标准人寿"仍在两面下注，称在英国议会的政治家作出加大分权力度、赋予苏格兰政府更多财权的承诺后，它仍会考虑搬迁总部。分析人士认为考虑到苏格兰政府左翼立场鲜明，尽管对于银行而言成本高昂，但它们仍然有激励搬迁注册地。英国商会的执行长约翰·朗沃斯（John Longworth）表示，如果真如苏格兰首席部长暗示的那样，统一独立的争论仍将继续，由此而来的不确定性仍然会对苏格兰的经济产生非常负面的影响。

在金融市场方面，反"独立"阵营取得的决定性胜利使英国的金融资产重获青睐。受与苏格兰有密切联系的公司的股票推动，英国金融时报指数今天高开，而英镑早市也获得提振。但是分析人士指出，统独两派势均力敌的态势以及未来分权带来的不确定性仍将长期困扰金融市场。在至本周三的一周内，英国债券基金出现了10亿美元的资金外流，是 2001 年有数据以来的最大周外流量。此外，上周英镑还经历了一年内最大单日下跌，而英国 10 年期国债价格也出现下跌，推动收益率升至 1 月内最高位。但是当投票日临近后，市场开始趋于平静，英镑开始复苏，资金开始回流，这显示投资者已经在开始下注反"独立"阵营获胜。这也是为什么当结果出来后，英镑兑美元汇率在早晨高开但在下午开始回调的原因所在。英镑兑美元汇率在当地时间 19 日 1:20 达到近日 1 英镑兑 1.65218 美元的高位，在当地时间 6 时公投结果出来后，英镑于午后逐步回调，于16:30收于 1.63034 美元兑 1 英镑。

苏格兰独立公投虽然结束了，结果也没有出大多数的预料。但它所产生的影响确是深远的。首先，无论是保守党还是工党，将来的英国执政党在允许地方政府通过公投决定政治地位的问题上将会更加谨慎。英国卡梅伦政府的保守党上台后，为了给外界以锐意进取的改革者形象，轻率同意苏格兰地方议会举行公投。当时他们的如意算盘是，既然历史上多次民意调查的结果均显示，占绝大多数的苏格兰居民不赞成独立，而且英国在举行一届比较成功的夏季奥运会后，综合国力和声望比以前更高，因此没有理由害怕举行公投会真的使苏格兰独立，而且投票结果将具有最终效应，即如果选民否定独立，将来苏格兰地方政府就不能再就这一问题向中央政府发难。但随着公投时间的临近，越来越多的人开始同情苏格兰寻求独立的努力，加上与苏格兰民族党强有力的公关战略相比，代表反对独立阵营的领导人英国前财政部长达林表现糟糕，数次在与民族党领导人萨蒙德举行的公开辩论中落败，使到了9月初的民意调查中，竟然开始显示支持独立的人领先。这下英国政府各党派才慌了，纷纷表示希望苏格兰留在英国，如果他们投票支持联合，苏格兰会得到更大的自治权。公投前夕，卡梅伦也紧急赶赴苏格兰对选民喊话，甚至流着泪称，"你们不喜欢我这个人，我终究还要离开，但如果你们选择离开英国，就永远回不来了"。卡梅伦也发动他在世界各地的主要盟友表达相同的意思，奥巴马表示希望看到统一的英国，欧盟委员会主席巴罗佐表示苏格兰如果独立，将很难获得欧盟成员国地位。总之，温情攻势加言辞恫吓都用上了。其次，虽然公投结果令英国政府满意，但它也给自己设下了一个圈套。在公投之前，为了讨好苏格兰选民，英国三大党（保守党、工党和自由民主党）在没有经过仔细权衡的基础上就贸然承诺给予苏格兰更大的自治权。等公投结果宣布后，卡梅伦马上改口说，在赋予苏格兰更多权力的同时，也要考虑威尔士、英格兰和北爱尔兰地区的自治权利，也就是说诺言不一定能最终兑现。卡梅伦的话也确实伤了苏格兰人的心，他们纷纷指责英国政府出尔反尔。萨蒙德甚至威胁称，如果英国政府无法兑现承诺，苏格兰议会将来可能以不举行公投自行宣布脱离英国独立。在是否赋予苏格兰更多权利的问题上，卡梅伦确实也有苦衷。即使他想兑现诺言，英国各地区的利益也难摆平，更何况他还要在议会中获得其他政党的支持才能通过相关立法。最后，苏格兰独立公投对英国整体形象的损害显而易见。第二次世界大战以后，随着英国过去许多海外殖民地的独立，英国在国际上的影响力日渐式微。在欧盟内部，随着德国经济的不断壮大，特别是 20 世纪 90 年代初两德统一之后，无论是人口还是经济规模，都要超过英国。加上英国历史上与欧盟若即若离的关系，英国在欧洲事务上的影响力已经大大下降。实际上，英国经济已经不断被后起国家超越，最新超过它的国家是巴西。作为老牌工业国家，英国虽然依然是七国集团成员国家，也是联合国安理会五大常任理事国之一，但正如英国前首相梅杰所言，如果苏格兰独立，英国的国土面积损失近 1/3，在经济和军事上的实力也受到削弱，在世界事务上的影响力必将进一步下降，其安理会常任理事国的地位可能也将不保。虽然公投结果不支持独立，但英国本身由不同民族组成的联盟这个基本政治架构并未改变，而且历史上包括苏格兰、北爱尔兰和威尔士与英格兰的关系错综复杂，应该说联盟的基础仍然存在很大的不稳定因素，而这种政治上的不稳定势必影响英国寻求维持或恢复其大国形象的努力。

人民币变身英国外汇储备

　　随着伦敦人民币离岸中心建设步伐的加快，中英两国在人民币国际化问题上的合作不断加深。中国国务院副总理马凯于2014年9月初率团出席在伦敦举行的第六次中英经济财金对话，对话达成的一项重要共识就是英国政府计划在伦敦发行人民币主权债券。2014年10月13日，英国财政部在伦敦举行首次发行人民币主权债路演，这也是西方发达国家首次发行人民币计价国债。本次人民币国债发行使用英国政府的主权评级，即穆迪评级Aa1级，标普评级AAA级，惠誉评级AA+级，均为最高级。根据10月14日最终公布的结果，此次发行共获全球85单认购，总计58亿元人民币。发行利率为2.7%，发行量30亿元人民币，期限为3年。承销团成员为中国银行、汇丰银行和渣打银行。

　　应该说，伦敦人民币离岸中心的建设在西方所有金融中心中无疑是走在前列的，这一点与英国政府的大力支持分不开，特别是与英国财政部长奥斯本的个人努力分不开。第六次中英经济财金对话结束后，中英双方宣布达成55项重要成果，其中的一项重大突破就是英国政府计划发行人民币国债。英国将由此成为首个发行人民币主权债券的西方国家，这对提高人民币的国际地位将产生极大影响。2014年10月9日，英国财政部和英格兰银行共同宣布成立由中国银行、汇丰银行和渣打银行组成的承销团。奥斯本当日表示，英国长期经济增长规划就是要提高对中国等新兴经济体的出口，并以此吸引更多的投资。因此，人民币在英国进行贸易计价和便利使用，不仅对中国有益，也有利于英国改善就业和投资状况。英国对发行人民币计价的国债很感兴趣，并顺利成为第一个成功发行的西方发达国家，将是夯实英国全球金融中心地位的又一举措。

10 月 13 日的路演，由英国财政部首席经济顾问拉姆斯登（Dave Ramsden）主持，承销团 3 家银行分别派遣高层工作人员出席解答投资者问题。1999—2003 年，拉姆斯登曾主导财政部进行有关英国是否应该加入欧元区的讨论，并因此被英女王授予勋章。拉姆斯登花了很长的篇幅向投资者说明英国为何需要发行人民币主权债。英国认为，中国是全球第二大经济体。中国对外贸易用人民币结算的比重从 2010 年上半年的 0.7% 快速上升至 2013 年的 16%。2014 年 1 月起，人民币在全球广泛运用的货币中排名第七位，在金融和跨境支付方面排名第二位。全球 1/3 的金融机构使用人民币进行支付。这都是英国发行人民币国债的重要考虑。

拉姆斯登表示，英国财政部此次发行人民币国债主要有三个战略目标。

一是为英国外汇储备进行融资。目前，英国只持有美元、欧元、日元、加拿大元四种储备货币，今后将把人民币作为第五种储备货币。根据英格兰银行的报告，英国外汇储备保存在外汇平准账户中，主要包括外汇计价的金融资产、黄金和特别提款权。2014 年 9 月英国的外汇储备余额为 1 070 亿美元，较 2010 年的 710 亿美元有较大提升。英国称，发债获取的人民币资金不会用于平衡财政赤字，政府国内融资依然完全来自英镑。英格兰银行相关人员私下表示，发债获得的人民币资金将被用于购买高等级人民币债券，投资方向很可能为中国财政部在中国香港地区发行的人民币国债。

二是夯实英国作为西方人民币业务中心的地位，迈出英国政府长期经济计划中建设国际金融中心的坚实一步。伦敦已经是全球外汇交易和结算中心，在全球份额的占比高达 40%，相当于美元在美国结算量的两倍，也相当于欧元在欧元区结算量的两倍。伦敦正在积极建设西方的人民币离岸中心，已经成为欧洲地区增长最快的人民币市场，2014年6月之前的一年内，伦敦人民币的结算量就翻了一番。2013年日均人民币外汇交易量更高达253亿美元。长期以来，政府在政策层面对市场的推动作用明显，如2013年6月，英国成为七国集团中与中国首先签订本币互换协议的国家。2013年10月，英国成为中国境外第一个获得人民币合格境外机构投资者（RQFII）配额的国家。2014年6月，中国建设银行伦敦子行成为亚洲之外的首家人民币清算银行。

三是向规模虽小但增长强劲的离岸人民币市场提供流动性，在私营部门和官方部门吸引其他市场参与者。此次英国发行人民币主权债，将为全球人民币资产的交易提供定价基准，促进人民币交易的开展。随着此次成功发行，人民币资产投资者的数量将进一步增加，反过来促进人民币交易量的增加，带动未来发行者数量继续增加。

此次人民币主权债券的发行最终吸引了全球85家投资者58亿元的认购，大大超过英国财政部的发行计划，这也是英国政府最终把发行量从20亿元人民币提高到30亿元人民币的原因所在。人民币主权债券受到追捧，主要还是中国经济平稳快速增长、综合国力稳步提升带来的强大吸引力，当然其中也与西方国家在金融危机后经济增长乏力、国际金融市场波动加剧、资金需要寻找新的投资渠道以分散风险有关。

从人民币国际化本身的发展来看，这件事也有标志性意义。一是伦敦作为全球最大金融中心，人民币国债的发行具有示范效应，很有可能带动其他市场效仿。二是英国作为西方发达国家愿意发行人民币国债，使其储备资产多元化，标志着人民币越来越被主流市场所接受。过去一段时间以来，有很多国家和经济体的中央银行和货币当局实际上都已经开始持有人民币资产，作为外汇储备的一部分，但因为各种原因不愿意公开披露。随着英国政府公开发行人民币主权债充实其外汇储备，相信越来越多的外国央行会步其后尘，增加人民币的资产储备。三是对加快境外投资者的人民币资产运用有很大的促进作用。从人民银行的角度考虑，如果流出境外的人民币现阶段能够在境外市场循环，这是最为有利的，因为这样可以减少人民币回流对国内经济，特别是货币政策效果的冲击。另外，人民币资金的境外循环也能不断扩大市场和投资主体，加快人民币从贸易计价货币向投资和储备货币的转化。

欧洲债务危机演进和欧元区的未来

2014 年下半年，英格兰银行在其金融稳定和市场职能下成立了国际事务司（International Directorate），旨在维护其在金融稳定上的核心地位，强化在国际金融市场的领导力。作为成立国际事务司的系列活动之一，11 月 27 日，英格兰银行行长卡尼邀请欧洲中央银行原行长特里谢（Jean-Claude Trichet）就国际金融危机举行专场讲座。特里谢介绍了 2007 年以来国际金融危机的发展，总结了欧债危机的起因及政府干预的经验教训。他认为，欧元区的货币和财政联盟机制已初步建立，未来的发展矛盾将集中为政治联盟问题。

特里谢认为，迄今为止发达经济体仍未完全走出 2007 年国际金融危机的阴影。根据他的经验，可将整个危机过程划分为逐步演化的三个阶段。

第一阶段，美国次贷危机成为国际金融危机的导火线。次贷危机首先影响货币市场，进而引发其他市场的动荡，最终导致欧央行不得不于 2007 年 8 月 9 日一次性投入 950 亿欧元隔夜资金，以缓解欧元区的流动性问题。

第二阶段，发达国家金融体系处在快速崩溃的边缘。2008 年 9 月 15 日至 2009 年底，雷曼兄弟公司、美国国际集团等大型金融机构破产，导致了第二次世界大战以来最严重的全球性经济衰退。此时危机的核心还是美国，但已对欧洲地区产生了严重的威胁。

第三阶段，逐渐演变成为主权债务危机。危机中心逐渐从美国转移至欧洲大陆，对全球投资者和储蓄者带来重大影响，结果导致欧央行不得不购买希腊、爱尔兰、葡萄牙的国债，以稳定金融市场。

根据特里谢的观点，金融危机在欧元区内部发展和强化有一系列历史和现实因素，主要体现为以下几个方面。

第一，欧元区作为统一货币联盟，缺少统一财政政策的配套框架，也没有统一的预算要求。2003 年之后仍然存在一系列历史遗留问题，德国、法国、意大利等大国与较小的国家存在重大趋同差异。

第二，欧元区对成员国经济状况的监控主要集中在财政能力，而不是金融市场和单个国家的竞争力。这可能是欧债危机爆发的直接原因。此时，欧元区更多地体现为名义上的单一货币区，缺少统一的系统性框架。

第三，欧元区缺少应对危机的有效工具，只能在危机发生时仓促建立，以维护金融稳定。此外，还缺少跨国性的危机管理工具，决策程序也太过复杂。

第四，没有一个统一的银行业联盟。这从美国和英国对危机的干预处理效率可以发现其差异。

第五，欧元区内部没有形成真正意义的单一市场。

第六，危机前部分国家未能有效推进一系列结构性改革措施。

欧元区是人类历史上伟大的尝试和创举，创始之初集中了当时全球第三、第四、第五、第六、第九大经济体。从 1950 年提出单一市场的设想起，欧洲逐步建立统一货币，欧元被证明具有韧性、具备公信力。在此次国际金融危机的初期，几乎所有人都认为欧元会大幅度贬值。但欧盟的民主机制使欧元足以应对所有的外部批评，尽管欧元区内经济体参差不齐，且历经国际金融危机的打击，但欧元兑美元汇率 2011 年底仍然保持 1∶1.17 以上。欧元区不仅没有解体，反而增加了 3 个国家。尽管欧元也面临很多问题，但欧元区各国是互补而不是排斥的关系。例如，希腊多次公投仍然选择留在欧元区。德国议会在是否救助希腊问题上，曾被外界认为肯定会持否定意见，但最终令人惊讶地选择了救助。欧元区政府也共同采取了一系列补救措施。

第一，欧央行制订了宏观经济失衡应对计划，用于监控成员国家的竞争力和国家差别。在单一货币区中，这比财政政策治理更加重要。

第二，欧洲银行业联盟的成立允许欧元区建立金融危机的单一管理机制，有利于创建新的危机管理工具。

第三，欧元区建立了统一的财政联盟机制，强化了财政纪律。遗憾的是危机后各方才逐步认识到该机制的重要性。

第四，欧元区普遍认识到建立财政稳定器的重要性并付诸实践。

关于欧元区的未来发展，特里谢认为，总结国际金融危机带来的经验还有很多工作要做。从欧元区未来的发展来看，很有可能向类似"联邦制"国家的方向发展，将会更类似"联合国"，而不会像美国的联邦制。从目前的情况来看，欧元区在危机之后已经形成了一定程度的"事实上的政治联盟"，但这个联盟有个发展成熟的过程，目前还不够符合民主的完整定义。

从目前的状况来说，新的治理机构（欧央行）仍然缺少民主合法性，特别是在政治合法性和决策过程的民主问责制方面。在少数成员不愿意参与配合的情况下，应该存在相应的决策机制，这就是政治合法性。目前仅依靠处罚则可能产生进一步的问题，这就涉及民主问责制。当然，欧洲的一体化"联邦"不一定会是一个永久性的联盟，应尊重各国的民主决策和单个国家的意见，仅在极端情况下才出手干预成员事务。

在回答欧元区单个国家在缺少货币政策工具的情况下如何调控经济的问题时，特里谢认为，主要对策是推进结构性改革，推进商品和服务市场建设，提高创新能力，做好与国际市场的接轨。欧央行与其他央行的首要目标都应该是维护价格稳定。在货币政策"一刀切"的情况下，成员国市场应具备足够的弹性。

关于欧央行未来发展面临的问题。他表示，欧央行在此次危机中积累的经验将成为其未来危机的重要缓冲。当前，全球债务水平过高，发达经济体经常项目巨额赤字，都是值得重视的问题。

关于生产部门的停滞风险及对政策的影响。特里谢指出，单个市场出现的停滞还未成为整体经济增长的障碍，欧元区40%的市场仍然具备增长潜力，虽然有部分国家面临财政困难，但最好还是通过区内投资来解决这些问题，其他区域的市场相比之下可能更不理想。

关于对欧洲国家债务的重组时机。他认为，欧元区面临的债务问题与其他发达国家不同。就希腊来说，私人部门的净账面损失高达60%，偿付能力的确较弱。但对于其他国家，一方面各国普遍采取了预防性措施，另一方面欧洲稳定机制执行到位，情况没有想象的糟糕。

关于设立欧元过程可能存在的不足之处。他表示，考虑到各成员国的巨大差异，需要全面考察欧元区内部的竞争力本质，对社会环境和动机有更深刻理解。

英国的反假货币

英国《1981年反伪造和假冒行为法案》等法律法规是执法部门惩治假钞犯罪的重要依据。在全社会的反假货币过程中，英格兰银行发挥着重要的牵头作用。自2013年11月决定逐步发行新一代塑料钞票起，英格兰银行将公共咨询过程作为反假货币对外宣传的最好机会，周密布置和安排了大量活动，并积极开展了反假货币国际合作。假币严重冲击一国的经济社会秩序，中国政府一直非常重视打击货币制假贩假活动。人民银行作为国家的中央银行承担国务院反假货币联席会议办公室的职责，在打击制造假币的违法犯罪活动中发挥重要作用，了解英国反假币的法律框架、政策措施和国际合作，对我国提升假币的打击力度，保障经济社会的平稳运行具有很好的借鉴意义。

《1981年反伪造和假冒行为法案》（*Forgery and Counterfeiting Act 1981*）是英国惩治假钞犯罪行为的首要法律依据。该法案第18条明确规定，制造使用假钞是犯罪行为，最高处以10年监禁。《2002年犯罪所得法案》（*Proceeds of Crime Act 2002*）主要适用于没收相关犯罪人员的资产。此外，执法部门可以根据《2007年严重犯罪防止令》（*Serious Crime Prevention Order*，SCPO）向法庭申请禁令。根据SCPO的相关规定，执法部门有权禁止个人购买、持有、使用与制造与假钞相关的设备或原料，也可用于禁止曾经制造假钞但刑满释放人员相互组织串联。触犯SCPO属于刑事犯罪，最高可处以5年监禁。自2008年起，执法部门正式将SCPO用于惩治假钞犯罪。

英格兰银行在英国货币流通中承担两项重要职能，一是维持英镑现钞的整洁度，二是确保现钞供应满足公众需求。英格兰银行主要通过商业部门实现对英镑现钞流通的监督管理职能，在现钞防伪设计、开展公众教育、与执法部门合作、实施钞票处理机器框架、制定现钞自助服务设备清分指南五个方面具体履行其职能。

现钞防伪设计。英格兰银行主要通过在现钞中加入新型防伪工艺，提高非法制造假钞的技术门槛和经济成本，遏制假钞相关的犯罪行为，具体执行通过与德拉鲁公司（De La Rue）公司的合作开展。其中，英格兰银行防范假钞的最重要举措就是发行新一代塑料钞票。

开展公众教育。长期以来，英格兰银行一直致力于向公众提供大量免费教育材料，为涉及钞票处理的企业员工提供培训机会，提高其鉴别假钞的能力。近年还向公众发布了钞票鉴定的手机应用程序。

与执法部门合作。英国警察及其他执法机关在反假货币中也发挥重要作用。国家犯罪局（National Crime Agency，NCA）对全国性的假钞案件负有监督责任，协助地方警察打击造假者。由于大多数假钞来自有组织犯罪团伙，执法部门也需要不断提高鉴别假钞的专业技能。英格兰银行向执法部门提供免费技术和法律服务，使其不仅能鉴别英镑假钞，还能鉴定欧元现钞。查获的假钞将上缴给 NCA 下属的英国国家中心办公室（United Kingdom National Central Office，UKNCO）。

实施钞票处理机器框架。对于批发分销英镑现钞的商业银行等机构来说，英格兰银行要求其根据钞票流通计划（Note Circulation Scheme，NCS）的相关规定，由 NCS 的 5 家成员对所有经手的现钞进行处理和验真，经过清分后的钞票主要用于装填商业银行的 ATM 设备。

制定现钞自助服务设备清分指南。2013 年 6 月，英格兰银行内部的战略现钞小组（Strategic Cash Group）发布了《现钞自助服务设备鉴真指南》（*Authentication of Machine Dispensed Banknotes*）。该指南主要针对部分银行分支机构或商店自有的现钞自助服务机器。这些机器主要填放从其他消费者处获得的钞票（可能混有假钞），因此与从现钞批发商处获得的验真后的钞票不同，需要设备自身具备一定的验真能力。该框架本着自愿、免费、参考准则向公众开放，拥有自助服务现钞设备的企业都可以参加。在该指南的要求下，现钞自助服务设备的拥有者和操作人员需要使用假钞对这些机器进行检验。在 2013 年 2 月该指南的公共咨询仪式上，英格兰银行首席出纳萨尔蒙（Chris Salmon）表示，现钞自助服务设备有潜力成为批发钞票的有益补充，有利于提高钞票处理的效率和灵活性。该指南的应用意味着假钞通过 ATM 和自助服务终端进入流通环节的状况将进一步减少。

根据有关法律法规，英格兰银行拥有英镑现钞的版权，制定了使用英镑图像的具体规定。没有英格兰银行的书面同意，任何人不得以任何形式复制英镑现钞的图像。具体的申请程序为：希望复制英镑钞票的单位和个人，可以事先从网上或以邮寄方式向央行递交申请表格。英格兰银行工作人员将力争在 5 个工作日内作出答复。

2014 年，市场上流通的 5 英镑面值的现钞约 3.08 亿张、10 英镑面值的现钞 7.18 亿张，20 英镑面值的现钞约 18.24 亿张，50 英镑面值的现钞约 2.21 亿张。在英格兰银行和执法部门的努力下，2014 年共有 2.3 亿张英镑的假钞退出流通，多数为 10 英镑和 20 英镑面值的假钞。2013 年全年则有约 6.9 亿张假钞退出流通。

从一般情况来看，大额的假钞案件通常与有组织犯罪关联。英格兰银行在这种情况下主要为执法部门提供专家技术支持，并在法律程序要求下出庭作证。2013 年，英格兰银行共出庭 1 043 件起诉案件，较上年上升 10%。从最新披露的情况来看，英国对假钞案件的处罚力度较大。其中，2011 年 3 月对肯特郡涉及 1 800 万英镑假钞案件的犯罪分子处以 7 年监禁，为当时金额最大的假钞案件。2010 年 11 月对利兹市涉及 99.7 万英镑假钞案件的罪犯处以 10 年零 8 个月监禁，是近年处罚最严重的假钞案件。2013 年 10 月，英国中西部法院宣判了一项涉及 34 万英镑假钞案，犯罪分子被判处 3 年监禁。

2013 年 11 月 18 日，英格兰银行正式决定自 2016 年起逐步发行 5 英镑和 10 英镑面值的塑料钞票。英格兰银行对新版钞票的宣传主要集中在英国境内，但通知世界各国央行也是其标准程序。此前，英格兰银行主要与外汇局（FX Bureaux）和联邦事务部（Foreign and Commonwealth Office）合作，共同进行国际宣传。

此前，英格兰银行对发行塑料钞票进行了长达 3 年的研究和宣传，并在 2013 年秋季发布了公众咨询文件。在 2013 年 9 月 10 日至 11 月 15 日长达 10 个星期的对外咨询过程中，英格兰银行采取多种形式向外界征求意见，包括召开记者招待会、与媒体见面、在购物中心进行宣传、与现钞相关商家见面、在大型企业和大学征求意见、与外部的公众调查公司合作、在官网发布资料、视频宣传、在英格兰博物馆进行展示等。

在整个咨询过程中，多达 13 000 人提供了反馈意见，其中 87% 的人赞成使用塑料钞票，6% 的人反对，7% 的人意见中性。为此，央行决定于 2016 年下半年发行 5 英镑面值的新版塑料钞票，2017 年发布 10 英镑面值的塑料钞票。两种新钞票的面积将比现有纸钞缩小 15%，图案分别是丘吉尔和简·奥斯汀。

英格兰银行表示，公共咨询不仅可以增强公众对塑料钞票的认识，也是一个对外宣传反假货币的过程，英国乃至全球的英镑使用者都可以在英格兰银行网站上查阅相关资料，参与在线调查，反馈意见。此外，英格兰银行还举办 50 多场活动进行相关宣传，并委托独立机构就此开展民意调查。英格兰银行还将推进一系列教育活动，以确保零售商、企业和公众深刻认识并辨认新型塑料钞票。

英格兰银行研究认为，塑料钞票在清洁度、安全性、耐用性和环保上有较多优点。包括可以承载更多的防伪措施，比纸钞耐用 2.5 倍；抗污渍的能力更强，可以提高流通中钞票的整洁度；寿命期间的平均成本反而低于纸钞；塑料钞票更薄，意味着携带起来更加方便。

除了应用大众已经熟知的立体油墨和凸版印刷技术之外，塑料钞票还将使用一系列纸币无法使用的防伪技术，如钞票部分透明的设计可以更大，形状更加复杂多变，并在透明设计中进一步增加防伪功能。

由于塑料材质的制作和印刷具备更高的技术难度，一般的打印机难以在其上面打印，犯罪分子难以制作常见的高精度打印纸质伪钞。从多个国家的经验来看，塑料钞票的发行降低了伪钞的概率。新西兰央行特别表示，自发行塑料钞票以来，央行清分机发现的伪钞数量显著减少。

由于发行新一代塑料钞票涉及钞票生产和处理行业的各个环节，为了确保现钞处理设备能够适应即将发行的塑料钞票，英格兰银行在进行塑料钞票的公众咨询时，制定了现钞处理设备应遵循的示范程序，允许生产商提前使用新版钞票对软件和硬件设备进行评估测试。

2014 年 2 月起，英格兰银行主持召开了一系列行业论坛活动，邀请现钞处理行业的 90 家机构参加。其中包括商业银行、ATM 制造商、钞票运输公司、现钞设备制造商、零售商和贸易协会等。

英格兰银行还领导了 5 个专业小组的活动，包括现钞批发（Wholesale Distribution）、ATM 升级、现金处理设备升级（Adaption of Machines）、盗窃威慑（Theft Deterrents）、现金处理人员培训（Cash Handling，Awareness and Training）。这 5 个小组分别由 10 多家行业内的重要机构组成。英格兰银行作为指导委员会（Steering Group）的主席，负责汇总前述 5 个专业小组的进展，协调这 5 个小组就关键性进展做好相互沟通协作。

为了确保塑料钞票的顺利发行和使用，英格兰银行为此发布了较为详细的时间表。

2013 年，就塑料钞票的技术问题向现钞发行处理的相关部门开展保密咨询，向公共大众进行咨询，12 月正式决定发行 5 英镑和 10 英镑面值的塑料钞票。2014 年，举办行业论坛、成立工作组，对转向塑料钞票加大支持力度，向钞票处理设备制造商提供塑料钞票进行测试。2015 年，相关企业就发行塑料钞票做好计划和准备，钞票处理设备制造商继续进行测试。2016 年，向处理现钞的企业提供宣传和培训资料，下半年起开始发行 5 英镑的塑料钞票。2017 年，5 英镑的旧版钞票逐步退出流通，下半年开始发行 10 英镑的塑料钞票。

英格兰银行认为，需要升级的现金处理设备包括：自动付款机、ATM、售票机，以及其他具有计量、清分、接受、分配和回收现钞功能的机器。以上现金处理设备基本上都需要进行软件升级，这是设计新一代钞票时的通行做法。此外，考虑到新版塑料钞票的材质和大小都有所变化，部分现金处理设备还需要进行硬件升级。

为了保证设备生产商有足够的时间做好相关准备，英格兰银行向 70 多家设备生产商提供了新版塑料钞票样品，并建议所有使用现钞自助处理设备的企业与设备制造商联系，确认设备调试的相关问题。此外，在采购新的现钞自助设备之前，也需了解清楚其是否能兼容新的塑料钞票。支持新钞票的设备制造商清单都可以从英格兰银行网站查询下载。截至 2014 年 7 月 15 日，这份名单总共包括德拉鲁在内的 74 家公司。

英格兰银行认为，商家在反假货币中占有重要角色，是反假钞票的前线。为此，英格兰银行建议每个商家都制定内部政策，确保其雇员知晓处理假钞的流程。对于使用自助机器清点、清分钞票的商家，英格兰银行则制定了机器测试的有关框架，供其自愿、免费使用。处理现钞的员工需要能够识别和验证新的塑料钞票，这涉及新的现钞处理经验。英格兰银行将发布一些帮助材料对这些人群进行教育互动。

在推进反假货币国际合作方面，英格兰银行参加了中央银行反假货币防治小组（Central Bank Counterfeit Deterrence Group，CBCDG）的有关工作。

该小组由 32 家中央银行和监管当局组成，应 10 个工业国中央银行行长发起组建的，主要目标是负责调查各国现钞安全面临的威胁，并向发钞当局提供解决方案，通过防范伪钞工作尽量减少可能接受假钞的企业和个人的损失。该小组的成员国包括澳大利亚、奥地利、比利时、保加利亚、加拿大、塞浦路斯、捷克、爱沙尼亚、丹麦、芬兰、法国、德国、希腊、匈牙利、爱尔兰、意大利、日本、卢森堡、马耳他、荷兰、挪威、波兰、葡萄牙、斯洛文尼亚、斯洛伐克、西班牙、瑞典、瑞士、土耳其、英国、美国的央行以及欧央行。

CBCDG 开发了反假威慑系统（Counterfeit Deterrence System，CDS），包含了一系列反假货币技术，已经被许多主要的硬件和软件制造商主动采用，可以防止电脑、数码影像设备和软件被非法使用于制造假钞。相关国家可以应用 CDS 技术防止犯罪分子使用数码手段制作假钞，但 CDS 技术本身不会对个人电脑或数码影像工具的使用情况进行追踪。独立第三方机构已经对 CDS 进行了测试，并确认 CDS 不会以任何方式侵犯个人隐私。

瑞士中央银行的意外之举

在全球金融市场动荡加剧的今天，人们最期望的就是政策的稳定性，而瑞士看起来最符合这种期待。瑞士金融体系长期保持稳定，而且世界上几乎无人不知瑞士的银行体系历史悠久，保密和服务细致周到，吸引全球高端客户到瑞士开户。更为重要的是，在欧元主权债务危机高涨的 2011 年，瑞士央行宣布把瑞郎兑换欧元的比值上限限定在 1.2∶1，更是给外汇市场上的投资者吃了"定心丸"。但这种"定心丸"在全球金融市场和地缘政治阴云密布的今天有可能很快变成"失效救心丸"。2015 年 1 月 15 日，瑞士央行——瑞士国民银行突然宣布放弃上述瑞郎兑换欧元的固定汇率，并把活期银行存款利率降低至 -0.75% 的水平，同时将 3 个月期瑞郎 LIBOR 目标区间下调 0.5 个百分点，到 -1.25% 至 -0.25%。消息一出，全球金融市场短期急剧动荡，瑞郎兑欧元和美元均出现大幅升值，而瑞士股市大跌。

一直享有稳重可靠声誉的瑞士央行为何突然作出如此重大的政策调整，而且没有像美联储和英格兰银行那样运用前瞻性指引在事前进行充分的讨论和沟通？真实答案可能只有瑞士央行的理事会成员知晓，但也不外乎市场推测的以下三种原因。

首先，自 2011 年欧债危机高峰时为抑制瑞郎的急剧升值宣布将瑞郎兑欧元的汇率上限固定在 1.20∶1 之后，为维持这一汇率水平，瑞士央行大量购买欧元，使瑞士央行的外汇储备到 2014 年底迅速增长至 4 800 亿美元以上，接近瑞士国民生产总值的 70%。依靠发行货币购买如此巨额外汇储备未来可能产生恶性通货膨胀。尽管这种担心目前看起来没有依据，因为瑞士的通胀水平不是太高，而是同欧洲其他国家一样处于很低的水平。但对任何国家来说，通胀风险都是一个高度敏感的政治话题。而且对瑞士央行来说，不断扩大的资产负债表也会产生新的成本和风险。其次，市场普遍预计欧洲中央银行会在稍后的时间宣布大规模的量化宽松计划，这将导致欧元汇率进一步承压，到时只能迫使瑞士央行以更大力度来维持瑞郎兑欧元的汇率上限。最后，因为瑞郎维持的是兑欧元的固定汇率，因此随着欧元的大幅贬值，瑞郎兑其他货币（包括美元和印度卢布）都出现了10%以上的贬值。除了兑美元继续贬值无疑会削弱瑞郎作为避险货币的吸引力外，如果从实际有效汇率来看，瑞郎也已经说不上是过度高估，因此瑞士央行也就没有必要再采取措施来进一步压低瑞郎。这一点在瑞士央行发表的政策声明中也得到体现，瑞士央行称"汇率上限当年出台的背景是瑞郎严重高估和金融市场的高度不确定性，这一非传统的临时措施使瑞郎高估情况得到缓解，为瑞士经济调整赢得了时间，最终使瑞士免予严重冲击。近期，主要经济体货币政策取向的差异已经非常明显，并可能继续扩大。欧元对美元大幅贬值，使瑞郎跟随欧元对美元也大幅贬值。在此情况下，继续维持瑞郎兑欧元汇率上限的理由已不再充分"。基于上述原因，瑞士央行抢在欧洲中央银行宣布巨额量化宽松计划之前放弃盯住欧元的固定汇率，虽然短期会对金融市场造成冲击，但实际上掌握了问题先机，变被动维持为主动调整，而且固定汇率本来就不受市场欢迎。

总体来看，因为瑞士自身的经济规模有限，其汇率的突然调整虽然对全球经济和金融市场带来冲击，但这种冲击仍属可控。除了因为瑞郎一直是国际金融市场受青睐的避险资产，因而瑞士突然宣布放弃兑欧元的汇兑限制给一些外汇对冲基金造成重大损失外，大部分影响还是局限在瑞士国内。为对冲瑞郎升值的影响，瑞士央行宣布把活期存款利率进一步调低至 -0.75%，目的是增加投机者持有瑞郎的成本。但短期内，这种对冲措施的影响有限。放弃盯住欧元的汇率上限消息宣布后，瑞郎兑欧元、美元汇率都大幅上扬，瑞士股票市场一度下挫超过 10%，全球一些从事外汇交易的对冲基金更是损失惨重。瑞郎的急剧升值对本国经济的影响最大。特别是，瑞士 60% 的出口目的地是欧元区国家和美国，瑞郎的急剧升值将使瑞士传统的钟表、制药、巧克力和旅游业的竞争力下降，从而对瑞士经济造成广泛冲击。为此，瑞士联合银行已调低瑞士 2015 年的经济增长预测，把增长率从 1.8% 调降到 0.5%。同时，瑞郎的升值也会进一步压低进口价格，使本已处在极低水平的通货膨胀面临更大下行压力，瑞士的通货紧缩状况还将继续。面对外界的质疑，瑞士央行行长托马斯·乔丹（Thomas Jordan）在记者会上解释，"此次对金融市场来说的确是一个意外，但瑞郎的大幅升值是投资者的过度反应，预计瑞郎随后将回到正常汇率水平；瑞士央行此举经过深思熟虑，并非出于慌乱而采取的仓促行动；取消汇率上限这种措施无法事前进行长期公开讨论，只能突然进行，而且现在取消限制比半年后或一年后再取消带来的伤害要小"。需要指出的是，瑞郎的进一步升值对中瑞两国贸易也可能产生不小的影响。目前，中国是瑞士第六大出口市场和第四大进口来源地。由于瑞士在中瑞贸易中有明显的贸易顺差，因此瑞郎的升值无疑会对瑞士对中国的出口产生影响，特别是在中国政府实施严格的反腐败措施下，瑞士对华出口的高档钟表等奢饰品已经出现大幅下滑，瑞郎的升值只能使瑞士的对华奢饰品出口雪上加霜。

瑞士虽为小国，但在对外关系的处理上却是不结盟关系的典范。瑞士至今政治上不肯加入欧盟，保持自己的外交独立地位，经济上不加入欧元区，保持自己的货币主权地位，并使瑞郎在国际金融危机期间成为与美国国债并列的投资者首选避险资产。正是因为瑞士地位独特，被称为全球中央银行俱乐部的国际清算银行选址瑞士小城巴塞尔。国际金融危机爆发后，国际清算银行及其下属的巴塞尔银行监管委员会和后来根据二十国集团领导人意见成立的金融稳定理事会在促成国际金融改革和规则制定方面发挥了重要作用。独特的国家特质注定了瑞士在货币政策的制定上寻求独立性，这也解释了为何瑞士央行能够突然宣布放弃瑞郎兑欧元的固定汇率，并在对外金融合作上展现多元化和包容性。这种多元化的一个突出表现就是与中国开展互利共赢的金融合作。一方面，瑞士作为欧洲最古老的金融中心之一，金融体系发达，业务经营种类齐全，管理水平高，对正在进行金融业深化改革的中国具有很强的借鉴意义。另一方面，作为新兴崛起的经济大国，中国广阔的市场和不断成长的中产阶级群体对瑞士的金融服务业也具有很大吸引力，而且随着欧元区的不断扩大，瑞士金融业也面临来自欧洲金融业的强大竞争。在这样的背景下，两国的金融合作有非常显著的双赢效果。2013 年 5 月，李克强总理在上任后的首次欧洲之旅对瑞士的访问中，中瑞双方就建立两国金融对话机制达成一致，至今已经举行两次对话，双方在货币政策制定、金融市场发展、推动监管改革和加强国际合作方面进行了深入交流，取得了丰硕成果。2015 年 1 月 21 日，陪同李克强总理出席达沃斯世界经济论坛年会并访问瑞士的周小川行长又代表人民银行与瑞士央行签订双边合作备忘录，就在瑞士建立人民币清算安排有关事宜达成一致，并同意将人民币合格境外机构投资者（RQFII）试点地区扩大到瑞士，投资额度为 500 亿元人民币，使瑞士苏黎世有望成为欧洲继伦敦、巴黎、卢森堡和法兰克福之后的又一个人民币业务离岸中心，标志着中瑞两国金融合作迈出了新的步伐。

政策如何更透明

在应对金融危机以及促进危机后复苏的过程中，常规货币政策失效，"预期管理"逐渐成为各主要央行货币政策实施理念的核心，各国中央银行强化市场沟通和透明度的改革呈现进一步加速之势。英格兰银行作为一家历史悠久的中央银行，在加强与市场沟通、正确传导政策预期方面有很多好的经验。特别是英格兰银行在金融危机后推出了"前瞻性指引"，进一步提升了政策透明度，相关做法对各国中央银行加强与市场沟通、合理引导政策预期有很好的借鉴作用。

货币政策框架沟通主要涵盖政策目标、决策和实施机制。英格兰银行的货币政策目标清晰，决策程序透明，形成了货币政策沟通的制度化、书面化和公开化。

1. 货币政策目标

货币政策沟通的首要问题是提出明确的货币政策目标，从而被公众所理解。根据《1998年英格兰银行法》的规定，英格兰银行的货币政策目标是维持价格稳定，并以此为前提支持政府达成促进经济增长和增加就业的目标。英格兰银行物价稳定目标的量化标准由英国政府制定。英国财政大臣会在年度预算报告中宣布当年的通货膨胀目标值（以消费物价指数CPI衡量），目前其通货膨胀目标值设定为2%。当实际通货膨胀率高于3%或低于1%时，英格兰银行行长需要向财政部长写一封公开信，解释通货膨胀偏离目标的原因以及计划采取的措施。《1998年英格兰银行法》还规定，英格兰银行对议会和公众负责，拥有独立制定利率政策的权力。但是在极端情况下，出于国家利益的需要，英国政府有权要求英格兰银行在有限的时期内执行利率调整指令。

2. 货币政策决定及沟通

货币政策决定的沟通内容不仅包括对外公布货币政策策略，还包括对货币政策讨论过程进行描述的会议纪要和投票结果的信息披露。英格兰银行通过设定利率来实现通货膨胀目标，而利率水平由货币政策委员会负责制定。货币政策委员会每月定期召开会议，会期通常定在每月第一个星期一之后的周三和周四，通过一人一票制投票决定利率政策，并于会后及时公布。相关会议纪要和委员投票情况则于会议结束两周后公布。

从市场沟通的角度讲，货币政策委员会一方面定期接受英国议会特别是财政委员会的听证，另一方面委派货币政策委员会委员定期在全国各区域与企业和其他组织开展双向对话，并对货币政策决定及其成因进行解释。英格兰银行在全国范围内设立了12个区域代表处，充当其与各地区行业联系的桥梁和沟通窗口，从而强化其货币政策操作。区域代表处每月定期与当地工商户、机构和团体举行商讨来评估商业活动情况，其具体职能包括：一是在每月货币政策委员会会议前提供区域商业状况评估报告，帮助货币政策委员会形成关于经济和通胀走势的基本看法；二是提供企业信贷情况分析，有效促进金融稳定；三是协助货币政策委员会和金融政策委员会委员在各区域开展定期访查。

货币政策决定不仅涉及市场沟通以期达到为公众所理解的目的，还涉及如何规避市场干扰和无端猜测。为此，货币政策委员会向其委员提供指导方针，规定在每个月的有限时间段内，MPC委员不得向新闻媒体或其他相关利益机构就货币和财政政策进行公开或非公开表态，从而避免市场据此对利率决定进行不必要猜测。

除上述货币政策框架沟通之外，英格兰银行的对外信息沟通还包括经济信息与经济前景沟通。经济信息沟通主要包括经济、金融和货币等原始数据的搜集、整理、分析和公布，帮助公众理解货币政策出台的背景，从而利于当前政策推行。经济前景展望属于前瞻性信息沟通，便于公众理解未来政策的可能变动，并及时作出反应。目前，英格兰银行形成了完备的统计信息披露、经济货币运行状况分析和前景展望的定期报告制度，实现了相关沟通机制的制度化、书面化和定期化。

1. 定期发布货币金融统计数据

英格兰银行网站建立了交互式数据平台，所有金融统计历史数据都可以通过该平台查询和调取。同时，英格兰银行在网站上发布制式的《货币和金融统计》，并附带文件对相关统计数据进行解读。其中，货币统计数据覆盖银行（包括中央银行）和英国建房互助协会，可以提供按部门和行业划分的货币和信贷分类详尽数据。金融统计数据主要包括银行业的 GDP 贡献率、国际收支、黄金和外汇储备、金融衍生品数据、英国跨国银行业务以及股票、债券和商业票据的发行和回购等。此外，英格兰银行的一项特殊做法是，为满足市场的数据使用需求在网站上发布额外的货币和金融数据。

2. 每季度发布《通货膨胀报告》

自 1993 年起，英格兰银行每个季度发布《通货膨胀报告》，不仅对经济状况作详细评估，还包括货币政策委员会对经济增长和通货膨胀的预测。报告主要包含五个部分：一是货币和资产价格，涵盖货币政策与金融市场、银行资金状况、信贷状况以及货币供应；二是需求情况，分析国内、国外需求状况以及英国对外贸易状况；三是产出和供给，涉及最新产出状况、劳动力市场发展、闲置产能指标和劳动生产率；四是成本和价格，包括消费者价格、全球成本与价格、影响通胀的国内因素以及通胀预期；五是中期通胀预测和风险评估，包括总体经济判断，需求状况、失业率和通胀率预测以及政策决定。

3. 每季度发布《季度公报》

公报内容包括货币与金融稳定专题文章、近期市场与货币政策操作评述、英格兰银行内部治理情况以及英格兰银行官员近期公开演讲和工作论文摘要等。其中，部分专题文章主要分析近期的经济财政问题及其政策含义，另一部分文章通过解释英格兰银行的制度框架和政策工具来增强其公共问责能力。

4. 每半年发布《金融稳定报告》

报告在金融政策委员会的指导下每半年发布一次，内容涵盖该委员会关于金融稳定前景和金融部门恢复情况的评估，以及降低破坏金融稳定风险的政策建议。

2008 年以后，在应对国际金融危机以及促进危机后复苏的过程中，主要国家面临短期名义利率接近于零的调控困境，短期利率水平能维持多久、资产购买计划的规模和退出时间等问题，成为主要发达国家货币政策沟通的重点内容，前瞻性指引也因此成为危机后重要的货币政策工具之一。

2013 年 8 月，英格兰银行正式推出前瞻性货币政策指引，在强调通货膨胀目标的基础上提出了具体的政策路径：在失业率降至 7%以下之前，将维持 0.5%的超低基准利率和资产购买计划不变。这是2009 年以来英格兰银行对其货币政策框架作出的最大一次调整，首次将货币政策与失业率挂钩。但是英格兰银行同时表示，即使失业率降至 7%，也不会自动触发加息，只是届时将重新评估利率问题。相反，如果出现以下三个终止条款中的任何一个，上述将利率和资产购买计划同失业率门槛相关联的做法即告失效，央行将重新评估政策。这三个条款包括：一是未来 18 ~ 24 个月内通胀率到达 2.5%或更高水平；二是中期内通胀预期出现恶化；三是货币政策委员会判断超低利率对金融市场稳定构成威胁，而金融政策委员会、金融行为监管局和审慎监管局没有可用的政策加以应对。

2014 年 2 月，随着英国经济复苏进程加快，失业率降至 7% 附近，货币政策委员会调整此前推出的前瞻性货币政策指引，引入更多经济指标以作综合考量，而非锁定单一指标。纳入考量的因素包括七个方面：一是实现 2% 通货膨胀率的货币政策目标，以此促进政府关于经济增长和增加就业的经济政策；二是即使失业率大幅下降，在提高利率之前仍有吸收闲置产能的空间；三是采取渐进方式上调利率，使通胀保持在目标值水平；四是未来几年的利率走势视经济情况而定；五是即使经济恢复到正常产能水平，通胀接近于目标值，银行利率也可能大幅低于金融危机之前 5% 的平均利率水平；六是量化宽松政策将至少维持到利率上调为止；七是金融政策委员会和其他监管机构若不能有效控制金融风险，货币政策作为最后防线，可以起到降低金融稳定风险的作用。

英格兰银行采取的前瞻性货币政策指引属于状态指引，即货币当局在未来路径指引中明确可能引发政策变化的经济条件。通过将货币政策路径与具体的经济条件相关联，状态指引能够给予公众较明确的政府反应函数信息，有助于公众理解政策变化的原因和方式，并调整政策变动预期，降低政策调整的不确定性。但需要注意的是，状态指引的实施效果取决于指标选取（反映了通货膨胀、产出、就业、金融稳定等方面的权衡）和门槛设置（反映货币当局对于经济运行变动规律和现实的把握）是否得当。选取指标过少或门槛值过低可能会忽视经济的复杂性，导致过早变动货币政策，或误导公众预期央行会过早退出。因此，状态指引的"条件性"是决定其成败的关键，也是公众沟通的重点内容。此外，指引的条件性或门槛设置应尽量简洁、可量化，以便于公众作出判断。英格兰央行 2013 年推出前瞻指引时遭到市场批判，原因在于其终止条款的含糊性。批评认为，它加大了公众对形势判断的难度，因为公众需要获取更多信息了解货币当局对于金融稳定局势的判断。因而，可能会造成公众预期混乱，增加央行的沟通成本。

鉴于本轮金融危机暴露出英国金融监管框架的重大缺陷，《2012年金融服务法案》对英格兰银行的角色定位作出重大改变，赋予其全面监管英国金融体系的职责，建立其下属的金融政策委员会并新设立审慎监管局。随着职能的扩充，英格兰银行认识到强化透明度和问责制的必要性。2014年4月，英格兰银行授权美联储前理事沃尔什（Ken Warsh）就货币政策委员会的透明度和决策程序进行评估。2014年12月，英格兰银行公布了评估报告，并同时宣布了一系列提高政策透明度和公众信任度的改革举措。此次改革是自1997年货币政策委员会成立以来，在公布和解释货币政策决议方面最重要的变化。具体来讲，英格兰银行拟采取的增强市场沟通透明度的措施主要包括两个方面。

第一，增强货币政策委员会的透明度。根据沃尔什的评估报告，货币政策透明度的四大目标即合理的政策决议、有效的市场沟通、公共问责以及准确的历史记录资料。为此，英格兰银行提出以下改革措施。

1. 2015年8月起，同时发布货币政策决议、会议纪要和（相关月份的）通货膨胀报告

与现行的货币政策委员会决策程序相比，主要有两点变化。一是货币政策委员会审议会议的召开时间将从公布政策决议的前一天提前约一周时间。二是政策决议公布当天的早些时候召开的货币政策委员会讨论和决议会议将拆分为两次会议，政策讨论会议将较目前提前3～7天进行，而投票环节将改至公布政策决议的前一天（周三）晚间进行。上述变化的原因在于，为在公布政策决议的同时发布会议纪要和通胀报告提供充足时间。

2. 2015 年 3 月起，发布货币政策会议的完整文字记录和政策简报

英格兰银行决定，延后发布完整文字记录的时间间隔为 8 年。该时间间隔的选择主要出于两方面的考虑。一是通过强化公共问责来平衡商业和金融周期，二是确保货币政策委员的决策不受其他因素干扰。

3. 2016 年起，货币政策委员会会议将减少至每年 8 次

根据沃尔什的评估报告，改变货币政策立场的前提通常是经济数据出现持续性变化，而 4 周时间通常不足以改变对经济形势的判断。即便在金融危机之前，英格兰银行平均每年调整利率的次数也低于 4 次。此外，包括美国联邦公开市场委员会在内的许多发达国家央行每年召开货币政策会议的次数都在 8 次或以下，并未影响货币政策的有效执行。欧央行理事会也从 2015 年 1 月起将政策会议频次降至每年 8 次。就改进后的会议时间间隔来讲，8 次会议将平均分配，并确保两次季度通胀报告的中间召开一次会议。此外，货币政策委员会与金融政策委员会将按计划召开 4 次联合会议，就双方感兴趣的共同话题进行讨论。以上降低货币政策会议频次的计划仍需要提交英国议会批准。若得以通过，《1998 年英格兰银行法》关于货币政策委员会会议的规定将修改为"每年至少召开 8 次会议"。

第二，增强英格兰银行档案和文件资料的透明度。英格兰银行一方面出席财政委员会和议会的听证会议，另一方面通过更为广泛的信息披露实现公共问责。因此，英格兰银行在保存和公布董事会会议纪要方面采取与英国政府一致的做法，并应财政委员会的要求，一次性公布 2007 年至 2009 年金融危机期间的会议纪要。

1. 公布董事会会议纪要档案

按照历史做法，英格兰银行董事会会议纪要移交档案保存，并

于 100 年后向公众开放。《2012 年金融服务法案》对公布董事会会议纪要作出新的规定,从 2013 年 4 月开始,会议纪要在相关会议结束 6 周后公布。但是,1914 年至 2013 年 3 月的会议纪要一直未公开。

为了履行更加公开透明的承诺,英格兰银行将 2013 年 3 月以前的董事会会议纪要纳入与其他普通档案资料管理相同的做法。就普通档案资料来讲,英格兰银行一直沿用英国政府的做法,即延后 30 年公布。英格兰银行目前则计划采用英国国家档案馆延后 20 年公布的做法。按照目前计划,1914 年至 1987 年的会议纪要将于 2015 年公布。1988 年至 2001 年的会议纪要则从 2016 年起按照每年公布两个年度的进度推进,直至 2022 年。此后依此类推,2023 年公布 2002 年的会议纪要,直到董事会会议纪要历史档案全部公开。

2. 公布金融危机期间的董事会会议纪要

应英国财政委员会的要求,英格兰银行采取特殊做法,于 2015 年 1 月公布了 2007 年至 2009 年金融危机期间的董事会相关会议纪要,以实现其公共问责。

英国宣布申请加入亚投行

2015 年 3 月 12 日，中国财政部在其网站公布一条消息：英国向中方提交了作为意向创始成员国加入亚洲基础设施投资银行（以下简称亚投行）的确认函，正式申请加入亚投行。这条消息的公布可以说是一石激起千层浪。对中国来说，这意味着在创立一家由中国主导的主要国际金融机构上取得了正面重大突破。

2008 年席卷全球的金融危机爆发后，国际社会对危机爆发的根源进行了深刻反思，其中之一就是要改革国际货币体系，加强国际金融机构的危机处置能力并减少美元一家独大对国际经济金融稳定的破坏作用。改革的关键内容包括增加国际货币基金组织的贷款能力，提高发展中国家在国际金融机构的代表性等。2009 年，在美国匹兹堡举行的二十国集团领导人峰会上，国际社会就此达成一项重要共识：把国际货币基金组织的贷款能力扩大两倍至 7 500 亿美元，同时把发达经济体不少于 5% 的份额转移给新兴市场经济体。尽管美国也是这项重要改革共识的背书者，但借口国内政治进程的干扰，迟迟不予落实。直到 2014 年 11 月在澳大利亚凯恩斯举行的二十国集团峰会上，国际货币基金组织总裁拉加德（Christine Lagarde）宣布，如果美国不能履行其在改革国际货币基金组织方面的承诺，国际社会只能寻求其他替代方式。美国之所以不能履行承诺，一方面当然是有国会反对的因素，另一方面也有自己的算盘，那就是唯恐改革国际货币和金融体系会削弱美国的影响力。

在国际金融和货币体系改革因美国因素而迟迟不能落实的情况

下，包括中国在内的一些新兴市场经济体免不了另有打算。2013 年 3 月，在南非德班举行的第五次金砖国家领导人峰会上，中国、印度、俄罗斯、巴西、南非五国领导人一致同意成立一家金砖国家开发银行，并随后在 2014 年 7 月巴西福塔莱萨峰会上发表共同宣言，正式宣布成立这家最终名为"新开发银行"的国际金融机构。几乎与此同时，中国国家主席习近平在 2013 年 10 月访问印度尼西亚时，在同当时的印度尼西亚总统苏西洛会谈中倡议建立亚投行。随后，在 2014 年 4 月举行的博鳌论坛上，国务院总理李克强正式宣布中国积极争取早日成立亚投行，以促进亚洲地区的互联互通建设和经济体一体化。从中国发出成立亚投行的倡议之初，美国就四处放风说这是对包括亚洲开发银行在内的现有地区性开发银行的挑战，而且中国主导成立的亚投行必然缺乏可信的透明度和贷款准则，甚至会纵容借款国腐败。

除了自己反对外，美国还花费心思苦口婆心地劝说其盟友，特别是亚洲的盟友不要参加中国主导的亚投行。美国的"努力"还真没有白费，虽然中国也做了艰苦工作，但在 2014 年 10 月 APEC 会议开始前签署"筹建亚投行备忘录"时，只有亚洲 21 个经济体参加了签字仪式，而包括日本、韩国和澳大利亚在内的亚洲重量级国家则集体缺席。同时，虽然中国财政部一再宣称，亚投行也向亚洲之外的经济体开放，但因为众所周知的原因，域外经济体也无一加入。日本的缺席并不令人惊讶。除了美国反对的因素外，日本自身也有很多缺席的理由，其中就包括认为亚投行的成立会威胁到日本目前主导的亚洲开发银行，而且日本因为历史问题，特别是钓鱼岛问题与中国交恶颇深。但其他很多国家的缺席并不是真心抵制中国，而实在是迫于美国的压力。澳大利亚先是宣称要观察之后再作决定，后来又表示愿意有条件地加入。韩国更是左右为难，一方是政治经济关系日益紧密的中国，另一方又是提供安全保障的美国。在得知韩国起初有意加入亚投行时，美国通过其驻韩大使馆称"对此深感忧虑"，并进一步表示如果韩国选择加入，会影响美韩两国长久积累的互信。在亚洲，与中国有着更密切经贸关系的国家尚且如此，在域外国家，特别是在发达经济体，中国要想取得突破更是难上加难。但英国态度的突变，却印证了一句广告语"一切皆有可能"。

3月12日，当英国政府确认已经提交加入亚投行的申请之后，美国国务院发言人普萨基（Jennifer Psaki）罕见地公开批评英国一味迁就中国，并称英国在没有和美国进行讨论的基础上作出决定。而英国财政大臣奥斯本则反驳说关于是否加入亚投行的问题，七国集团实际上一直都有讨论，而他本人也和美国财长杰克·卢（Jack Lew）保持沟通。奥斯本进一步称，加入亚投行能够使英国分享亚洲的高速经济增长，符合英国的国家利益。英国计划加入亚投行的消息公布后，除了美国表示吃惊和反对外，其他一些国家则更多地感到震动。原来已经表示暂时不会加入亚投行的澳大利亚，转而改口称愿意重新考虑其决定，相关政策会在月底前作出。韩国也在加紧同中美双边磋商，争取在申请加入截止日之前作出选择。同时，欧洲的其他经济大国包括德国、法国和意大利也表示不排除加入亚投行。

尽管现在仍然不清楚中英两国之间进行了怎样的谈判，使作为七国集团成员之一的英国突然作出有利于中国的决定，但其带来的正面影响已经显而易见。除了可能吸引更多有影响力的经济体加入，从而使中国主导建立的亚投行有更多的合法性，并且也最终有利于这家年轻的多边金融机构获得更为有利的国际评级外，参与这种级别的国际博弈也极大地锻炼了中国外交（特别是金融外交）的谈判能力。至于英国转变立场的背后因素，我想除了奥斯本说的这样做符合英国的国家利益之外，恐怕奥斯本本人在其中发挥的作用也甚为重要。从英国宣布伦敦成为人民币在亚洲区外的第一个人民币离岸中心，到英国作为七国集团成员第一个宣布和中国签订本币互换协议，再到英国政府第一个发行人民币国债纳入外汇储备，没有作为英国经济主要决策人的奥斯本的支持，这些进展都是无法想象的。

英国大选结果出人意料

2015 年 5 月 7 日，五年一届的英国大选正式拉开帷幕。大选前的历次民调均认为，这次大选是英国近二十年来选情最为接近的一次，无论是联合执政的保守党还是在野的工党，均不可能赢得议会中大多数席位而单独组阁，最有可能的结果还是多党联合执政。但 5 月 8 日的选举结果公布后，情形还是出乎所有人预料，在下议院总共 650 个席位中，保守党获得 331 席，占据绝对多数，而选前气势高昂号称要把卡梅伦赶出唐宁街 10 号的工党仅获得 230 席。如果以选票计算，保守党约获得 37% 的选票，工党约获得 30% 的选票。

英国议会分上下两院，创立于 13 世纪，至今已有 700 多年的历史，被称为"议会之母"，是世界议会民主的鼻祖。其中，上院议员不由选举产生，而是由王室后裔、世袭贵族、离任首相等组成，无任期限制，也可由女王临时分封爵位增补，人数不定，目前为 779 人。议会下院则是国家政治和社会生活的集中体现。英国全国分成 650 个选区，其中英格兰有 533 个选区，苏格兰有 59 个选区，威尔士有 40 个选区，北爱尔兰有 18 个选区。每个选区在议会下院有一个席位。这样下院共有 650 个席位。英国选举法规定，年满 18 岁且没有被法律取消投票资格的英国公民都有选举权，而年满 21 岁的公民具有被选举权，但贵族、主教、法官、军人、破产者、严重犯罪人员等没有被选举权。选区内候选人以相对多数票获胜。

参加本次大选的主要政党包括现任首相卡梅伦领导的保守党、米利班德（Edward Samuel Miliband）领导的工党、克莱格（Nick

Clegg）领导的参加现任联合政府的自由民主党以及英国独立党和苏格兰民族党等几个较小的政党。保守党选前是执政党，也是议会第一大党，在下院占有 302 个席位，占比为 46.5%。作为英国传统的主要政党，保守党曾经在 1979—1997 年连续 18 年执政，之后在 1997 年大选中输给布莱尔领导的工党。在 2010 年 5 月大选保守党卷土重来，击败由布朗领导的工党，但因为议会席位不过半数，经过谈判与自由民主党组成联合政府。保守党的支持者多数来自企业界和富裕阶层，主张自由市场经济，限制工会权力，近年来提出"富有同情心的保守主义"，关注教育、医疗和贫困等社会问题，以拉近与普通选民的距离。在英国政治中，保守党的主要对手是工党。工党前身为 1900 年成立的劳工代表委员会，1906 年改为现名。1997—2010 年曾连续 13 年执政。2007 年布朗接任布莱尔的领导人职位，但在 2010 年工党大选失利后辞职。2010 年 9 月，米利班德当选为新的工党领袖。工党更多倾向于关注中产阶级利益和社会公平正义，反对英国脱离欧盟。除了保守党和工党外，自由民主党选前为议会第三大党，在下院占有 56 个席位，现任党首克莱格于 2007 年 12 月当选党的领袖，2010 年起与保守党共同执政。自由民主党政治主张中间偏左，在很多问题上同工党立场接近，主张通过减税还富于民，支持欧洲制宪，主张和欧盟保持密切关系。英国独立党 1993 年成立，选前在下院占有 2 个席位（均为其他党派议员改换党派加入）。独立党近来在英国政治生活中异军突起，主要宣扬英国应该脱离欧盟，曾经在 2014 年欧洲议会选举时成为英国 73 个席位中的第一大党。苏格兰民族党 1934 年成立，政治立场中间偏左，选前在下院占有 6 个席位，主要致力于苏格兰独立运动，2014 年的独立公投运动大大提升了该党的声望。此外，2015 年英国大选的特别之处是，历史上首次有 11 位华裔候选人分别代表保守党、工党、自由民主党、绿党等参选，其中还有两位来自中国，甚至有人预计英国议会 2015

年将首次产生华裔议员。

各党在选前的宣传大战中，重点都放在民众关心的焦点问题上，同时集中火力攻击对手的短处。保守党的宣传重点集中在创造工作机会和重振英国经济，改善就业，并承诺为超过 3 000 万英国民众减税，提高遗产税门槛，同时将通过削减政府开支来减少预算赤字。此外，保守党还保证逐年增加国民健康体系（NHS）的实际支出，延长外来移民在英国申领社会福利的等待期，并通过谈判促使欧盟改革移民规定等。工党则聚焦贫富差距问题，强调公平平等，削减预算赤字，增加收入最高的 1% 人群的个人所得税，同时大幅度减免学费，保障底层工人阶层的权益。工党也承诺打击非法雇佣外来劳工，对欧盟移民申请救济金设限，并计划对价值 200 万英镑以上的房产征收特别税。至于其他小党，其政策宣传主要在于标新立异。独立党极力主张反对外来移民、主张脱离欧盟。自由民主党主张通过增加高收入人群的税收来平衡预算，提高收入免税门槛，出台应对气候变化的法律。苏格兰民族党的主要政策是强烈要求苏格兰独立，希望推动第二次苏格兰独立公投，反对政府的紧缩政策。在这次英国大选中，很少看到各党在外交政策上的对峙，主要原因也许是英国本身国力下降，外交政策已经不是选举的焦点，各党的差别主要体现在对欧盟的政策上。卡梅伦承诺在当选后，将于 2017 年举行关于英国是否继续留在欧盟的全民公投。而工党则支持英国留在欧盟。

大选结果公布之后，获胜的保守党踌躇满志，准备组阁。选举失败的政党领袖大多引咎辞职。保守党获得 20 多年来最具压倒性的胜利，意味着卡梅伦将成为相对稳定的保守党政府的领导人。按照传统，卡梅伦在英国当地时间 5 月 8 日中午觐见女王，获得了组织新政府的授权。随后，卡梅伦回到唐宁街 10 号，发表简短讲话感谢相关各方，勾画英国的未来发展，强调了维护英国作为统一国家的重要性。随后，卡梅伦确认了部分内阁成员的任命。其中，奥斯本除继续任财政大臣之外，还任首席国务大臣（First Secretary of State，相当于副首相）；哈蒙德继续留任外交大臣等。与保守党盛大庆祝的场面相反，主要反对党工党却遭遇了1997年布莱尔执政之后最糟糕的选举结果。米利班德在得知大选结果后给卡梅伦打电话表示祝贺，但对媒体称这是一个令人极其失望的惨重局面。随后，他马上提出辞去工党领袖职位。而和保守党联合执政的自由民主党也在大选中遭遇滑铁卢，席位猛降至原来的七分之一，损失惨重。克莱格本人虽然保住了议员席位，但其他重量级议员包括在联合政府中任商务大臣的凯博尔和教育部长劳斯等均落选。克莱格本人随后也宣布辞职。英国独立党一度备受关注，选民投票量增加很多，但由于英国选举制度并非比例代表制，最终只获得一个议席。其领袖法拉奇竞选连任议员失败，也宣布辞职。除了保守党的选举结果令其惊喜外，苏格兰独立党在此次大选中也有不俗表现。它在苏格兰境内大获全胜，夺取了苏格兰地区全部59个议席中的56个席位，把工党在苏格兰地区的影响力彻底边缘化。原党首萨蒙德称，苏格兰雄狮发出了咆哮，任何政府都不能忽视。此外，不出所料，代表保守党参选的两代华人移民艾伦·麦（Alan Mak）以51.66%的得票率在汉普郡哈文特选区获胜，成为英国历史上首位华裔下院议员。

选举结果公布后，市场的反应非常积极。因为如果选举结果印证了此前的民意调查，则没有党派可以获得单独组阁权，这样无论是保守党还是工党都需要和其他党派谈判形成联合政府，而这样的谈判少则1~2个星期，多则长达数月，甚至不排除谈判不成功而被迫举行二次大选的可能。更糟糕的是，大选前的民意调查大部分都预测工党即使不占绝对多数，也会领先保守党，成为议会第一大党，米利班德成为唐宁街10号新主人的概率超过70%。而工党传统上政策偏左，英国企业界包括一些主流媒体如《经济学人》和《金融时报》对工党立场均有抵制情绪，大选前英镑对美元和欧元等主要货币出现贬值也说明了这个问题。选举结果扫除了市场上弥漫的不确定性，使英镑和伦敦股市均出现显著上扬。

保尔森谈如何与中国打交道

2015 年 5 月 12 日，英格兰银行行长马克·卡尼邀请美国前财政部长亨利·保尔森（Henry Paulson）在英格兰银行董事会会议室举行对谈，就保尔森新出版著作《如何与中国打交道》进行讨论。包括英格兰银行、英国财政部、外交部等部门工作人员以及部分外国央行驻伦敦代表参加，我也有幸获邀参加。

在简短的开场白中，保尔森介绍说从 1992 年第一次到访中国开始，他对中国的访问已经超过 100 次，其间他先是带领高盛公司参与了中国多家国有企业的重组和上市，然后又以美国财政部长的身份推动建立了中美战略与经济对话机制，卸任后又通过保尔森基金会继续促进两国经济、环保等领域的可持续发展。他盛赞中国改革开放的成就，主张把中美关系提升至战略高度。在对中国的多次访问以及对等接待中，保尔森接触了众多中国政商精英及高层领导，形成了自己独特的与中国打交道的方式，并希望把自己的体会与大家分享，以促使美国政界、商界同社会其他部门在和中国的合作中获得最好的结果。保尔森把自己同中国打交道的经历主要归结在下面几个领域。

（1）把握中国改革开放时机，带领高盛公司积极参与中国移动、广东粤海企业、中国银行（香港）等国有企业的重组和上市。

（2）积极启动中美战略与经济对话机制，加强两国在经济领域的对话与合作。

（3）在金融危机中力挽狂澜，确保中国投资者对美国的信心。

他主要指美国政府把"两房"收归国有，保持包括中国在内的全球"两房"债券持有者的信心。

保尔森接着分享了与中国打交道的秘诀。

善于倾听，顺势而为。保尔森比较了解中国的文化和习惯，愿意倾听中国的实际需要。保尔森感慨，在中国你要学会听懂言外之意，真实的意思往往不会直接表达出来。

与中国高层建立良好的私人关系。保尔森在中国人脉颇广，尤其是和中国高层关系熟稔。

洞察中国发展中的问题，赢得了中国的尊重。要关注中国的生态环境保护问题。保尔森是环保主义者，从小在农场长大，对动物很感兴趣。在任高盛公司首席执行官期间，保尔森担任世界上最大的非营利环保组织——大自然保护协会亚太理事会的主席，启动了云南香格里拉和大河流域的环保项目；在 2007 年担任美国财政部长期间，他造访青海，了解这一西部省份在生态环境保护、利用清洁能源等方面所做的工作和努力；2013 年他赴天津世界级的候鸟栖息地——北大港湿地，观察众多鸟类和东方白鹳，并与护鸟志愿者做了交流。随后，他将"湿地保护"列为保尔森基金会在中国的重要项目。他认为生态环境对中美两国人民乃至全球都有至关重要的影响。

此外，保尔森帮助中国加强商业教育。20 世纪 90 年代，中国的大学培养了大量优秀的工程师，但在经理人培养方面却远远落后于欧美大学。1999 年 10 月，保尔森应邀在清华大学做了关于公司管理的讲座。随后，他向朱镕基总理提议邀请美国著名大学的教授、专家来清华大学授课，帮助中国培养高素质的管理人才。这一建议后来促成了清华大学高级管理人才培训项目。保尔森在书中回忆，清华大学的杰出校友周小川行长曾多次与其商讨项目细节。该项目邀请到了哈佛商学院的多名教授以及众多商业领袖前来授课，为中国培养了不少管理人才，清华大学现已成为"中国的麻省理工学院"。

最后，保尔森提出加强两国关系的建议。保尔森是一个美国人，他更关心的是美国的世界地位、美国的经济和环境。他自称无论是在高盛公司供职期间，还是在担任美国财政部长时期，他作的决策都是从美国公司的利益、美国政府的利益出发，只不过这些利益都跟日益崛起的中国紧密相关。保尔森非常清楚，美中关系是世界上最重要的双边关系，与中国建立清晰的、有建设性的合作关系，才是增进美国利益的最好途径。他对美国如何与中国打交道、加强两国关系提出了几条建议。

1. 推动创造更透明的环境

支持中国改革，意味着推动其加大透明度，并且更好地遵守国际标准。公开透明是打击腐败、强化中国公民和外国投资者对政府和法治信心的最好方式。美国应该敦促中国就上到空气和水质量数据、下到地方政府环保法规在内的各种事务发布可靠准确的信息。

2. 用一个声音说话

在中国，由于顶层的声音很明确，以下的人可以更好地凝聚共识。相比之下，美国政府没有这样一位明确的代言人，中国往往不知道是谁在代表美国总统讲话。保尔森在书中写道："在我离开政府部门后，中国官员不止一次问我，奥巴马总统处理中美关系时最依赖的人是谁"。

3. 为中国安排更好的座席

美国应该期待中国在诸如世界贸易组织等国际组织中发挥更大、更负责任的角色，以支持全球经济体系。美国应该准备好随时作出务实的妥协，让中国加强和发挥领导作用。

4. 美国需向中国展示"肌肉"

美国应该重申自己作为太平洋大国的地位，在北美自由贸易协定的基础上，与邻国以及跨太平洋伙伴关系国加强联系，打造一个横跨太平洋的自由贸易区。没有什么比跨太平洋伙伴关系协定（TPP）的进展更能吸引北京的关注与合作，尽管这需要美国总统花费政治资本与国会斡旋。

5. 找到更多说"是"的途径

与其试图说服中国同意美国的所有做法，不如中美一起制定新政策，或者在新框架里修订旧条款。美国不能"修正"中国的经济增长模型，而中国却可以"修复"美国的财政困境。多想办法，会让中美变得更加互补。

6. 避免在最后一刻出现意外

中国企业高管或政府领导在参加会议前习惯精心准备，以共识驱动型的方式作决策，而不喜欢最后一刻突然发生变化。因此要避免会议议程出现波折，并且要在紧急事件上加强合作。

7. 依据现实情况行事

引导中美交往的应该是事实，而非愿景或梦想。中美间的差异非常大，不能仅仅靠"期待"让中美变得更加一致。美国需要尽可能多地了解中国内部正在发生什么，并以足够的现实态度研究什么是可行的。瞄准中国的强项而非弱点，可以让两国相处得更好。

在回答问题阶段，保尔森也谈到了中国政府面对的各种挑战，包括腐败问题、环境压力、经济增长放缓以及和周边国家的关系等。总体印象是，他对中国保持乐观，认为中美双边关系应该在积极的轨道上发展，对两国关系中出现的紧张因素应该及时化解。另外，因为谈话的内容主要涉及中国，我也问了一个问题，就是他如何看待2016年的美国大选？大选将对中美关系产生怎样的影响？保尔森没有直接回答问题，只是称无论谁当选，都会重视发展中美两国关系，因为中美两国的合作而不是对抗不仅关系到两国人民的福祉，而且也关乎世界的和平和发展。

陆克文谈中国

　　眼下中国真正成为热门词汇，前些日子美国前财政部长保尔森刚刚在英格兰银行给英国的精英阶层普及如何同中国打交道，随后而来的澳大利亚前总理陆克文（Kevin Rudd）又在2015年6月2日于伦敦资本俱乐部给大家介绍了他如何看待中国，特别是中美关系的问题。

　　陆克文卸任总理职务后，先是在哈佛大学肯尼迪政府学院国际事务研究中心做了一段时间的高级研究员，此后在纽约的亚洲协会政策研究院担任主席，仍然致力于中国问题研究。他这次来伦敦主要是就其关于中美关系的研究成果《二十一世纪的中美关系》进行宣传。据称，他在伦敦安排了多场活动，除了在伦敦资本俱乐部和金融城的相关人士小范围讨论之外，还将在皇家战略研究所作专题演讲。

　　我原来对陆克文有些了解，但没有见过面。这次见面感觉他身材很壮实，但长着一张娃娃脸，也喜欢开玩笑。可能因为我是出席讨论会的唯一一位中国人，他马上就秀了流利的中文，用中文和我打招呼，并自嘲说自己是犯人的后代（指历史上澳大利亚作为英国殖民地，是流放犯人的场所）。陆克文在讲话之前，先问大家都对哪些问题感兴趣，然后根据大家的兴趣，把内容集中在以下三个问题上。

　　关于中国领导人面临的挑战。陆克文认为，挑战主要在三个领域：经济转型、国企改革和建设法治社会。在经济转型方面，主要问题是如何找到一条有效途径，把中国的高储蓄转变成消费，改善中国的经济结构。国企改革的主要挑战在于建立真正的现代治理结构，同时协调好国有部门和私营部门的共同发展，因为私营部门已经成为中国经济和就业市场的主要部分。而建设法治社会的任务更为艰巨，需要全社会的共同参与，这将为经济发展和社会稳定提供安全保障。

关于中美双边关系。陆克文当时认为，从他近期在美国接触到的一些政商两界人士来看，美国因为三件事对中国的看法相当负面。首先就是来自中国的网络攻击事件，其次是南海问题，最后就是亚投行。美国认为，从这三件事可以看出中国具有攻击性，对美国的国家安全利益构成威胁。而使问题变得更糟的是，美国现在对中国的外交政策是国防部主导，国务院变得弱势，因此对华立场趋向鹰派。同时，中国对美国的负面情绪也在增加，中国感觉作为新兴大国不被尊重，容易产生被羞辱的感觉。

陆克文认为，过去每当中美之间产生分歧或误解时，总是有一些对两国领导人均有接触渠道的人士居中做一些调解工作，例如基辛格就长期发挥这种中间桥梁作用。但现在这样的人越来越少，保尔森虽然和中国高层保持联系，但他的专长是在经济和金融以及环境问题，而对安全和外交事务是外行。陆克文认为，中美之间下一个冲突的主战场是特别提款权（SDR），虽然中国在亚投行的问题上看起来占得先机，让美国挫败感很大，但这样恰恰不利于 SDR 的讨论，而且美国的政治气氛也不利于 SDR 2015 年纳入人民币。

陆克文认为，总体来说中美之间存在明显的利益差异，如南海问题、东海和钓鱼岛问题，以及知识产权保护问题等。但两国也有共同利益，例如，如果两国能够早日签订双边投资保护协定，对两国的经济发展都有利。此外，两国在共同打击伊斯兰恐怖主义势力方面也有相似立场。因此，对中美两国来说，选择"建设性的现实主义"来作为处理两国关系的指导原则更合乎双方的利益。

至于澳大利亚在亚太安全保障方面的角色，陆克文认为，同亚洲其他国家一样，澳大利亚在经济上严重依赖中国，但在安全问题上又严重依赖美国。澳大利亚人口只与荷兰相当，但海岸线很长，这样的地理环境使澳大利亚在安全问题上没有其他选择，只能依赖美国。

人民币崛起

2015 年 6 月 29 日上午，伦敦金融城联合美国大西洋理事会及路透社举办发布会，推介研究报告《人民币崛起：人民币如何影响全球市场、外交政策及跨大西洋金融监管》①。我应邀出席发布会，并参加相关议题讨论。

报告认为，人民币国际化过去五年取得积极的进展，包括建立中国香港离岸人民币中心、引入合格境外机构投资者（QFII）和人民币合格境外机构投资者（RQFII）、允许跨国企业开展跨境人民币集中运营业务、推出"沪港通"等，人民币在跨境贸易及服务中的使用不断增多。报告指出，人民币国际化以及相应的资本账户开放将会为全球投资者和金融体系带来切实利益，不仅有助于促进全球经济再平衡，增加全球投资者的投资渠道，方便跨国企业在全球范围内自由调配利润，而且有助于促进人民币汇率市场化，减少"操纵汇率"导致的政治摩擦，并推动中国加快改革和经济转型。然而，人民币国际化还将带来一系列挑战，这就要求包括中国在内的各国监管当局妥善应对。报告认为，人民币国际化对全球经济治理和国际经济合作的挑战主要体现在以下三个方面。

在货币政策方面，人民币国际化将影响中国货币政策的传导，资本账户开放将降低政府对利率和汇率的控制力，削弱政府优先向特殊对象提供贷款的能力。然而，随着人民币逐步走向国际化，全

---

① *Renminbi Ascending：How China's Currency Impacts Global Markets，Foreign Policy，and Transatlantic Financial Regulation.*

球金融体系将呈多极化发展，中国将获得征收铸币税的权力。

在监管政策方面，人民币国际化将为中国政府带来新的压力，促使其改革市场监管，增强以人民币计价（或中国）的投资工具的可信度。与此同时，随着人民币市场的发展，中国国内基础设施将逐步完善，中国监管当局可能会向国际社会输出国内的政策偏好，美国和欧盟监管当局不再只是金融监管政策的制定者，同时也会成为接受者，这将导致跨境决策中出现新的摩擦。

在外交政策方面，人民币国际化将赋予中国政府更多工具，以加强与贸易伙伴和潜在盟国的关系，增强其境内金融体系及其金融机构在境外的竞争力。此外，长期来看，中国政府不仅可从审慎角度出发还可出于政治考虑，对参与其金融体系的某类主体采取惩罚性措施，类似美国依赖美元主导地位对欧洲一些银行施加巨额罚款。

为充分挖掘人民币国际化的潜在收益，有效应对人民币国际化带来的挑战，报告提出了多项建议。

首先，中国应进一步完善法律基础设施建设，满足不断增长的人民币需求。特别是，中国需制定可信、可预测的资本账户开放规则，保障市场主体对人民币的所有权、转让权、担保权和投资权。

其次，各国监管机构应进一步加强跨境合作与协调。一方面，国际清算银行、支付和市场基础设施委员会、国际证监会组织、金融稳定理事会等国际标准制定机构应专门成立人民币国际化工作组。另一方面，各国监管机构也应加强与中国监管机构的双边协调。

再次，考虑到人民币在跨境结算和投资中的占比显著上升，且中国金融领域改革持续推进，国际货币基金组织应将人民币纳入SDR货币篮子。但人民币在SDR货币篮子中的权重应同时体现人民币市场的发展状况及中国监管改革的进展情况。

最后，监管机构针对市场主体的监管应以经济和审慎原则为依据，而不应服务于政治目的。西方金融机构应积极参与人民币国际化进程，否则人民币国际化进展缓慢，且人民币的可信度在许多金融中心将遭到质疑。

报告发布当日，适逢亚洲基础设施投资银行（以下简称亚投行）在北京举行签约仪式，人民银行刚刚于周末宣布降息降准。因此，讨论环节主要围绕人民币国际化、亚投行及中国降息降准展开。讨论环节由路透总编辑斯瑞夫（Axel Threlfall）主持。

关于人民币国际化的影响，路透金融和风险部总裁克莱格（David Craig）表示，人民币国际化是国际层面和政治领域的一件大事，将影响大国关系。英国财政部代表华德（Robert Ward）认为，中国人民币国际化和资本市场开放意义重大，将对金融服务业乃至全球经济产生重要影响。渣打银行欧洲首席执行官赫尔姆斯（Richard Holmes）表示，人民币国际化背后是中国经济地位的大幅提升，这意味着美国对全球的影响力将逐步下降，世界将朝着均衡化方向发展。

关于人民币加入SDR货币篮子问题，赫尔姆斯表示，人民币加入SDR是人民币在国际化进程上迈出的重要一步，但人民币国际化并不取决于人民币能否加入SDR，而是看以人民币计价的贸易规模，特别是大宗商品贸易规模。美国大西洋理事会研究员、报告执笔人布鲁默（Chris Brummer）认为，日本当年加入SDR时，日元并未实现完全可兑换，而目前人民币可兑换程度已超过当时的日元。我在发言中表示，人民币国际化是一个顺应市场、由市场主导的过程，人民银行并没有刻意推动。人民币国际化是对现有国际金融经济体系的一种补充，而不是替代，人民银行所有的相关政策目的只有一个，那就是顺应这种市场要求，制定政策框架，为人民币的市场使用与投资提供便利。

关于亚洲国家在人民币国际化中的作用，布鲁默表示，亚洲国家与中国距离近，且在同一时区，将在人民币国际化中发挥至关重要的作用。人民币有望成为亚洲地区的"欧元"。

另外，有与会嘉宾认为，人民币国际化后，随着中国地位的提升，中国可能对外输出国内政策规则，导致美欧由规则制定者转变为规则接受者，进而引发美欧方面的抵制。对此，克莱格表示，另立一套规则不利于金融体系发展，各国监管机构应在国际层面加强沟通与合作。

关于亚投行的设立，华德表示，英国加入亚投行主要有以下三个考虑：一是亚洲存在8万亿美元的基础设施融资需求，迫切需要资金支持；二是英国是一个传统的多边主义国家，对新成立的多边机构持开放态度；三是英国希望从一开始就参与亚投行的管理，确保亚投行治理框架稳健、透明，采用最佳国际惯例。华德建议亚投行建立一个代表不同成员国利益的管理层，并在管理上借鉴现有国际机构的经验。

关于中国成立亚投行的初衷，我也作出了解释。成立亚投行是中国依据最基本的经济原理作出的一项决策，并不是为了实现所谓的外交目的。根据国际机构的测算，亚洲及全球基础设施融资缺口巨大，而金融危机后主要发达经济体经济增长乏力，无力对外提供融资。相比之下，中国受危机影响相对较小，恰好可满足亚洲及相关地区的基础设施融资需求。

关于中国降息降准。6月27日，人民银行宣布降息降准。与会嘉宾质疑人民银行此举是在中国股市连续大跌后采取的救市行为，由此担心未来一旦中国经济增长放缓或面临其他金融问题，中国的金融改革可能出现反复，资本账户开放的进程可能有所倒退。另外，此次行动也令人怀疑人民银行的独立性。

对此，我表示，人民银行承担的职能包含维持价格稳定和金融稳定，当金融市场出现大幅波动并可能引发重大风险时，人民银行采取措施维护金融稳定也是其职责所在。另外，从此次降息降准的内容来看，人民银行的行动并不简单地理解为给股市提供支持，实际上是更有针对性地向实体经济提供流动性支持。

英格兰银行重视研发数字货币

以比特币为主要代表的数字货币的快速发展，给传统上由中央银行实施的货币发行体制带来冲击和影响。世界上一些主要央行开始讨论发行以主权信用支持的央行数字货币，英格兰银行在这方面的研究走在同行前列。总体来看，英格兰银行对发行法定数字货币态度较为积极，并已开始就相关问题开展研究。在英格兰银行看来，现有的数字货币没有求偿权，是一种无形资产或数字商品，尚难以成为经济社会广为使用的货币形式。但在未来，发行具有求偿权的有面值的数字货币，是可以想象的；伴随着数字货币的不断发展，其或成为广义货币的重要组成部分。

在英格兰银行看来，与现钞和银行存款等普通形式的货币不同，数字货币没有求偿权，因此可以说是一种商品；但与黄金等有形商品不同，数字货币是一种无形资产，或数字商品；且只有各相关参与方就数字货币使用等达成协议后，数字货币才有意义。总体来看，英格兰银行对发行法定数字货币的态度较为积极，称现有数字货币技术或有非常好的发展前景，中央银行应考虑将该技术运用到发行数字货币中；英格兰银行已将发行数字货币列入 2015 年的研究课题清单。

与传统的纸币相比，数字货币的优势主要在于：一是快捷方便，使用数字货币，交易几秒钟即可完成；二是处理成本低，纸币在银行间转移或销毁需要大量费用，而数字货币交易一旦确认，基本不需要处理费用；三是安全性，虽然目前网络金融犯罪不断攀升，但是同与实体货币相关联的犯罪相比，风险还是较低，在信息化社会，数字货币的存放和使用要比纸币安全。另外，现有的私营第三方支付机构发行的数字货币，如比特币等，是存在"经济缺陷"的，价值波动剧烈，不利于社会和经济稳定；中央银行发行法定数字货币，有其安全稳定的支付体系作为依托，可以给社会公众提供更可靠的安全承诺。

虽然有上述诸多优势，中央银行发行数字货币同时面临技术挑战、监管挑战和运行挑战。在技术障碍方面，发行法定数字货币的中央银行需要开发一套协议，以规定通过互联网实现数字货币价值转移的整个过程的具体规则，类似于 Tim Berners-Lee 在 1989 年制定的万维网信息传输协议，这是一个庞大的系统性工程，需要科技和金融领域众多专业人士的共同参与。在金融监管方面，法定数字货币发行后，需要有专门的机构在数字货币终端提供数字钱包和货币兑换服务，这些机构不需要在自身账户中存有资金，金融监管部门对其开展审慎监管将不同于传统的商业银行，因为商业银行有资本充足率等指标要求。在运行使用方面，法定数字货币在流通和使用过程中，还需要满足征信和反洗钱等方面工作的需要，如何在加强数字货币监测和使用者隐私保护间寻求平衡同样面临难题。

就目前的情况看，数字货币对英国的货币稳定和金融稳定尚未构成明显影响。虽然近年来数字货币发展很快，但规模仍非常小。英格兰银行 2014 年估算，流入英国的比特币总额低于 6 000 万英镑，还不到英镑纸币和硬币总额的 0.1% 和英国广义货币总额的 0.003%，全英国仅有 20 000 人持有比特币，每天发生的比特币交易不超过 300 起。但是随着时间的发展，数字货币的影响会不断上升，主要表现在以下几个方面。

对金融稳定的影响。数字货币，例如比特币等，价格波动可能非常大，且价格狂跌难以提前预判。目前数字货币规模小，价格狂跌的影响相对有限，但未来随着数字货币规模的不断上升，这一影响不可忽视，或对金融稳定产生直接威胁。目前，数字货币价格狂跌仅会对持有者产生影响，但未来，如果比特币持有者加大风险敞口从其他人手中融入大量资金，或系统重要性金融机构持有了大量的未担保的数字货币，或数字货币发展成金融衍生产品，数字货币在整个支付体系中扮演了非常重要的角色，那么其对金融稳定的影响范围和程度就会非常大。

对货币政策的影响。目前，英格兰银行主要是通过调整商业银行在中央银行存放的准备金利率以影响市场利率，对社会总需求进行调节，以实现2%的通货膨胀率为目标，其中一个重要方面就是通过市场利率影响居民和企业的经济行为。随着数字货币的发展，中央银行货币政策操作对数字货币持有者的经济行为影响会变得有限；在极端情形下，若整个社会都大量使用数字货币进行日常支付，那么中央银行几乎无法通过传统的货币政策工具对社会总需求进行调节。

对金融机构和支付体系的影响。中央银行发行广为接受的法定数字货币，会弱化商业银行持有的传统存款，给银行体系带来冲击；同时，新的法定数字货币支付体系也会弱化已有的支付体系。

在英格兰银行看来，现有的数字货币，如比特币等在设计上存在缺陷，尚难以成为经济社会中广为使用的货币形式；现有的银行体系，也难以适应以数字货币为主要货币形式的经济体系。但在将来，金融机构向公众发行一定数量的具有求偿权的有面值的数字货币，是可以想象的。若上述具有求偿权的数字货币成功发行并广为社会公众使用，其需求会不断增长，在供给相对有限的情况下，或促进金融机构继续发行更多的不具备完全求偿权的数字货币。随着数字货币的不断发展，银行储备的结构或发生相应变化，数字货币或成为广义货币的组成部分。

英国金融监管体制演进：改革永远在路上

英国金融监管框架基本形成于20世纪80年代末，1998年以前基本实行分业监管，包括英格兰银行在内的9家机构分别行使对英国银行业、证券业、保险业等的监管职能。20世纪末期，英国逐步走向统一监管与混业监管，成立金融服务局，统一行使对银行业、保险业以及证券业的监管职能。2008年国际金融危机后，英国撤销金融服务局，由英格兰银行承担主要的宏观和微观审慎监管职能，英格兰银行设立金融政策委员会，负责识别、监控以及采取措施应对英国金融体系中的系统性风险，在维护英国金融稳定中扮演关键角色；设立相对独立的附属机构——审慎监管局，负责对英国所有存款吸收机构、保险公司和大型投资公司的微观审慎监管。2015年，英格兰银行发布《公平和有效市场评估》报告，对英国批发性金融市场进行全面和前瞻性的审视，拟缓解之前发生的一些重大欺诈行为带来的不良影响，恢复市场信心；在新提交的《英格兰银行议案：技术咨询稿》中，英格兰银行拟将审慎监管局由英格兰银行一个相对独立的附属机构转为内设部门，并成立审慎监管委员会承担审慎监管局原有的微观审慎监管职能，进一步加强宏观审慎监管和微观审慎监管的有机结合。总体而言，金融危机后，在严格监管标准和严厉处罚手段之下，英国金融体系日趋稳健，但金融监管未来也面临诸多挑战。尤其值得关注的是，英国一直以来都是全球金融监管改革的风向标。1997年，英国把金融监管职能从英格兰银行分离出来，单设金融服务局，引领从德国到韩国等其他国家的纷纷效仿。

2008 年国际金融危机后，英国又把金融服务局拆分，更把银行和保险公司及具有系统重要性的金融机构监管权拿回英格兰银行，又引起全球广泛关注。其中，很多国家已经重新改由中央银行主导金融监管，中国讨论合并"三会"，把金融监管放回中央银行的声音也是频繁出现，甚至"十三五"规划中也提出要改革不合理的金融监管框架。了解英国在加强宏观审慎管理和微观审慎管理的有机结合、强化中央银行金融监管职能、加强对金融消费者权益保护等方面的理念，对我们稳妥推进自己的改革具有现实的参考意义。

英国金融监管的历史非常悠久。《1946 年银行法》明确英格兰银行的中央银行地位，从立法上赋予了英格兰银行的银行监管权力，可以对银行提出指示和建议，然而，当时英格兰银行很少使用这些权力。

1973—1975 年，英国次级银行发生挤兑危机。此后为鼓励金融机构审慎经营，英国出台《1979 年银行法》，以法律形式规范各类金融机构可以从事业务的范围，并再次明确了英格兰银行作为银行体系监管者的地位。《1979 年银行法》尽管存在形式大于内容等问题，但仍标志英国金融监管进入了规范化和法制化的轨道。

1984 年，英国发生约翰逊·马修银行倒闭事件，英格兰银行由于对该行过于信任以及危机后反应迟缓遭到指责。此后英国政府专门成立委员会研究金融监管改革问题，于 1985 年发表了改善和加强银行监督的白皮书，并出台《1987 年银行法》，在赋予英格兰银行监管权力的同时，更强调了该行行使这些权力应承担的责任，要求英格兰银行成立银行监督理事会，并把对监管的关注扩展到整个金融服务业。《1987 年银行法》进一步奠定了英国金融监管工作的法律基础，英国金融监管的框架基本形成。

1998 年以前，英格兰银行的审慎监管司、证券与投资管理局、私人投资监管局、投资监管局、证券与期货管理局、房屋协会委员会、财政部保险业董事会、互助会委员会和友好协会注册局 9 家监管机构分别行使对英国银行业、保险业、证券投资业、房屋协会等机构的监管职能。英国贸易工业部则从公司法层面对违反公司法的金融机构进行监管。上述机构实施金融监管所依据的法规主要有《1979 年信用协会法》《1982 年保险公司法》《1986 年金融服务法》《1986 年建筑协会法》 《1987 年银行法》和《1992 年友好协会法》等。

总体而言，在英国金融监管框架形成后的相当一段历史时期，其显著特点是分业监管与市场自律相结合。与其他西方国家不同，英国金融监管多采用"自我管理"的方式，通过"道义劝说"对金融业的业务活动和经营行为进行监督管理。主要是因为 20 世纪 70 年代后，伦敦第一金融中心的地位有逐渐被纽约取代的风险，为重塑伦敦金融中心形象，英国政府积极顺应金融自由化发展的浪潮，大力推动金融业混合经营和金融创新发展。这体现在监管理念上就是实施分业监管并主要依赖市场自律。虽然这一时期英国金融监管的法制化程度不断加深，但法律赋予金融监管机构广泛的自决权，因而英国较为奇特地充分发挥金融机构"自我管理"职能、颇具"绅士风度"的金融监管方式并未发生动摇。

1997 年，英国政府设立独立的监管机构——金融服务局，出台《2000 年金融服务和市场法》，取代此前制定的一系列金融法律法规，成为英国规范金融业的"基本法"，并进一步明确金融服务局享有独立和广泛的金融监管权力。此外，英国政府制定并公布了一整套宏观的、适用于整个金融市场所有被监管机构的"监管 11 条"；确立了以风险控制为基础的金融监管原则，对不同的金融机构采用"量体裁衣"式的有效监管；成立金融监管制约机构"金融服务和市场特别法庭"，负责审理发生在金融服务局与被监管机构之间且经双方协商难以解决的问题。

英国金融监管由"分业监管"走向"混业监管"，主要是因为此前 9 家主要监管机构及若干法律组成的监管体系职能复杂、相互交错，监管机构分别发布各自指令，不同监管机构对同一被监管对象发出的指令有时甚至相互矛盾，各监管机构之间彼此冲突或相互推诿也时有出现。为改变这一状况，英国政府成立了新的独立的金融监管机构——金融服务局，统一行使对银行业、保险业以及证券业的监管职能，从而成为英国整个金融行业唯一的监管者，英国也因此成为全球第一个完全实行统一监管与"混业监管"的国家。金融服务局独立性强，不受政府更迭影响，监管理念主要是运用谨慎的规则而不是以"控制"为基础实施监管，充分重视被监管机构的会计报告以及充分发挥专业技术人员的作用。这一时期英格兰银行专门负责货币政策，控制通货膨胀，金融服务局负责金融监管，双方责任明确。

2008 年国际金融危机给英国带来了严重的冲击，其中金融服务局因未能及时识别和防范系统性风险而受到普遍的质疑和批评。危机后英国政府采取了一系列积极的改革措施，2009 年 2 月，英国政府颁布了《2009 年银行法》，明确英格兰银行在金融稳定中的法定职责和核心地位。2010 年卡梅伦政府上台后，制定了《金融监管新方案：认识、焦点和稳定》白皮书，并于 2012 年 12 月颁布《2012 年金融服务法》，对《2000 年金融服务和市场法》进行全面修订，对英国金融监管体制进行彻底改革，其核心是撤销金融服务局，由英格兰银行来承担主要的宏观和微观审慎监管职能，负责维护整个金融体系的稳定及银行集团的稳健经营。英格兰银行成立金融政策委员会，金融政策委员会识别、监控以及采取措施应对英国金融体系中的系统性风险，在维护英国金融稳定中扮演关键角色；英格兰银行设立相对独立的附属机构——审慎监管局，负责对英国所有存款吸收机构、保险公司和大型投资公司的微观审慎监管；金融政策委员会和审慎监管局共同负责重塑英国银行体系的稳健性。此外，单独设立金融行为监管局，负责对英国金融机构经营行为的管理，以满足保护消费者、维护市场透明以及促进竞争等需要。2013 年 4 月，英格兰银行负责全面监管，审慎监管局和金融行为监管局具体实施的新"双峰监管"体系正式运行。

可以看出，2008 年国际金融危机后，英国政府高度重视对系统性金融风险的监管。长期以来，英国政府深受金融自由化理论影响，过于追求经济效率，却忽视金融活动应有的安全性与稳定性。如果说危机前英国政府金融监管是"效率至上"，那危机后出台的各种改革措施更强调金融稳定这一价值目标，彰显"稳定优先"。英国政府决定由英格兰银行承担主要的宏观和微观审慎监管职能，也是意识到了此前宏观审慎监管与微观审慎监管分离的做法存在缺陷。金融服务局虽然肩负所有的微观审慎监管职责，但缺乏对系统性风险的关注与识别，一旦发生大规模的金融危机，难以解决实际问题；只有独立的中央银行才具备对宏观经济的广泛理解和权威，并据此作出审慎决策。此外，英国政府关于金融消费者保护的意识进一步加强，《2012 年金融服务法》将金融领域消费者保护的主导职责赋予了金融行为监管局，对金融消费者的概念和范围作了进一步澄清和扩展，并进一步完善金融消费者申诉机制。

针对金融危机中广受指责的场外衍生品市场，英国政府充分认识到，金融危机前过于相信市场作用，长期奉行自律监管的做法，会使场外衍生品在大量创新的过程中，出现监管漏洞，逐步积累风险。英国政府于是下定决心加强监管力度，力图将长期游离于监管体系之外的场外衍生品纳入政府监管范畴。在《金融监管新方案：认识、焦点和稳定》白皮书中，英国政府特别强调要强化对具有系统重要性的批发金融市场，尤其是证券和衍生品市场的监管，并发布《改革场外衍生品市场报告》，专门就场外衍生品市场改革提出相应建议。可以说，英国场外衍生品市场监管经历了由"自由放任"到"从严而治"的巨大转变。

2015 年以来，英国在金融监管方面的新举措主要包括：发布了《公平和有效市场评估》报告，对英国批发性金融市场进行全面和前瞻性的审视，以缓解之前发生的一些重大欺诈行为带来的不良影响，恢复市场信心；提交了《英格兰银行议案：技术咨询稿》，拟将审慎监管局由英格兰银行一个相对独立的附属机构转为内设部门，并成立审慎监管委员会承担审慎监管局原有的微观审慎监管职能，进一步加强宏观审慎管理和微观审慎管理的有机结合。

2014 年 6 月 12 日，英国财政大臣乔治·奥斯本宣布开展公平和有效市场评估（Fair and Effective Markets Review，FEMR），具体评估工作由英格兰银行副行长米诺切·沙菲克（Minouche Shafik）主持，金融行为监管局和财政部相关负责人协助。2014 年 10 月，英格兰银行对外发布咨询文件，征求公众和金融机构意见。2015 年 6 月，评估报告正式发布，最终提出六项市场改革的政策建议。一是强化市场标准、专业水准和个人责任；二是提高固定收益、商品和外汇市场交易行为的质量、透明度和市场沟通；三是强化英国国内对固定收益市场的监管；四是通过国际合作提高全球外汇市场的标准；五是在强化有效性的同时促进市场结构的公平性；六是前瞻性地对操作风险进行识别和止损。

为进一步简化英格兰银行和审慎监管局架构，最大限度地寻求宏观审慎政策制定和微观审慎监管之间的协同效应，2015 年 5 月 27日，英国财政部宣布提交新的《英格兰银行议案》，核心内容是进一步促进英格兰银行宏观审慎政策和微观审慎政策的有机结合。用英格兰银行行长卡尼的话就是，"金融监管由央行作为一个整体来实施，而不是由央行某个机构来实施，形成'一个央行，一个目标'的监管合力"。

根据新的议案，审慎监管局将不再作为英格兰银行一个相对独立的附属机构，而是成为一个内设的部门，负责继续征收金融监管费等事宜。同时，为满足《巴塞尔协议》中关于金融监管独立性的要求，英格兰银行将设立新的审慎监管委员会，承担审慎监管局在微观审慎监管方面的职责。审慎监管委员会在制定金融监管政策和规则、作出金融监管决定方面保有独立性，不与中央银行原有职能发生利益冲突。审慎监管委员会的人员构成将参照审慎监管局，由英格兰银行负责审慎监管的副行长担任首席执行官，向英国议会负责。审慎监管委员会的外部成员将由英国财政部任命，内部成员任命将由财政部长批准，这与货币政策委员会和金融政策委员会相同。这些措施将进一步整合英格兰银行的监管权力，并保证其以更加协调统一的方式履行宏微观审慎监管与制定货币政策的职能。议案有可能在2016年4月经议会批准后实施。

自2013年4月新"双峰监管"体系运作以来，各监管部门发布了一系列重要监管文件，有序开展监管工作，对英国金融体系运行带来了日益深远的影响。

一方面，在严格监管标准和严厉处罚手段之下，英国金融体系日趋稳健。金融政策委员会于2013年1月发布防范系统性风险的核心监管指标，以此监控、判断并采取合适监管行动。审慎监管局成立后相继发布了针对1 700多家金融企业的一系列政策文件，其中包括对银行机构信用风险内部评级法、流动性监管工具、核心一级资本、尽职调查、压力测试、大额敞口等方面的十多个规范文件。在监管实践中，金融政策委员会通过向认为存在风险的银行发送监管通知、约见和处罚等多种方式督促其达标。金融政策委员会自2013年4月正式运作以来，围绕消费者保护和限制金融企业冒险或不当经营活动，发布了一系列指引文件，涉及社会公众投诉、消费信贷、投资基金、赔偿机制等各个层面，并加大检查和处罚力度，以保护消费者利益，防范道德风险。2013 年 11 月发布的《金融稳定报告》指出，英国银行业受益于经济复苏、政策支持以及金融监管的持续强化，盈利能力、稳健性和放贷能力都大幅复苏，已处于 2008 年国际金融危机以来的最好时期。2014 年 12 月发布的《金融稳定报告》指出，除了英国合作银行外，其他主要英国银行均通过了压力测试，表明英国银行体系更具韧性，已大幅增加资本，较几年前更加安全，即使在严重压力下，也有能力继续服务实体经济。

另一方面，尽管英国监管框架设计和具体监管措施有其独特性，但未来能否确保英国金融竞争力，还面临种种挑战。在框架上，审慎监管局和金融政策委员会的双重监管，必将对金融机构的资本充足、流动性和经营行为提出更多要求，进一步增加金融机构监管成本。虽然可以从源头上控制风险，但在英金融机构被迫进行公司治理调整和业务重组，竞争力将会进一步削弱。例如苏格兰皇家银行、劳埃德等银行因不断分拆、重组，国际地位已经下滑。汇丰银行也在调整经营战略，甚至考虑将总部撤离英国。此外，以央行为核心的监管模式虽有利于金融稳定，但央行也需要在货币政策独立性和金融稳定之间寻求平衡。

英国脱欧公投弄假成真

2016 年 6 月 23 日，任性而且固执的英国人再次撼动了世界，这次不是他们参加欧洲杯差点在小组赛被淘汰的足球队，也不是被欧足联警告罚款并同俄罗斯球迷大打出手的足球流氓，更不是经常出来吸引眼球并成为时尚风向标的高龄女王。这次的主角是英伦三岛 3 500 万合格普通选民，他们自己投票使英国脱离了欧盟。

欧盟的前身是 1957 年成立的欧洲共同体，这是经历两次世界大战后，欧洲主要国家为加强彼此之间的政治与经济联系，从而建立一种长期稳定的和平机制而作出的努力。英国从一开始就对这种让渡部分主权而形成的成员国联盟形式保持戒心。虽然英国首相丘吉尔是第二次世界大战后欧洲联合思想的主要倡导者之一，但当时的英国拥有广阔的殖民地和战胜国的心态，以世界"老大"自居。在英国的"三环外交"思想中，欧洲的重要性在英美特殊关系以及英国同英联邦关系之后，居于第三位。因此 20 世纪 50 年代起，英国就没有加入法国人舒曼和让·莫内发起的欧洲联合计划。直到 60 年代初，因为英国殖民地纷纷独立，英美特殊关系发生动摇，时任英国首相的麦克米伦看到欧洲经济共同体在法国和德国的主持下欣欣向荣，才要求加入欧共体，但三次要求均被时任法国总统戴高乐否决。第二次世界大战时，戴高乐曾在英国组织"自由法国"抵抗运动，对英国人的心态有深刻的了解。他说："英国是个岛国和海洋国家，它的崛起来自贸易和市场，它的食品往往来自遥远的国度。英国经济主要是工业和商业而非农业。英国人的习俗和传统非常特别和独特。简而言之，英国的性质、结构和环境与欧洲大陆国家非常不同。英国人怎么能够在坚持其生活、生产和贸易模式的同时加入欧洲共同市场？"戴高乐还指出，如果允许英国加入，那么欧洲经济共同体就变得太大、太不同，其成员的凝聚力也难以持久。事实上，这样的欧洲会成为一个庞大的大西洋共同体，最终不得不依赖和听从于美国。戴高乐认为英国和欧陆国家的异质性和英美特殊关系决定了英国对欧洲联合进程只能起到负面作用。在他的规划中，联合的欧洲应该在政治、经济、防务上都独立于美苏，法国应当担任欧洲的领袖，英国的加入只会破坏欧洲的联合和法国的领导地位。虽然继任戴高乐的蓬皮杜总统批准了英国的入欧申请，但这并不意味着欧共体内部英法冲突的结束。20 世纪 80 年代，为了克服欧洲经济一体化不足带来的危机，法国总统密特朗、欧洲委员会主席法国人雅克·德洛尔和德国总理科尔一起，改变戴高乐时代欧洲联合基于主权国家联合的观念，要求加速欧洲一体化。按照雅克·德洛尔的规划，欧洲共同体将以三个阶段完成经济和货币联盟：第一步，完善欧洲单一市场，实现资金流通自由化；第二步，设立欧洲中央银行；第三步，未来的欧洲机构可以控制各成员国财政政策。这遭到时任英国首相撒切尔夫人的强烈反对。撒切尔夫人一直将联合欧洲视为英国进入共同市场的手段，从来没想过让渡英国主权，或在财政货币政策上接受欧洲的干预。撒切尔夫人因为屡次反对欧洲一体化议案而被欧洲国家视为"Mrs. No"（"说不夫人"），英国和欧共体的政策分歧还蔓延到个人冲突，撒切尔夫人和欧洲委员会主席雅克·德洛尔在 1990 年发生激烈争执，引发保守党内部矛盾，导致撒切尔夫人黯然下台。不过撒切尔夫人的政治遗产让英国从未完全接受 1993 年《欧洲联盟条约》，始终保留货币和边界主权。从此，英国一直游离于欧盟边缘，经常扮演欧洲一体化的"搅局者"角色，在某种程度上应验了戴高乐的预言，也就是说英国的欧盟成员国地位并没有真正拉近它和这个大家庭其他成员的关系，实际上英国对欧盟在过去几十年里实行的一系列政治和经济融合还是保持了距离，从欧盟其他成员国之间普遍实施的免予边境检查的申根协定，到欧盟已经有 18 个成员国实行的统一货币欧元，英国都选择了不加入。英国基于传统的帝国思维，一贯坚持自己的"光荣孤立"政策，使自己能够独立地和欧洲的主要大国之间保持一种力量平衡。从欧盟的其他成员国，特别是法国和德国等主要国家来看，英国本就不是推动欧洲一体化的主要力量，反而在很多方面成为欧洲内部统一进程的主要障碍，而且英国处处要求欧盟在很多方面给予英国特殊待遇，使欧盟内部其他一些成员国包括荷兰和比利时也有学有样，危及欧盟整体政治经济趋同战略的推进。近年来，欧盟东扩，波兰、捷克、匈牙利等东欧国家的不断加入，欧盟整体预算水平大幅提高，英国作为欧盟主要经济体 2015 年对欧盟资金净贡献超过 80 亿英镑。同时，这些经济相对落后的欧盟成员国加入后，因为生活水平的巨大差异，以及欧盟内部人员可以自由流动的规定，导致大量东欧国家的移民到英国定居和工作，大大增加了英国政府在提供社会服务方面的压力，普通英国民众也对此颇有怨言。

基于上述历史和现实的原因，英国政府内部，特别是保守党内一直有"欧洲怀疑派"的巨大阴影存在。而这种阴影一直伴随保守党的历届政府，从撒切尔夫人到梅杰，都是在处理和欧盟的关系方面得罪了党内的"欧洲怀疑派"，被迫中途下台。卡梅伦无疑吸取了前者的教训。为了堵住党内"欧洲怀疑派"的嘴，更为了安抚普通老百姓对英国涌入的越来越多移民的不满，从而实现其连选连任的目标，卡梅伦早在 2013 年英国大选前两年就提出，如果他领导的保守党赢得大选，他将在新政府成立的两年内举行公投，让英国人民选择到底是留在欧盟内还是脱离这个不断扩大的经济和政治共同体。卡梅伦当初提出这一点，肯定在政府内部进行了评估，认为英国民众真正投票脱离欧盟的可能性很小。他这样做更多的是从赢得大选的角度出发，当然也有从与欧盟的谈判中为英国争取更多特殊待遇的考虑，可谓"一箭双雕"。2015 年 5 月英国举行大选前，媒体和各种民意调查均显示，保守党和工党势均力敌，支持率不相上下。但选举结果却大相径庭，卡梅伦领导的执政保守党不仅以大比分战胜工党赢得大选，从而使保守党能够不用与其他党派组成联合政府，可以单独执政；而且选前被认为可以成为"黑马"并以反移民著称的极右翼党派英国独立党也没有赢得足够的选票，其党首法拉奇被迫辞去独立党党魁职务。这一结果使卡梅伦本人也称"没有想到"，这种压倒性的胜利可能给了卡梅伦本人更大的信心，对自己承诺举行的脱欧公投结果也有十足的把握。再加上国际社会也普遍支持英国留在欧盟之内，卡梅伦更是在 2015 年 12 月与欧盟的谈判中为英国在移民福利和政治融合等方面争取到了更多的特殊待遇，进一步巩固了向英国公众兜售选择留在欧盟内部的筹码。但在这一系列成功表象的背后，有一股暗流在悄悄涌动，可能并没有引起人们的注意。那就是始于 2015 年夏的欧洲难民潮和年底在法国巴黎及比利时爆发的连环恐怖袭击事件，这些画面经媒体的不断渲染，对英国民众心理产生了巨大冲击力，他们对作为欧盟成员国需要承担欧盟分配的难民额度以及担心恐怖分子夹杂在难民中威胁自身安全的担忧与日俱增，这种心理变化可能并没有被英国政府和国际社会充分重视，从而继续认为英国民众在即将到来的脱欧公投中会理性选择留下。

在公投的前几个星期，民意调查开始显示支持退欧和留欧的比例不相上下，直到支持退欧的人数开始反超，这时英国政府才开始真正着急，开始加大宣传退欧对英国经济负面冲击的影响，甚至美国总统奥巴马、德国总理默克尔、法国总统奥朗德以及国际货币基金组织等国际社会也公开表态支持英国留在欧盟。就在双方支持度呈现胶着状态之际，英国议会支持留欧的年轻议员考克斯在约克地区和选民见面时，发生了被枪手刺杀身亡事件，这一突发事件大大震惊了英国全国。媒体甚至开始认为，这将是英国脱欧公投面临的转折性事件。因为考克斯本人支持留欧，这一悲剧会改变公众的心态，激发留欧的人数增加，但公投的结果表明，考克斯遇刺根本没有改变民众的心态，英国人对欧盟不断快速扩张带给成员国的社会经济压力作出了自己独立的反应。事后来看，关键的一点可能是英国各界，包括国际社会在内，并没有预期到在全球化不断加深的大背景下，社会精英阶层和普通民众的心理鸿沟其实一直在扩大，丝毫没有因一时的经济情况改善或某种突发事件而得到弥补或缩小，加上精英阶层一般也控制着媒体，所以媒体的立场倾向并没有真正反映普通民众的态度。这次英国脱欧公投前，主流媒体包括《泰晤士报》《经济学人》和《金融时报》等无不发表社论，支持留在欧盟，而结果事与愿违。

伦敦当地时间 6 月 24 日上午 7 点 20 分，英国脱欧公投委员会主席宣布正式计票结果，51.9% 的选票支持英国退出欧盟，48.1% 的选票支持留在欧盟，脱欧派获胜。结果公布后，英镑兑美元一度下跌超过 10%，达 1985 年以来的最低汇价水平。英国股市开盘后一度大跌 8.5%，中国香港股市、日本股市也大幅下跌。上午 10 点左右，英国首相卡梅伦发表讲话，宣布将在 10 月保守党举行全国大会之前辞去首相职务，认为国家需要新的领导人带领英国走向下一个目标。可以说，这样的结果出乎全世界的预料，尽管公投之前民意调查双方支持率非常接近，虽然支持脱欧的甚至还一度占先，但人们想当然地认为民意调查结果并不可信，因为人们和市场一般不喜欢不确定性，而退出欧盟具有很多不确定性，因此最后的结果可能还是支持留在欧盟的人多。但这次真的不一样，英国给自己，也给欧盟，甚至是国际政治经济版图留下了一个大大的问号，而答案是如此不确定。具有讽刺意味的是，就在投票结果公布后，英国人好像才真正明白这场公投的意义。谷歌的搜索记录显示，在公投结果公布后，英国人搜索"什么是欧盟"以及"脱离欧盟有什么后果"的比例大幅飙升。英镑大跌、股市下挫加上首相辞职，普通英国人也感觉到事态的严重性好像超出了预期，有些投票支持脱欧的人开始在电视上表示后悔，英国议会网页上请求进行二次公投的人数在第三天超过了 300 万。这样的公投结果，不但牺牲了卡梅伦的政治生涯，连带也影响了反对党工党党魁科尔宾。先是工党影子外相批评其在引导民众的投票意向方面发挥的领导力不足，导致科尔宾解雇了他的影子外相职务，但这一举措带来多达一半的工党影子内阁成员辞职，他们一致要求科尔宾辞职。可以预见，在未来相当长一段时间内，英国政坛将会出现权力真空，如何同欧盟就退出事宜进行交涉谈判将是一个巨大的未知数，而且联合王国本身也面临解体的风险。脱欧谈判拖延越久，对英国、欧盟乃至全球政治经济的冲击就越大。英国经济预计 2016 年会陷入衰退，欧盟一体化进程遭受重大挫折，甚至有人认为这是欧盟最终解体的开始。美国 2016 年也是大选年，英国脱欧操纵民粹带来的恶果希望能够给美国政治精英敲响警钟。全球经济面临的巨大不确定性基本意味着美联储的加息步伐暂停，但这也会给人民币的贬值降压。欧元受到冲击，长远可能利好人民币国际化，因为世界需要其他货币来平衡美元的独大。总之，英国脱欧公投的影响将在全球政治经济层面逐渐发酵，脱欧公投本来是卡梅伦为操弄大选的"金丝雀"，一不小心变成了殃及自身而且冲击全球政治经济的"黑天鹅"。

英国银行业准入、处置及退出制度

2013 年 4 月，英国正式启动"英格兰银行负责全面监管，审慎监管局和金融行为监管局具体实施"的"双峰监管"体系。银行业机构在准入时需要得到 PRA 和 FCA 的双重批准，处置和退出则适用于"特别处置机制"，形成了普通破产法为一般法、2009 年银行法为特别法的司法格局，并由金融服务补偿计划对合格存款人进行相应赔偿。了解相关的准入、处置及退出制度安排，对中资金融机构扩展英国市场和稳健经营有重要意义。

审慎监管局和金融行为监管局主要依据《2009 年银行法》《2000 年金融服务和市场法》《2012 年金融服务法》等法律法规对银行业金融机构进行准入监管，监管要求与已设立金融机构基本相同。

审慎监管局的审慎监管要求主要体现在注册资本、流动性、复苏和处置计划三个方面。在注册资本要求方面，审慎监管局根据欧盟的资本要求指南制定了政策声明。根据该文件，审慎监管局并不要求申请行在授权过程中就注入全部资本金，而是采用了资本要求指南中的最低资本金标准，即在启动阶段保持最低 500 万欧元的资本金，当然审慎监管局也会根据申请行的商业计划书要求增加更多的资本计划缓冲。在流动性方面，一旦批准成立分行，即可使用总行的流动性，而不是将流动性留存当地；如获批成立子行，则需留有符合审慎监管局监管要求的流动性，并每年在个别机构的流动性评估中书面汇报流动性风险管理状况。对于设立分行的申请，审慎监管局通常需要评估其总行的复苏和处置计划的有效性，且伦敦分行的利益得到了充分的考虑。

金融行为监管局主要负责监管新设银行机构的反洗钱业务、滥用客户资金和市场的行为、其他批发业务等，其目的是确保其不存在无法接受的操作性风险。

此外，在英国设立银行完全实行准入前国民待遇，没有负面清单制度。如批准成立子行，将不存在业务范围的限制，但分行只限于从事批发业务。

审慎监管局和金融行为监管局对银行机构的受控职能、许可人、风险控制、监管报告等进行共同监管。在受控职能与许可人制度方面，银行受审慎监管局和金融行为监管局的双重监管。其中，董事、非执行董事、运营总监任职同时受审慎监管局和金融行为监管局监管，其他高管、合规官、反洗钱主管、金融市场部、公司业务部负责人、资金交易员的任职受金融行为监管局监管，负责反洗钱和面向客户的人员必须从本地雇佣。据悉，英国2014年内可能建立新的许可人管理制度。在风险控制方面，监管机构希望申请行贯彻落实其风险控制措施，并确保与其业务及总行的整体风险控制框架相适宜。在监管报告方面，分行需要向审慎监管局提交流动性报告、向英格兰银行提交统计数据报告、向金融行为监管局提交客户报告，但这些要求都相对较为宽松。

在准入授权时，审慎监管局的职责是评估申请行的情况，将进入壁垒保持在最低限度，同时确保银行运营具备适当的资源和良好的管理。事实上，金融机构都必须提交正式的准入申请以及一系列支持材料，便于审慎监管局及金融行为监管局紧密合作，作出决策。对于欧洲经济区之外国家的银行设立分行，审慎监管局的监管规则将适用于其母公司。在准入授权过程中，审慎监管局首先对母公司所在国的监管机构的状况进行研判，包括其监管能力和分享某些保密信息的意愿。如果认为母国监管当局的监管体系无法与英国相匹配，即会拒绝其设立分行的申请，而是改为授权成立一家子行。主要考察指标是该行是否符合一些门槛条件，包括法律制度、办公地点、有效监管、资源的充足性等。具体到申请授权的过程，审慎监管局和金融行为监管局提供两种备选方案。

1. 传统方案：6~12个月

传统申请方案需要银行事先整理大量的文档和营业能力的文件，然后向监管机构提出申请。该方案适用于在总行的支持下，具备一定的资本和基础设施支持，力图快速设立分支机构的银行机构。过去有很多银行使用这个申请方案，授权过程分为两个时期。

（1）预申请期（3~6个月）：主要是申请银行从审慎监管局和金融行为监管局网站获取信息，召开预申请会议，进行答辩，与此同时强化自身的经营能力。

（2）评估期（约6个月）：主要由审慎监管局和金融行为监管局对其资本金和流动性、商业可行性、政策与流程、治理结构的落实、处置能力、关键岗位及高管人员、IT和外包等内容进行评估。一般来说，当申请银行提交完整的申请表及支持材料后，审慎监管局和金融行为监管局可在6个月内完成授权。与此同时，申请银行应完成经营能力建设，并在得到授权的时候开始营业。

2. 替代方案：12~24个月

由于传统方案的时间要求很紧，有些银行难以在获得明确授权之前完成筹集资本金、IT基础设施建设等工作，监管机构又在申请过程中增加了启动阶段，提出了替代方案。这样，申请开始时提交的材料较少，可在有限授权期限内提交其余的材料。虽然银行对传统方案或替代方案有所偏好，但审慎监管局和金融行为监管局仍会在申请过程开始之前告知银行需要采取哪一种方案。替代方案可划分为三个时期。

（1）预申请阶段：（同传统方案）。

（2）评估与授权阶段：监管机构对申请行的资本金和流动性、商业可行性、关键岗位及高管人员、处置能力四个方面进行评估，合格后进行有限授权。其中，第二、第三项由审慎监管局和金融行为监管局共同监管，第一、第四项由审慎监管局负责。对申请银行来说，这样可以提前为潜在支持者带来好消息，并确认董事和执行董事的任职等，便于其进一步启动资本金、员工、IT 和其他基础设施的工作。

（3）启动阶段：主要是监管机构对申请行治理结构的落实、政策与流程、IT 和外包三项内容进行评估。第一项由审慎监管局和金融行为监管局共同监管，后两项由金融行为监管局负责。申请银行则完成经营前的准备工作。此阶段最短为 3 个月，但申请者资质不同可能导致该阶段延长至不超过 12 个月，目的是以确保授权阶段提供数据的真实性。

据在英中资金融机构反映，一般在预申请期沟通好的大前提下，评估期间没有重大问题。

银行业机构的公共性质和系统性质决定了其处置和退出必须兼顾保护存款人利益和维护金融稳定的双重目标。英国原本没有专门的银行破产法，但是国际金融危机后的银行倒闭浪潮，特别是北岩银行挤兑事件暴露出当时银行实行普通破产制度的低效和不足。在此背景下，英国通过了适用于银行破产处置的特别法——2009 年银行法，建立了专门适用于银行业机构的"特别处置机制"。

在英国新的"普通破产法为一般法、《2009 年银行法》为特别法"的银行处置与退出法律新格局下，法院作为银行破产的决定者和宣告者的角色得以延续，但银行业监管机构的介入和干预权力显著增强。其目的是迅速处理出现问题的金融机构，避免情况恶化危及整个金融体系。

根据《2009 年银行法》，特别处置机制的目标是：保护和增强金融系统稳定、保护和强化公众对银行系统稳定性的信心、保护存款人、保护公众资金、避免侵犯财产权。维护金融系统稳定是首要目标，相关主管机构要对破产银行是否存在系统风险进行识别，并在确定处置手段时避免采取危及金融系统稳定的方式。与此密切相关的另一项目标是维护公众信心，即在处置破产银行时不损害公众对银行业的整体信心。这两项目标体现了银行破产与普通企业破产的区别。特别处置机制的执行机构称为特别处置小组，由英格兰银行特别是审慎监管局、财政部和外部利益相关方组成。此外，特别处置小组也需与英国其他机构配合，确保与 2011 年 11 月 G20 签署通过的 FSB 的有效处置机制一致。在职责分工上，审慎监管局与英格兰银行、财政部会商决定是否对银行实施特别处置机制，财政部负责决定是否将银行临时国有化及具体措施，英格兰银行负责特别处置机制操作的决策和执行环节，与其他相关方决定使用何种工具对银行进行救助，以及使用自身资产负债表对破产银行进行流动性支持。金融服务赔偿计划则负责对合格储户进行赔偿。

特别处置机制由三个部分组成，即维护金融稳定、银行破产和接管银行。

1. 维护金融稳定

维护金融稳定是司法程序之前的行政处置措施，具体形式有五种：一是私人部门收购，由英格兰银行将该银行的全部或部分业务出售给某个商业机构；二是设立过桥银行，将银行的全部或部分业务转让给一个英格兰银行的全资子公司（过桥银行）；三是临时国有化，即由财政部将银行临时性收归国有；四是将银行纳入银行破产程序，确保对金融服务补偿计划的快速支付或将其账户转移到一个健康的银行；五是接收管理破产的银行。

实施维护金融稳定措施的前提条件是审慎监管局经征询英格兰

银行和财政部意见，认定某银行不满足或有可能不满足《2000 年金融服务与市场法》规定的金融活动门槛条件，且该银行没有可能满足门槛条件。此外，私人部门收购和过桥银行由英格兰银行负责实施，临时国有化措施由财政部负责。

2. 银行破产

特别处置机制将申请启动银行破产程序的权利赋予监管机构。根据《2009 年银行法》，有权向法院申请银行破产令的主体有英格兰银行、审慎监管局和国务大臣。破产清算的基本要件是银行拥有合格存款人，即其存款受金融服务补偿计划保护。三个申请标准分别是：银行无力或者可能会无力清偿债务，银行清盘符合公共利益，银行清盘是公平的。英格兰银行和审慎监管局有权根据第一个或第三个标准对资不抵债的银行提出破产清算申请，国务大臣可从保护银行客户和公共利益的角度，根据第二个标准申请对于尚未技术性破产的银行实施破产清算。对于这些申请，受理法院可以予以同意（发出破产令）、延期审理或驳回申请。

3. 接管银行

在将问题银行的部分业务出售或转让给私人机构或过桥银行之后，未出售或未转让的部分可予以接管。接管银行有几个目的：一是为私人购买者或过桥银行提供支持，二是完成普通破产重组程序，当然，前者要优先于后者。接管银行的程序只能由英格兰银行启动，法院根据其申请发出银行接管令，指定管理人接收银行并进行管理。英格兰银行申请银行接管应具备两个条件：其一，英格兰银行已经或者打算针对问题银行制作资产转让文书；其二，认定剩余银行无力清偿债务。对于银行接管的申请，受理法院同样可以同意、延期审理或驳回申请。

总体而言，英国银行业特别处置机制一方面维持了司法破产的基本模式，另一方面又赋予监管机构排他性的破产申请权和广泛的处置手段和干预权力，增加了银行破产程序的行政色彩。

随着经济全球化的发展，银行破产在很多情况下具有跨境传染效应。因此，2012年12月，英国和美国银行监管当局联合发布有关处理全球性银行破产的首个跨境方案，旨在防止大银行倒闭给整个市场带来巨大冲击。英格兰银行和美国联邦存款保险公司表示，该方案的目标是避免大型跨境金融机构的危机损害全球金融稳定和公共资金安全，强制股东和债权人承担银行破产的相关损失，并确保这些银行的总部拥有足够资金，保护纳税人利益。

根据该方案，在破产处置过程中，银行股东和无担保债券持有者都要做好承担相关损失的准备。另外，破产银行的高级管理层将被撤换，但是银行没有受到影响的健康业务可以继续经营，以把破产给经济和社会带来的损失降至最低。英格兰银行负责金融稳定的副行长保罗·塔克在一份声明中说，此方案是解决大型金融机构"大到不能倒"难题的首要步骤。

为加强对存款人的保护，早在《2000年金融服务与市场法》中，对于包括合格存款人在内的金融服务接受者无法得到偿付的受保护请求权，英国规定设立金融服务补偿计划进行统一赔付。《2009年银行法》对以上规定进行了若干修正，以使其与特别处置机制相衔接一致，并对金融服务补偿计划的角色和作用进行了专门说明。此外，财政部根据《2009年银行法》授权制定了特别处置机制实务守则，也包含了相关内容。

普通破产程序的特点是强制性的债权债务抵销规则，即只对债权人的净债权进行清偿。从2010年12月31日起，金融服务补偿计划对合格存款人的赔付按总额而非净额进行，即不考虑合格存款人对银行所负的任何债务。具体来说，只要合格存款人的存款额在赔付限额（目前为8.5万英镑）内，就不进行任何抵扣；当存款额超过赔付限额时，对超出部分则适用强制抵销规则，以便确定该存款人是破产银行的净债权人还是净债务人。这一规则仅适用于合格存款人的请求权，对于不受金融服务补偿计划保护的请求权（如企业存款）和其他债权人都不适用。

根据《2009 年银行法》，金融服务补偿计划主要以两种方式介入特别处置机制，一是在相关主管机构采取维稳措施后，应财政部的要求分担特别处置机制的成本；二是在银行破产程序启动后，及时对合格存款人进行赔付。

分担特别处置成本。如果相关主管机构对某个银行采取维稳措施，且财政部认为该银行无力或者不采取维稳措施就将无力偿还到期债务，则要求金融服务补偿计划为采取维稳措施支付特定数目的款项，该款项视为金融服务补偿计划的开支，但以其在假设问题银行破产时所需支付的数额为限。

赔付合格存款人。银行破产清算时可能达成以下两个目标：一是同金融服务补偿计划合作，确保合格存款人的账户尽快转移到其他银行或从金融服务补偿计划处获得赔付；二是终止银行业务，以便为银行债权人获得最佳结果。法律上前者的优先级高于后者，为此金融服务补偿计划和相关主管机构需要在破产程序的早期阶段发挥关键性作用，监督清算人并同其合作。此外，为实现第一个目标，金融服务补偿计划可以选择直接对合格存款人进行赔付，或者提供批量转移合格存款人账户所需的资金，并可向银行业征收费用或筹集应急基金。

金融服务补偿计划对赔付或者账户转移可行性的评估将成为英格兰银行选择处置方式的相关考虑因素。在决定是否申请启动破产程序时，英格兰银行会征询金融服务补偿计划的意见，金融服务补偿计划也有权参加申请银行破产令及有关司法程序。在银行破产令发出后，需成立由英格兰银行、金融服务局和金融服务补偿计划各委派一名代表组成的清算委员会。清算委员会必须在合理可行的限度内尽快向清算人提出意见，决定合格存款人应选择转移账户还是进行赔付。为此，金融服务补偿计划还可同清算人达成协议，委托后者履行金融服务补偿计划的特定职责。

英国金融纠纷调解机制

英国是金融消费者权益保护领域具有代表性的国家，尤其是以英国金融申诉专员服务公司（FOS）为代表的金融纠纷调解机制，以其独立的机构特性、标准化的程序设计，以及专业的调解服务，为维护和保障金融消费者权益发挥了重要作用。了解英国的金融纠纷调解机制，对促进中国金融消费者保护具有很好的学习借鉴作用。

英国金融业发展及金融监管的历史比较悠久，随着金融产品的日益丰富，市场和消费群体的不断成熟，以及金融监管资源的逐步整合，经过不断重建和完善，金融纠纷调解机制也历经了从早期松散的、多头的自律组织，到如今形成了比较系统性的体制机制。20世纪80年代至今，英国的金融纠纷调解机制大约历经了以下三个发展阶段。

1. 分散的巡查组织机制：1981—2001 年

这一阶段的金融消费者机制主要是适应了当时的分业监管体制，金融部门各行业各自成立相似的巡查组织，专门处理金融产品消费者与金融机构的争议，为消费者提供适当的保护。1981 年，保险业巡查组织首先产生；1983 年，银行业巡查组织产生，并于 1986 年开始运作。1986 年，英国颁布《金融服务法案》，要求金融业成立巡查组织，作为本行业自律监管的一部分。截至 20 世纪 80 年代末，英国已经拥有银行业巡查组织、房屋互助协会巡查组织、投资巡查组织、保险业巡查组织等 8 个组织。

随着金融服务与产品的融合，8 个巡查组织在运行时职能交错、互相推诿，逐渐出现难以协调与配合的固有缺陷。1986 年英国通过打破金融行业限制促进自由化和创新，使金融体系在各方面都发生了巨变。但过度强调自律管理，忽视了对消费者的应有权益的保障，金融市场上发生了保险公司拒付保险金等大量侵害金融消费者权益的事件。

2. 设立专门的纠纷调解机构：2001—2012 年

金融业混业经营的快速发展不仅对传统金融监管体系提出了严峻挑战，也使消费者的消费风险急剧上升。从 1997 年始，英国对金融监管体制进行了全面改革。根据改革决定，10 家机构进行合并，组成单一的金融监管机构。2001 年 12 月英国实施《金融服务和市场法》，首次采用了"金融消费者"（Financial Consumer）这一概念，并把保护消费者作为与增强市场信心、提高公众认知、减少金融犯罪并重的四大监管目标，明确规定英国金融服务管理局负责监管各项金融服务，金融服务管理局在整合原有的金融业巡查组织后，成立了统一的英国金融申诉专员服务公司（FOS），为金融产品的消费者提供了一个替代性的争议解决制度。

3. 实现金融消费者保护的功能性剥离：2012 年至今

从 2008 年起，英国政府明显加大了对金融消费者保护的重视程度。金融危机中，英国遭受重创，2012 年，英国颁布了新的《金融服务法案》对金融监管体制进行了调整，撤销了金融服务管理局，将其职能分拆由金融行为监管局和审慎监管局两个机构分别承担。其中，金融消费者保护被明确列入金融行为监管局的三大操作目标之一，金融申诉专员服务公司隶属于金融行为监管局，直接向金融行为监管局负责，从而从体制上实现了金融消费者保护与审慎监管的分离。

英国金融申诉专员服务公司是英国专门负责处理金融纠纷调解的机构，它是一个集中型的金融巡查机构，既不对金融市场进行监管，也不会作为民间组织为消费者维权，主要是独立地发挥裁判职能，给予金融消费者一个公正的裁决结果。金融申诉专员服务公司是一个公司制组织，因此无须向国会负责，而是直接向金融行为监管局负责。由此可见，金融申诉专员服务公司的运作既保持独立性，又与金融行为监管局紧密合作并受到后者的约束，充分体现了英国金融业与监管机构内部权力相互制衡、防止权力滥用的立法原则。金融申诉专员服务公司内设董事会，董事和董事会主席由金融行为监管局任免，董事会主席的任免还需财政部批准。目前，英国金融申诉专员服务公司是世界上最大的巡查组织，自从其设立后，每年都会接受大约100万次的咨询并解决15万起金融纠纷，对保护金融消费者发挥了重要作用。

金融申诉专员服务公司的业务受理范围主要是面向消费者的金融零售业务。其受理的调解纠纷主要涉及以下方面：（1）银行账户；（2）借记卡、贷记卡和各种预付卡；（3）支付保护险（payment protection insurance）；（4）其他种类的保险；（5）贷款，包括发薪日贷款（payment loans）；（6）其他信用形式，如车贷；（7）房屋抵押贷款；（8）债务偿还；（9）转账和支付，包括网上支付；（10）理财服务，储蓄和投资；（11）养老金计划。

金融申诉专员服务公司的消费者保护团队主要由四类人员组成：

消费者热线接听员。负责通过电话或在线与消费者沟通，初步判断消费者需求，指导消费者完成正式申请，以及给予消费者建议。

调解员。一般来说，金融申诉专员服务公司处理纠纷的方式是以消费者及金融机构提供的书面资料为依据，不进行面对面的会谈，以尽可能弹性的方式来工作，寻找最适宜的方法解决申诉。金融申诉专员服务公司要求消费者及金融机构以最快的速度回复所有金融申诉专员服务公司的询问，并对双方给予进度的通知。这种非正式的处理方式为调解，是以尽量获取双方的同意来达成共识，不需要花费长时间做细致的调查。在金融申诉专员服务公司内部大约有400名调解人，在审理申诉案件的时候，会考虑消费者与金融机构的资讯和意见，适时地听取申诉专员的建议，并去函通知双方应如何解决。若双方同意，该案在此阶段即完成。

申诉专员。申诉专员的工作在于协助及建议调解人，并且对于调解人无法解决的申诉案件作出决定。如果消费者或金融机构不同意调解人的决定，任何一方都可以要求案件的重新审理，但必须提出尚未考虑过的新资料或新证据。这一阶段由申诉专员专门受理。在谨慎地考虑该案之后，申诉专员会作出最后的决定，并将决定通知给消费者或金融机构，即结束该案。若消费者在特定时间内接受申诉专员的决定，该金融机构则受到其约束，若不接受，消费者仍有权利将案件提交给法庭或仲裁庭处理。

独立评判人。独立评判人由董事会指派，有正式的授权调查范围，能处理消费者和金融机构所提出的有关金融申诉专员服务公司服务品质的申诉案件，但不能干涉金融申诉专员服务公司所处理的消费者与金融机构间的申诉案件的判决或撤销案件的权力。如果独立评判人认为金融申诉专员服务公司提供给消费者的服务是合情合理的，便会给消费者列明为什么这样认为的具体理由；如果认为金融申诉专员服务公司的处理结果或服务不合乎要求，同样，独立评判人也会给消费者解释理由，并向金融申诉专员服务公司提出应该如何改善的建议。

金融申诉专员服务公司是作为金融行为监管局的附属机构而建立，只向金融行为监管局报告，避免了存在利益相关或冲突而作出有悖公允的决定。作为一个非诉讼性的调解与仲裁机构，公正是金融申诉专员服务公司坚持的首要价值观。为了向客户提供公正平等的服务，金融申诉专员服务公司从四个方面进行了坚持不懈的努力：一是确保董事会在制定各项战略上坚持平等而包容；二是在实操层面为潜在的利益输送扫除障碍；三是审视调解和裁决的结果，以保证对双方公平，如金融申诉专员服务公司会定期对案件的处理过程及结果进行充分披露，让其接受社会公众的监督；四是在招聘员工时，强调来源及构成多元化，避免"门户之见"。

金融消费者多元理财的需求催生了金融机构提供多元化的金融商品服务，金融机构往往通过跨业经营进行整合，突破了分业经营的藩篱，因而在金融机构提供商品若与消费者产生纠纷，究竟诉诸何种申诉途径易产生争议。金融申诉专员服务公司制度覆盖的争端解决范围比较全面，消费者不论遇到何种类型的金融消费争议，都可以通过这一个窗口解决，可以避免因金融产品与服务界限过于模糊可能引发的各类问题。

金融申诉专员服务公司主持下当事人双方达成的调解协议或裁决不具备强制执行力，若消费者不满意，仍可以提起诉讼并经法院的认定来获得特殊的拘束力。但如果消费者接受裁决就生效，具有单边的拘束力决定权，这样的规定体现了对消费者权益保护的倾斜。此外，除程序上的充分救济之外，金融申诉专员服务公司规定金融机构付给消费者的最高赔偿金额为 10 万英镑，同时还可以要求金融机构采取其他合理的措施，比如道歉或更正记录，还可以要求增加成本。金融申诉专员服务公司在过去几年的运作中，公正高效地解决了大量的金融纠纷案件。据统计，在金融申诉专员服务公司处理的案件中，只有不到 1.5% 的案件启动了司法复议程序，不到 0.3% 的案件裁定结果被司法复议推翻，足以看出金融申诉专员服务公司在处理纠纷方面的高效公平性。同时，法庭受理的金融纠纷案件大幅下降，由此可见公众对于金融申诉专员服务公司处理案件的信任，更愿意选择该程序维护自身权益。金融申诉专员服务公司在处理每一类纠纷时，会有一个明确而具体的研判标准，并以业务指引的形式予以公布，通过衡量考察双方是否遵循了业务指引中规定的权利义务关系，形成调解意见或作出裁决。

英国在完善金融消费者保护和金融纠纷调解机制方面的做法值得借鉴。在宏观层面，通过颁布《金融服务和市场法》划分了金融消费保护的职权体系，首次采用了"金融消费者"这一概念，把保护消费者作为与增强市场信心、提高公众认知、减少金融犯罪并重的四大监管目标，并要求当时的金融服务管理局负责保护金融消费者，推行金融消费者教育，加深公众对金融体系的认识。2012年颁布的《金融服务法案》赋予了金融行为监管局负责相关市场良好运行的职权，英国政府还将消费者保护设定为金融行为监管局的三个操作性目标之一。在微观层面，金融行为监管局监管手册中对金融纠纷的调解、裁决和补偿机制进行了详细规定，对金融申诉专员服务公司的组织架构、相关研判规则及命令，以及预算、管辖权等问题都有比较全面的阐释，系统构建了以金融申诉专员服务公司为代表的金融消费纠纷调解制度架构。

在金融监管机构金融行为监管局的牵头指导下，金融申诉专员服务公司作为英国独立的金融纠纷调解的公司制机构，在多年实践中被广大金融消费者信任和青睐，除了力求公正的服务宗旨外，其独特的专业化优势在金融纠纷调解方面也颇有建树。一是标准化的调解原则。无论是调解程序还是研判标准，金融申诉专员服务公司都以业务指引手册的方式明确规定，一系列清晰可辨的说明都给了消费者和金融机构以明确的预期，增加了纠纷处理的可操作性。二是专业化的服务团队。金融申诉专员服务公司尤其注重选拔精通金融、法律等领域的复合型人才，这使处理纠纷的人员素质得到保障，不会因为专业局限的原因使处理纠纷复杂化，也不会因此而造成认识上的局限。三是服务便捷高效。如果将一般的金融纠纷诉诸法院，程序繁冗、周期较长，往往会令消费者望而却步。金融申诉专员服务公司制度只需要消费者满足一个前置程序，即到金融机构申诉过且对处理结果不满意，就可以向金融申诉专员服务公司提起申诉。申诉时消费者只需要打一个电话，就能够得到妥善的安排。金融申诉专员服务公司还设立了各类纠纷的调解时限，解决了消费者对投诉石沉大海的后顾之忧。

在 2012 年的金融监管改革实践中，英国将原金融服务管理局职能分拆，由金融行为监管局和审慎监管局两个机构分别承担。但为了避免出现监管重叠或监管真空，英国采取了多种方式以加强各机构间的联系、合作和协调。例如，对于涉及审慎监管局和金融行为监管局这两大监管主管部门的事项（如金融业准入门槛条件等），对二者的监管权限尤其是监管规则制定权进行清晰的界定和划分，使相关消费者保护工作有章可循。当时的金融服务局还联合公平交易署、金融申诉专员服务公司发布了《消费者投诉处理办法》，明确在公平处理消费者投诉方面的责任，强调建立各方合作机制。此外，对于由金融行为监管局单独负责监管的事项，例如金融申诉专员服务公司的运作等，则通过机构间备忘录的形式进行了明确，金融申诉专员服务公司应及时向金融服务局反馈信息。

英格兰银行的职工能拿多少钱

英格兰银行是世界上最古老的中央银行，已经有 300 多年的历史。伦敦金融城也是以英格兰银行为中心，辐射周边的各类大小金融机构。英格兰银行掌握着英国的经济命脉，不但拥有独立的货币政策制定权，而且也负责对英国金融机构的宏观审慎监管。所有金融机构都想方设法在地理上靠近英格兰银行，但 2008 年国际金融危机爆发后，靠近英格兰银行的几家英国当地机构经营困难，不得不靠出售所在大楼渡过难关。这就为中资金融机构提供了机会，中国银行仅花费 9 000 万英镑就成功地买到同英格兰银行一街之隔的 Lothbury 大街 1 号楼，工商银行、建设银行、农业银行、交通银行，甚至太平保险随后也陆续在英格兰银行周边安营扎寨。伦敦金融城流传的玩笑话说英格兰银行被中资金融机构包围了。

伦敦金融城每天午饭时间最热闹，大街小巷到处都是在各金融机构工作的俊男靓女，他们衣冠整洁，举止得体，一看就是这个社会的精英阶层。英格兰银行作为伦敦金融城的翘楚，员工待遇应该不错，作为英国的中央银行职员，他们到底能拿多少钱呢？

英格兰银行总行位于伦敦市中心针线街，大部分员工在总行工作，下设机构主要包括位于利兹的钞票中心以及位于贝尔法斯特、伯明翰、加迪夫、埃克塞特、格拉斯哥、利兹、伦敦、沃灵顿、纽卡斯尔、诺丁汉、南安普顿的 11 家分行。2015 年 2 月末，英格兰银行总行及下设机构（不包括审慎监管局）共有员工 2 663 名，其中全职 2 375 名，兼职 288 名。

自 1998 年开始，英格兰银行实行统一的行员制，其行级领导工资由理事会薪酬委员会议定，并在年报中对外公布；工作人员（包括司长及以下）工资实行严格的等级序列制，并适当向高级专家倾斜。2014 会计年度（2014 年 3 月至 2015 年 2 月），英格兰银行薪酬支出总额 2.08 亿英镑，其中工资 1.54 亿英镑，社保 1 500 万英镑，养老金 3 700 万英镑，其他 200 万英镑。

英格兰银行每年都会向财政部通报其年度财政预算报告，若无异议，就可以根据业务需要和人员配备自主安排资金。2005—2014 会计年度英格兰银行工资和各项福利以及员工数据如表 1 所示。

表 1　　　　　　　2005—2014 年英格兰银行工资及人员情况

单位：百万英镑、名

财政年度	2014 年	2013 年	2012 年	2011 年	2010 年	2009 年	2008 年	2007 年	2006 年	2005 年
工资	154	151	105	97	93	93	87	79	77	77
社保	15	13	11	10	9	9	8	8	8	8
养老金	37	24	16	30	38	53	51	37	38	30
其他	2	8								
薪酬总额	208	196	132	137	140	155	146	124	123	115
行级领导	16	13	13	14	11	9	9	9	9	9
经理和分析人员	1 336	1 088	855	790	732	738	674	625	635	533
其他员工	1 189	1 435	1 305	1 151	1 102	1 149	1 133	1 118	1 145	1 345
平均员工总数	2 541	2 536	2 173	1 955	1 845	1 896	1 816	1 752	1 789	1 887

资料来源：英格兰银行年报。

据估算，2014 会计年度，英格兰银行员工（包括行级领导和工作人员）平均税前工资约为 6.1 万英镑，较 2005 会计年度（约为 4.1 万英镑）增长了 48.8%，近十年年均增幅在 4.5% 左右。

英格兰银行行级领导工资由理事会薪酬委员会议定，2014 会计年度，行长卡尼税前工资 48 万英镑，其他津贴 25.2 万英镑，养老金 14.8 万英镑，总收入约 88 万英镑；其他行级领导的税前工资为

15 万～25 万英镑，总收入为 18 万～35 万英镑。

英格兰银行工作人员工资主要是委托社会中介机构制订总体计划，并以此为基础确定工资等级和上下限。根据 2015 年 4 月公布的数据，目前工作人员工资从 A 到 K 共分 11 个等级，A 级最高，K 级最低，具体如表 2 所示。

表 2　　　　2015 年 4 月英格兰银行工作人员工资等级情况　单位：英镑

职级	年工资下限	年工资上限
A	160 000	240 000
B	125 000	225 000
C	85 000	180 000
D	66 300	150 000
E	56 100	120 000
F	45 900	95 000
G	35 700	70 000
H	28 050	55 000
I	24 225	44 500
J	19 380	38 000
K	16 830	25 750

资料来源：英格兰银行网站。

其中，关于每一级别工资对应的工作岗位以及员工序列划分方面的最新信息，英格兰银行不对外提供，其网站上公布的最近信息为 2007 年，当时英格兰银行将全部工作人员分为三个序列，分别是：总行业务序列、分支机构业务序列以及信息技术序列（包括技术员、技术顾问以及管理员），具体情况如表 3、表 4、表 5 所示。

表 3　　　　2007 年英格兰银行总行业务序列工资等级情况　单位：英镑

职级	参考职务	年工资下限	年工资上限
一等	司长	80 896	148 284
二等	高级经理	63 000	107 468
三等	高级经济学家、经理	49 440	81 451
四等	经济学家、部门经理	34 589	62 233

续表

职级	参考职务	年工资下限	年工资上限
四等（新）	新招聘研究人员	26 000	41 492
五等	高级文职人员	25 893	41 101
六等	文职人员、研究助理	18 496	33 451
七等	新招聘文职人员	15 415	21 844

表4　　　　2007 年英格兰银行分支机构业务序列工资等级情况

单位：英镑

职级	年工资下限	年工资上限
五级	22 121	37 165
六级	15 475	29 558
七级	11 716	19 310

表5　　　　2007 年英格兰银行信息技术序列工资等级情况　单位：英镑

职级	年工资下限	年工资上限
一级技术员	19 280	25 658
二级技术员	21 815	29 026
三级技术员	24 680	32 842
四级技术员	27 921	37 155
五级技术员	31 590	42 040
六级技术员	35 740	47 560
七级技术员	40 438 *	
技术顾问	49 450 *	
A 级管理员	37 909 *	
B 级管理员	47 175 *	

注：* 表示该类工作人员工资不设上限。

资料来源：英格兰银行网站。

除工资外，英格兰银行员工享受的各种福利主要包括：绩效奖金、工作津贴（约占工资总额的7%）和加班费，因病无法工作时可以凭医生开具的证明领取病假工资；养老保险、医疗保险、重大疾病保险、个人及配偶生命保险、人身意外保险、旅游保险、汽车抛锚保险等多种保险；除法定假日外，英格兰银行全职员工每年可享受20个工作日的带薪休假，还可以最多购买13天额外休假；孕妇可以享受 26 周的产假，并可按照一定的比例领取产假工资，其中前 6 周的领取比例为 90%。

英格兰银行根据员工的工资水平和职务级别，将员工应享福利待遇按一定比例折算成点数，员工在享受某项或多项福利待遇时，会相应扣减其点数。如果有部分福利待遇当年没有享用，则可在年底转换成现金，发放给个人，如员工最多可以将两个带薪休假日折换为现金。

相比其他政府部门和商业机构，英格兰银行的工资相对较高。英国财政部年报的数据为例，2013 会计年度，财政部工资支出 1.65 亿英镑，平均员工 4 352 名，同期英格兰银行工资支出 1.51 亿英镑，平均员工 2 536 名。经估算，2013 会计年度英国财政部人均年工资约为税前 3.8 万英镑，英格兰银行约为 5.9 万英镑，是英国财政部的 1.55 倍；英国财政部长奥斯本 2013 会计年度税前工资 6.8 万英镑，其他津贴 3 000 英镑，养老金 2.5 万英镑，总收入 9.6 万英镑，同期英格兰银行行长卡尼税前工资 32 万英镑，其他津贴 16.8 万英镑，养老金 9.8 万英镑，总收入 58.6 万英镑，约为奥斯本的 6 倍。

再看商业机构的收入情况。汇丰银行年报显示，2014 年，汇丰银行工资支出 33.6 亿英镑，平均员工 68 035 名；2014 会计年度，英格兰银行工资支出 1.54 亿英镑，平均员工 2 541 名。经估算，汇丰银行人均年工资约为税前 5 万英镑，英格兰银行约为 6.1 万英镑，考虑到汇丰银行在英国商业银行中薪酬相对较低，英格兰银行收入可以说与商业机构基本相当。此外，英格兰银行社会地位较高，同时绝大部分工作实行固定时制，且福利制度方面有较大优势，工作吸引力要大于商业机构。

这样看来，在英格兰银行工作还是很有吸引力的，不但工资水平不低于商业银行，而且福利优厚，受人尊重。

伦敦金融城：上海能学到什么

从最广泛的意义上说，金融中心是银行与其他金融机构高度集中，各类金融市场能够自由生存和发展，金融活动与交易较其他地方更为有效率地进行的都市。国际金融中心的发展对于提升所在国的经济发展水平等具有显著作用。根据英国智库 Z/YenGroup 历年公布的"全球金融中心指数"，目前全球处于领先地位的国际金融中心为伦敦、纽约、中国香港和新加坡等，但上海等新兴国际金融中心也在逐步崛起。相比伦敦等老牌国际金融中心，上海虽具有独特优势，但在制度环境、人才储备等多方面存在差距。回顾伦敦国际金融中心的发展历程，总结伦敦金融城的发展经验，对上海国际金融中心的建设具有特别的借鉴意义。

伦敦的金融业务主要集中在伦敦金融城。此区域汇集了全球四大央行之一的英格兰银行，以及为数众多的国内外金融机构，开展了大量不同类型的金融业务。伦敦金融城不仅是英国及伦敦的经济心脏，也是全球领先的金融、商业和经济中心。伦敦国际金融中心发展经历了几个不同的历史阶段。第一阶段（16 世纪至第一次世界大战前夕）：随着英国全球霸主地位的建立，伦敦金融城奠定国际金融中心地位。16 世纪，伦敦随着英国资本主义的兴起而逐渐发展，并在 17 世纪成为闻名世界的城市商业中心。金融业特别是银行业随之迅速发展，奠定了金融服务业的基础。19 世纪，英国成为最为强大的殖民主义国家，对外经济贸易活动频繁，英镑成为最重要的国际货币，伦敦也因此发展为当时的国际金融中心。

　　第二阶段（第一次世界大战至第二次世界大战初期）：伦敦国际金融中心地位受到纽约强而有力的挑战。第一次世界大战和经济危机极大地削弱了英国的经济、政治、军事实力，英镑在国际贸易、国际金融市场的地位受到重创，导致伦敦在国际金融市场的地位开始衰弱。特别是第二次世界大战初期以及战后英国政府实行了国有计划和严厉的政府管制，导致经济结构僵化，金融管制苛刻，伦敦金融业务开始萧条冷落，伦敦的国际金融中心也被纽约赶超。

　　第三阶段（20世纪50年代中期至90年代）："欧洲美元"市场的繁荣以及金融自由化改革，重新激发了伦敦金融城活力。在"冷战"背景下，由于政治原因及有关国家金融管制，伦敦的"欧洲美元"市场迅速发展，有力推动了伦敦金融市场的再度繁荣。到20世纪80年代，英国政府推动了规模宏大、以金融混业经营为特征的金融服务业自由化改革（即第一次金融"大爆炸"），促进了各种金融业务的融合发展，吸引了大量外国金融机构进入，并通过并购形成了一批超级金融机构和跨国金融机构，充分发挥了金融积聚效应，有力重塑了伦敦的全球金融中心形象。

　　第四阶段（20世纪90年代末至2008年）：伦敦国际金融中心进一步发展巩固。继1986年金融"大爆炸"之后，1997年英国开展了全面的股票交易改革，并对金融监管体系进行改革，成立了英国金融服务局，形成了伦敦第二次金融"大爆炸"，扭转了伦敦国际金融中心地位下降的趋势，保持和恢复了伦敦金融城在多数金融交易市场份额的领先地位。

　　第五阶段（2008年至今）：金融危机后伦敦的各项改革创新举措帮助其保持了领先的国际金融中心地位。2008年爆发的国际金融危机重创了全球金融行业。其中，监管机构因未能及时识别和防范系统性风险而受到普遍的质疑和批评，金融监管水平成为国际金融中心竞争力的重要体现。危机后，英国政府采取了一系列积极的改革措施，包括对银行业实施部分国有化、限制银行高管收入以及要求银行分隔零售业务与投行业务等，并新成立了审慎监管局和金融行为监管局，于 2013 年 4 月正式启动"英格兰银行负责全面监管，审慎监管局和金融行为监管局具体实施"的新"双峰监管"体系。此外，伦敦金融城积极抓住伊斯兰金融、人民币国际化等新机遇，进一步打造伦敦的离岸金融业务。伦敦领先的国际金融中心地位得以保持。

作为全球领先的国际金融中心，伦敦金融城银行、证券、外汇、保险、期货、金属、商品和衍生品、船运、咨询等交易与服务十分密集，是欧洲和世界金融业的心脏，被誉为"全球力量中心"和"全球动力之都"。从业务种类、交易规模、行业地位等指标考虑，伦敦金融城均位居全球市场前列。

银行业务。巴克莱银行、汇丰银行、渣打银行等多家全球银行业巨头在伦敦设立总部。同时，绝大多数的全球大型银行机构均选择在伦敦开展业务，银行业务国际化程度非常高。英国共有各类外资银行分行或子行 241 家，居全球首位。英国银行业总资产约为 8 万亿英镑，其中外国银行持有一半左右的资产。伦敦也是最大的国际银行业务中心，跨国银行贷款业务占全球总额的 19%。

保险业务。英国保险业位居欧洲第一位、世界第三位，2011 年保费收入达 3 200 亿英镑。伦敦劳埃德市场以经营高风险保险业务闻名于世，其业务遍及世界 200 多个国家和地区，92% 的富时 100 指数公司和 93% 的道琼斯指数公司在劳埃德市场投保。英国的国际保险和再保险在国际市场居主导地位，十大再保险经纪公司的总部大多数设在伦敦。

金融市场。伦敦拥有最具国际化的金融市场。伦敦证券交易所挂牌上市的外国企业数量居世界主要证券交易所之首。伦敦的国际债券交易量占全球的 70%，同时也是欧元债券发行中心；伦敦是全球最大的外汇交易市场，外汇交易量占全球总量的 37%；作为全球最大的利率类金融衍生品交易市场，交易量占全球的 46%；作为欧洲最大的有色金属交易市场，交易量占全球的 90%。伦敦的私募股权市场规模居欧洲第一位、世界第二位，2011 年融资额为 165 亿英镑，占欧洲融资额的 40%。

资产管理业务。英国与美国、日本并称世界三大基金管理市场。截至 2011 年底，在英国管理的资产超过 4 万亿英镑，其中海外客户资产为 1.9 万亿英镑。世界十大资产管理公司在英国均有业务，全球 20% 的对冲基金公司位于伦敦。伦敦也是欧洲最大的对冲基金市场，总部位于欧洲的对冲基金中，超过 80% 资产都在伦敦进行管理。

海事服务业。伦敦在海事服务领域拥有绝对领先的优势。2008 年，海事服务业的海外收入总额达到 21 亿英镑。伦敦在海事保险、船舶租赁、租船经纪、船务融资、船舶评级、法律和会计咨询、争议解决服务等领域居世界领先水平。

会计及法律服务。伦敦是全球主要的会计及相关服务市场，也是全球主要的法律服务中心，世界排名前三位的律师事务所总部均设在伦敦。同时，伦敦也是解决国际争议的主要裁定地。

教育和培训。英国拥有全球排名前十位大学的其中三所。全球各地由英国机构培训的成千上万名金融服务专业人才为英国赢得了国际顶级人才中心的美誉。

其他专业服务。伦敦在提供其他专业服务方面也处于全球领先地位，包括金融信息服务、管理咨询、广告和市场研究、招聘、金融出版以及软件开发。除此之外，伦敦在公私合作项目、财富管理、私有化以及养老金改革等方面也处于全球领先地位。

总体来看，金融服务业已成为英国的最大产业之一。2011 年，金融服务业为英国经济贡献了 1 290 亿美元，占比达 9.6%。再加上相关的会计、法律等服务产业，合计占比达 14.5%，超过了制造业。

英国是全球最大的金融服务出口国，2011 年的贸易顺差超过 470 亿英镑。

除语言、文化、历史等客观因素外，从市场维度考察，伦敦国际金融中心地位的形成则经历了从自然集聚到自觉集聚的过程。

第一，伦敦金融城拥有牢固的贸易金融基础。工业革命后的经济积累以及 18 世纪英国世界霸主地位的建立，推动了英国对外贸易的迅速发展，在宏观层面扩大了实体经济对金融发展的需求，在微观层面为推动伦敦成为区域金融中心带来了各种要素支持。特别是英镑发展为全球最重要的货币储备，推动伦敦成为国际贸易和汇兑的结算中心，实现了伦敦由国内金融中心向全球性金融中心的转型。

第二，伦敦拥有良好的金融市场基础设施。金融市场基础设施在诸多方面发挥着支撑金融市场的作用，例如传递市场价格、撮合买卖双方、确保交易履行、维护市场秩序等。在长期的历史演进过程中，英国建立起了良好的支付系统和证券结算系统，拥有了伦敦证券交易所、伦敦国际金融期货交易所等交易组织机构，伦敦清算所等清算机构，欧洲清算所等托管机构，以及毅联汇业等交易商间经纪商、路透等信息商，为金融市场提供了全方位的交易、清算、托管、结算和信息服务。同时，伦敦位于美洲与亚洲之间的有利地理位置与时区，使其成为衔接全球金融交易的不可或缺的一环。

第三，伦敦凝聚了独特的金融中心文化。随着经济全球化的深入与金融自由化的深化，跨文化能力已上升为国际金融中心的一种关键性资源。伦敦包容、开放的文化氛围以及开放、竞争的市场环境是成就其"吸引力"的重要因素，这不仅吸引了大量的国际专业人才，也吸引了大量的全球领先企业，有效激发了伦敦金融城发展活力。目前，伦敦约 40% 的人口为外国人，伦敦金融城吸引了几乎所有主要国际银行和金融机构、2/3 的世界顶级律师事务所，并聚集了超过 1/3 的《财富》500 强公司的欧洲总部。

第四，伦敦吸收了充沛的人力资源集群。在伦敦，几乎世界上所有语种人才都能够在 12 小时内找到，类似于精算师、国际律师、高级财务分析师这样尖端人才，也可以及时为企业或个人提供服务。伦敦拥有数量众多的学校及学术研究机构，通过"产学研一体化"价值链整合，伦敦形成了面向全球的金融人力资源集群。

从政府维度考察，伦敦国际金融中心地位的形成经历了从被动集聚到主动集聚的过程。

第一，政府积极维护良好的商业环境。金融服务业可能受到一国商业环境的较大影响，这包括经济发展状况、经济政策、税收政策、商业便利程度等多种因素。作为伦敦的金融中心区，伦敦金融城拥有优质的市政基础设施，强大的物流、交通以及国际信息交换能力，形成了良好的金融和商务运营环境，可以大大节约公司的管理和交易成本，促进了知识型、信息型、清洁型和高附加值的金融产业的发展。为了在空间上给英国的金融发展提供必要的新空间，20 世纪 90 年代伦敦还将金丝雀码头区改造为新金融区。

第二，政府高起点制定金融战略规划。伦敦金融城政府具有公司和政府的双重属性，对相关业务进行统一规划和商业化运作管理，工作重心在于协调、服务、宣传推介与调研支持。但是，伦敦金融城政府服务于整个英国的长远利益，具有全球战略属性，而不是局限于一城之隅。伦敦金融城政府从政策制定、对外承诺到管理体系，具有长期连贯性，使外界国家、地区和企业法人对在此地进行经营运作具有坚定的信心和稳定的预期。英国王室和政府赋予伦敦金融城独特的战略地位，职能权限具有很大的独立运作空间，在战略机遇出现时，伦敦金融城可以通过各种方式灵活执行创新决策权。

第三，政府实施高水平的灵活监管。作为老牌金融中心，英国拥有成熟的法规体系，其金融监管具有国际标准，并在制度设计上以原则为重，具有相当的灵活性。海外投资者只要遵守一组基本原则，就能在伦敦开展各类创新金融业务。伦敦金融城的监管也在不断创新和调整，在防范金融风险的基础上促进金融业发展。

第四，政府大力推动金融创新。在伦敦金融城整个发展过程中，金融改革创新贯穿始终，其重大金融创新包括：金融城发展初期劳埃德创新开展高风险保险业务，奠定了伦敦作为全球保险及再保险市场的领导地位；第二次世界大战后金融城发展的低潮期，以欧洲美元为契机，在货币及债券市场创新推动欧洲美元市场发展，巩固了伦敦国际金融中心地位；在世纪之交的国际金融市场竞争全新时期，为适应信息化发展，伦敦以全面股票交易改革为重点，建立了以市场为中心的股票交易自动报价系统，有效降低了交易成本，提高了交易效率。金融危机后，在成熟市场经济疲软的背景下，伦敦金融城积极发展伊斯兰金融、人民币业务等新业务，进一步提升了国际竞争力。

从动态维度考察，伦敦国际金融中心地位的形成经历了多产业、多中心交互协调发展的过程。

第一，多层次的产业融合发展为伦敦金融城提供全方位支持。金融中心的发展是涉及金融产品、工具、机构、制度、法规、政策文化等各种要素共同协调发展的过程。这具体表现为金融产业与各种辅助产业由于彼此间的高度聚合性，形成相互促进发展的有机网络整体。伦敦金融城的发展正体现了各种专业化服务交互发展的重要支持作用。伦敦金融城提供的服务几乎涵盖了金融的各个领域——银行、投资银行、证券、保险、金融衍生品、外汇、保险和再保险、大宗商品、航运、会计服务、法律咨询和管理咨询等，并且其全球领先的法律、会计、信息、管理咨询等配套产业为金融城的发展提供了全方位的支持。

第二，伦敦金融城和其他国际金融中心保持了正向联系。一方面，伦敦金融城在主要的全球城市纽约、东京、法兰克福、苏黎世、莫斯科以及上海都设立了办事机构，建立了长效联系机制；另一方面，在中国香港、新加坡、澳大利亚悉尼以及加拿大温哥华等金融中心，与伦敦金融城的历史联系机制仍然具有活力。此外，所谓的离岸金融中心，如英属维尔京群岛、开曼群岛、巴哈马群岛、百慕大群岛、西萨摩亚、安圭拉群岛等，它们同伦敦金融城在业务联系、信息交流和历史沿革上，具有强烈的协同性，已经成为整个国际金融体系资本流通虚拟环路中的特殊节点。

伦敦发展国际金融中心给我们的重要经验与启示包括：第一，强大的综合实力是发展国际金融中心的坚实基础。工业革命后，英国成为世界上最强大的工业国家，英法战争后又成为全球最强大的军事国家，比欧洲其他国家更早拓展了其海外帝国，拥有了强大的经济、政治和军事实力，成为强大的"日不落帝国"。这一切都是伦敦成为国际金融中心的坚强后盾。

第二，强势的货币地位是发展国际金融中心的重要支柱。传统的国际金融中心是以本币作为国际金融交易货币、以资本输出功能为主的国际金融中心。因此，国际金融中心的崛起都与本国货币成为主要的国际货币有关，例如第一次世界大战前的伦敦就属于这种典型的传统国际金融中心。第二次世界大战后，纽约之所以能成为国际金融中心，其中一个重要的原因就是美元的"世界货币"地位。

第三，开放平等的金融环境是发展国际金融中心的前提条件。开放平等的市场环境可以吸引境内外金融机构的聚集，是推动国际金融中心建设的重要条件。例如20世纪80年代由英国政府推动的伦敦第一次金融"大爆炸"，在放宽政府管制的同时，取消了外国金融机构进入英国市场的壁垒，有效推动了金融服务业自由化改革，成为重新建立伦敦在国际金融市场领先地位的重要举措。

第四，良好的法制环境是发展国际金融中心的基本保障。经济学家普遍认为，良好的市场经济面临三个约束条件：产权的界定及保护、合约的实施和适当的监管。外资机构进入后，国际金融中心开展了大量复杂的交易活动，因此仅凭经济主体出于维护声誉的自我约束，以及诚信原则的社会约束都不足以完全维护经济秩序，国际金融中心所在国政府还需要建立起良好的法制环境，保护产权不受侵害，保障合约公正地实施，并通过有效监管维护竞争的秩序。英国成熟透明的司法体系正是伦敦成为国际金融中心的基础性条件。

第五，丰富的人才资源是发展国际金融中心的必要条件。金融业属于知识密集型行业，而知识、技术和经验的载体都是人。因此，无论是对于单家金融机构，还是对整体的金融业而言，专业的、高素质的金融人才都具有不可取代的重要性。伦敦一方面拥有优秀的学校和学术机构，培养了大批金融专业人才；另一方面也在全世界范围内吸引了大量拥有专业技能和金融知识的顶尖人才，为伦敦金融城的持续发展提供了源源不断的能量。

第六，积极高效的政府是发展国际金融中心的重要推动力量。一般认为，政府在促进国际金融中心建设方面的功能主要体现在三个方面：第一是维护良好的商业环境，为企业提供宽松自由的经营环境；第二是从政策上规划指导金融中心的形成发展；第三是提供灵活有效的监管，防范系统性金融风险，有效维护债权人和投资者的利益。从伦敦金融城的发展历程看，伦敦金融城政府不仅从上述三个方面发挥作用，还主动地开展相关推介宣传业务，积极为伦敦金融业争取利益。

上海与伦敦有不少相似之处，如上海也是全球重要的航运城市，曾是整个远东的金融中心，具有良好的贸易和金融基础。因此，可借鉴伦敦发展国际金融中心的经验，从以下几个方面进一步推动上海国际金融中心建设。

第一，加大政策支持力度，积极推动国际金融中心全面发展。英国政府对金融发展的有力支持，有效推动了伦敦金融城的复兴。

而金融城独特自治架构所推动形成的成熟的市场机制，更是金融城持续发展的关键。近年来，我国政府高度重视、大力支持上海国际金融中心建设，国务院、国家发展和改革委员会先后发布文件，明确了建设上海国际金融中心的目标，提出了具体行动纲领，2013 年又批准成立上海自贸区，在更高层次推进改革开放。但整体看，我国仍属新兴市场经济体，上海的国际金融中心地位有待进一步巩固提高。为此，需要进一步加强中央与地方政府的分工协调，制定切实可行的金融发展战略，采取切合市场发展需求的政策，培育国际竞争优势。例如，可由中央政府推动完善金融产业政策导向、制度改革、法律建设、宏观调控、金融监管等方面内容，而地方政府则着力于提升人才吸引力、营造良好商业环境、完善基础设施建设等方面内容，加快与国际接轨，为金融中心发展创造良好环境。同时，应借鉴伦敦金融城政府的经验，发展沪港、沪台以及上海与全球主要国际金融中心的交流合作，大力推介上海的金融业务，树立良好的国际形象。

第二，丰富金融机构体系，夯实发展国际金融中心的基础。金融机构的数量与规模是国际金融中心得以确立的基本保证。上海目前在聚集国内金融机构方面不如北京，且外资金融机构的数量和规模与伦敦等国际金融中心的差距较大。上海一方面可争取国内主要金融机构在沪设立投资交易中心、后台中心等业务中心，另一方面也可进一步加大对外开放力度，吸引外资金融机构在沪设立区域性、全球性总部，以进一步完善金融机构体系，完善国际金融中心的服务功能。

第三，推动金融改革创新，提供发展国际金融中心的持久动力。金融创新是国际金融中心发展的不竭源泉。上海的国际金融中心建设工作应以加快金融市场改革创新为重点，形成以市场需求为导向、金融市场和金融企业为主体的金融创新机制。以拓展金融市场广度和深度为重点，完善金融市场运行机制，优化金融市场参与者结构，加快完善金融市场体系。推动基础性金融产品加快发展，适应汇率、利率改革进程，稳步发展金融衍生产品。

第四，完善金融监管，支持国际金融中心的稳健发展。伦敦金融城灵活有效的监管环境实现了高效监管与保持市场活力的平衡，成为伦敦金融城发展的重要优势。相对而言，国内金融监管体系仍有待进一步完善。为此，应从以下几方面入手，打造健全、高效的监管体系：一是完善相关金融法律法规体系，避免监管立法真空，为金融监管提供有效的法律支持；二是加强监管主体独立性、权威性和规范性，增强监管行为的专业水准；三是重视监管成本与监管效益之间的平衡，使金融监管既能确保金融业的安全与稳定，又要注重促进金融机构运行效率及国际竞争力的提升。

第五，加强人才队伍建设，增强发展国际金融中心的竞争力。人才是现代金融行业的核心竞争力。上海已拥有复旦大学等著名高校，为金融人才的培养提供了有益储备。下一步仍需内外并举，既要培养本地人才，又要引进紧缺人才、成熟人才。同时应着力构建类似伦敦的人力资本培育和使用体系，制定和完善有利于金融人才集聚的政策措施，营造有利于金融人才集聚的良好环境。